工商管理省级重点支持学科（黔学位合字ZDXK［2016］18号）
2016年度贵州省"一流大学"建设项目：国际商务特色专业建设项目
（SJ-YLZY-2016-003）

仁怀市酱香型白酒产业发展路径研究

郭　旭　周山荣　著

图书在版编目（CIP）数据

仁怀市酱香型白酒产业发展路径研究 / 郭旭,周山荣著. — 北京：知识产权出版社,2018.6
ISBN 978-7-5130-5615-1

Ⅰ.①仁… Ⅱ.①郭…②周… Ⅲ.①酱香型白酒—酿酒工业—产业发展—研究—仁怀 Ⅳ.①F426.82

中国版本图书馆CIP数据核字（2018）第120180号

内容摘要

本书主要采取单个案例研究的方式，以仁怀酱香型白酒产业的发展为例，进行实证研究。同时采用定量研究和定性研究相结合的方法，研究仁怀市酱香型白酒产业的发展，确定仁怀市酱香型白酒产业发展的战略方向，从而构建起核心竞争力，更好地面对市场，迎接市场的挑战，提高仁怀酱香型白酒在中国白酒业的市场地位，在茅台的带领下实现更好更快的发展。

责任编辑： 王　辉　　　　　**责任印刷：** 孙婷婷

仁怀市酱香型白酒产业发展路径研究

郭　旭　周山荣　著

出版发行：知识产权出版社有限责任公司	网　　址：http://www.ipph.cn
电　　话：010—82004826	http://www.laichushu.com
社　　址：北京市海淀区气象路50号院	邮　　编：100081
责编电话：010—82000860转8381	责编邮箱：wanghui@cnipr.com
发行电话：010—82000860转8101	发行传真：010—82000893
印　　刷：北京中献拓方科技发展有限公司	经　　销：新华书店及相关销售网点
开　　本：720 mm×1000 mm　1/16	印　　张：11.75
版　　次：2018年6月第1版	印　　次：2018年6月第1次印刷
字　　数：211千字	定　　价：49.00元
ISBN 978-7-5130-5615-1	

出版权专有侵权必究
如有印装质量问题，本社负责调换。

目　录

第一章　导　言 ·· 1
　　第一节　研究意义 ·· 1
　　第二节　研究综述 ·· 4
　　第三节　研究内容和研究方法 ··· 14

第二章　中国白酒产业发展状况分析 ·· 17
　　第一节　中国白酒产业发展环境分析 ·· 17
　　第二节　中国白酒产业发展状况分析 ·· 30
　　第三节　新常态下的中国白酒产业 ·· 40

第三章　仁怀市酱香型白酒产业发展状况分析 ···································· 44
　　第一节　仁怀市发展酱香型白酒产业的 SWOT 分析 ·························· 44
　　第二节　仁怀市白酒产业发展现状分析 ··· 58

第四章　仁怀市酱香型白酒产业竞争态势及发展战略 ·························· 66
　　第一节　仁怀市酱香型白酒产业竞争力分析 ······································· 66
　　第二节　仁怀发展酱香型白酒产业的战略选择 ··································· 75

第五章　酱香型白酒的市场环境及营销策略 ·· 85
　　第一节　中国白酒消费的历史与现状 ·· 85
　　第二节　酱香型白酒的市场特征 ··· 96
　　第三节　酱香型白酒营销策略分析 ·· 98

第六章　贵州茅台发展状况研究 ·· 104
　　第一节　茅台酒发展简史 ·· 104
　　第二节　贵州茅台酒发展情况分析 ······································ 113
　　第三节　贵州茅台国际化发展情况 ······································ 125

第七章　中国白酒重要产区产业发展概况 ································ 137
　　第一节　泸州：科学规划和龙头企业引领白酒产业发展 ············ 137
　　第二节　宜宾：多举措打造名优白酒产业基地 ························ 141
　　第三节　宿迁：洋河、双沟强强联合助推白酒产业发展 ············ 143
　　第四节　汾阳：托起清香型白酒产业复兴之梦 ························ 145
　　第五节　亳州：支撑安徽白酒产业发展的重要基地 ·················· 149

第八章　研究结论 ··· 152

参考文献 ··· 155
附录一　基于酒文化的中国酒都仁怀旅游发展策略 ······················· 163
附录二　"茅台祭水节"的观察与思考 ·· 173
后　记 ·· 184

第一章 导 言

第一节 研究意义

2015年11月23日，在中国中小城市科学发展评价指标体系研究课题组、中国城市经济学会中小城市经济发展委员会、中小城市发展战略研究院发布的《2015年中国中小城市科学发展评价指标体系研究成果》中，贵州省仁怀市入围中国中小城市综合实力百强县市，位列第89位，比2014年上升4位；仁怀市入围中国最具投资潜力中小城市百强县市，位列第84位，比2014年上升2位；仁怀市茅台镇首次入围中国综合实力百强镇，位列第95位。这个位于贵州省西北部赤水河中游大娄山脉西北侧、面积1788平方千米、耕地仅有27713.3公顷的山区内陆城市，屡次登上《中国中小城市科学发展评价指标体系研究成果》各类百强榜单，并稳步实现提级升位，充分说明仁怀市经济发展的强劲势头。

据仁怀市人民政府2016年政府工作报告显示，"十二五"期间，仁怀市经济社会发展取得显著成就，经济实力大幅攀升，转型发展步伐有力，城乡面貌日新月异，社会民生持续改善。2015年仁怀市实现地区生产总值505.7亿元，较"十一五"末翻了一番；财政总收入、一般公共预算收入分别达168亿元、28.3亿元，是"十一五"末的4.9倍和3.4倍；完成50万元以上固定资产投资324.2亿元，是"十一五"末的7.5倍；社会消费品零售总额81.7亿元，是"十一五"末的2.6倍；城乡居民人均可支配收入分别达26468元和9420元，是"十一五"末的1.8倍和2倍；金融机构存贷款余额分别达568亿元和234亿元，是"十一五"末的3.2倍和6.7倍。如期通过同步小康验收、成功跻身全国百强，全国中小城市科学发展和投资潜力"双百强"县市跃升至89位、84位，茅台镇成为西部省区唯一一个全国百强镇，成功创建国家卫生城市，国家环保模范城市创建通过省级预评估，获得全国文明城市提名，为率先打赢脱贫攻坚战向基本现代化迈进奠定了良好基础。仁怀市强劲的经济发展势头，不得不引起社会各界深刻的思考。

仁怀市区域经济的强劲发展，白酒产业所起到的作用尤其巨大。众所周知，仁怀市是举世闻名的国酒茅台的故乡，是中国酱香白酒最重要的产地，白酒产业是仁怀市的重要支柱产业。2004年，仁怀市被中国食文化研究会认定为"中国酒都"后，2009年"仁怀白酒产业集群"上榜"第三届中国百佳产业集群"；2010年被工业和信息化部授予"国家新型工业化产业示范基地（国优名酒）"；2010年4月规划建设遵义市十大工业园区之一的仁怀市名酒工业园区，2011年7月8日列为省级一类工业园区；2011年成功申报建立省级经济开发区。白酒产业成为市域经济增长的主要动力，推动仁怀市经济社会实现历史性跨越和可持续发展。2011—2015年，是仁怀市酱香型白酒产业快速发展的重要时期。仁怀市酱香型白酒产量从2011年的19.6万千升增加到2014年的34.1万千升，4年平均增幅为20.3%；产值从2011年的246.6亿元增加到2014年的463亿元，年平均增幅达23.4%。2015年前8月，仁怀市白酒工业产值达324.2亿元。全市有注册白酒企业1497家、规模以上白酒企业88家。白酒销售企业869家，白酒生产企业298家，有百亿元企业1家，产值上亿元企业近30家，注册商标2606件。在品牌战略引领下，仁怀市现有"中国驰名商标"6件、"贵州省著名商标"106件、"贵州省名牌产品"18个、"贵州十大名酒"4个。

实施"十二五"规划的5年，是仁怀市白酒产业转型升级加快、结构趋优、质量效益大幅提升的5年。2015年，完成规模工业总产值达526.4亿元，是"十一五"末的2.8倍；白酒总产量达32.6万千升，是"十一五"末的2.3倍。茅台集团完成"十二五"技改投资210亿元，2015年实现产值399亿元，茅台品牌价值稳居酒水饮料类榜首。仁怀市经济开发区荣列省级重点培育的千亿级开发区，累计入驻企业127家，总产能达35万千升。建成国家酒检中心仁怀市分中心，组建仁怀市酱香白酒科研所。成功申报"仁怀酱香酒"地理标志证明商标，成功创建全国知名品牌示范区，"仁怀酱香酒"品牌价值位列全国区域品牌榜首。创新市场营销，开启"互联网+"，中国（贵州）酱香酒交易中心、国酒城"天天酒博会"、中国酒都名酒汇开端良好。酒类配套、综合能源等产业顺势形成，绿色电子产业园建成投产，电子科技产业实现零突破。规模以上工业增加值达444亿元，是"十一五"末的3.4倍。

仁怀市白酒产业的发展，得力于各级政府的大力支持。2012年，《国务院关于进一步促进贵州经济社会又好又快发展的若干意见》指出，贵州要积极发展特色轻工业，利用赤水河流域资源和技术优势，适度发展名优白酒，确保产品质量,维护品牌声誉,推动建设全国重要的白酒生产基地。2016年,国务院批复同意设立贵州内陆开放型经济试验区。8月24日,国家发改委印发了《贵州内陆开放型经济试验区建设实施方案》(以下简称《方案》)。《方案》总体目标是,争取到2020年基本建成以投资贸易便利化试验区、现代产业发展试验区和开放式扶贫试验区"三位一体"的内陆开放型经济试验区。贵州内陆开放型经济试验区的设立,为白酒行业的发展带来了新的机遇。《方案》提出,加快打造国际化开放平台,进一步办好中国(贵州)国际酒类博览会;建成全国重要的特色轻工业基地,支持在白酒、民族医药等产业领域创建制造业创新中心,在贵阳、遵义等中心城市建立区域智能制造中心;推进区域产业协同创新发展,加强试验区与长江经济带、珠江—西江经济带、成渝经济区等区域产业协同发展,促进试验区优势产业与上海等自贸试验区产业衔接,在装备制造、卷烟、白酒、特色食品、农产品深加工等重点领域扩大合作,提升产业配套能力和综合竞争力;加快生产性服务业创新发展,加大服务业引导资金对试验区的支持力度,加快推进仁怀—习水名酒工业园等生产性服务业集聚区建设。

贵州省、遵义市和仁怀市各级政府正是在中央政策的指引下,引导白酒产业的快速发展。贵州省人民政府出台了《贵州省人民政府关于促进贵州白酒产业又好又快发展的指导意见》《贵州省白酒产业振兴计划》《贵州白酒品牌基地建设方案》《贵州省人民政府关于促进贵州茅台酒厂集团公司又好又快发展的指导意见》《关于加快贵州白酒产业发展的意见》《贵州省推动白酒行业供给侧结构性改革促进产业转型升级的实施意见》等政策文件,大力支持全省白酒产业的发展,仁怀市深受其益。2011年4月初,在支持国酒茅台做强做大专题会议上,时任省委书记栗战书、时任省长赵克志提出"一看三打造"的战略目标,即要用5~10年的时间,把茅台酒打造成"世界蒸馏酒第一品牌"、把茅台镇打造成为"中国国酒之心"、把仁怀市打造成为"中国国酒文化之都"及"未来十年,中国白酒看贵州"的目标,推动贵州白酒产业跨越式发展,从而实现产业升级与产业结构调整。

2017年1月3日,遵义市市长魏树旺在仁怀市调研白酒产业发展时指出,全市上下要深刻认识到发展好国酒茅台和白酒产业对遵义市经济社会发展的极端重要性,深入贯彻落实贵州省、遵义市的工作新要求,以国际视野、跨界理念、创新思维,千方百计做大、做强、做精做优白酒产业。特别是要以国酒茅台为引领,重新梳理、排位、筛选遵义白酒产业极具代表性的"一大十星"企业,坚持传统酿造工艺,坚持市场化手段和方式,精心做好厂市联动,积极引进第三方资源力量推动白酒产业的转型升级跨越发展,为遵义守底线、走新路、奔小康奠定坚实基础。1月5日，仁怀市召开经济工作会议。会上强调，要坚定不移实施工业强省、城镇化带动战略，持续抓好以茅台为龙头的白酒产业发展；加大对外开放与合作，加强白酒市场质量监管，充分发挥白酒行业协会作用，用"行规""会矩"约束行业企业，坚守好酱香型白酒质量底线；加快国家级经济开发区创建工作，分年度目标落实好创建方案，举全市之力打造这一"国家级"平台，加快产业、人才、技术等资源要素配套，为白酒产业持续健康发展提供坚实保障。

随着白酒市场环境的变化，作为仁怀市支柱产业的酱香型白酒业也面临着一系列新的问题。这就要求我们在关注区域经济社会取得优异成果的同时，分析其背后的深层次原因，为进一步发展提供有益的借鉴和思考。

第二节　研究综述

一、研究现状

目前，学术界关于仁怀市酱香型白酒产业发展的研究，较为缺乏。下面拟从几个侧面展开学术史回顾，为进一步的研究提供可资借鉴的基础。

（一）关于中国白酒产业发展的研究

黄平、曾绍伦（2015）基于中国经济新常态的背景，以及白酒产业面临的一系列困境，系统梳理了相关白酒产业转型的文献，从白酒产业转型的理论基础、宏观环境分析、产业转型模式与转型路径及转型的对策建议4个方面作了综合评述。辛磊（2007）认为，我国白酒存在企业多、规模小、管理机制僵化、效率低、费用高、效益差、秩序乱等主要问题，另外，随着WTO条款的实施、国外白酒企业国内竞争的加剧，我国中小白酒企业面临着如何做大做强、培养自己的独特竞争优势的现实选择。其出路在于：分工提高效率，效率产生利润；快速培养企业执行力；保证税收制度的公平，为白酒企业创造公平的竞争环境；观念创新是企业发展的关键；以消费者为中心，加强品牌建设和管理。黄平等（2012）对四川、山东、河南、江苏几个白酒产业发展大省近年来的白酒产业发展基本情况、产业发展战略及其保障措施进行了分析，比较了其异同之处。几个白酒大省的白酒产业发展战略及其保障措施对白酒产业发展资源相对缺乏、发展相对滞后的省份发展白酒产业具有科学的借鉴作用。赵凤琦（2016）在其专著中，运用产业经济学及近年刚兴起的可持续发展的理论，从宏观和微观两个层面，分析了我国白酒行业的现状，以及制约我国白酒行业可持续发展的体制、机制性因素。同时，针对国际烈性酒发展趋势和我国经济新常态下白酒行业的特点，通过定性分析与定量分析，构建我国白酒行业可持续发展的四大类36项指标体系，提出白酒行业的目标定位及国际化道路，并从消费者、企业、社会、政府等层面对实现白酒行业可持续发展目标提出对策和建议。

郭旭（2013）认为，白酒产业在发展过程中积累了一些问题和矛盾，诸如产能过剩、国际化程度较低、过度营销、产品同质化严重、食品安全事故频发、人才储备不足、创新乏力等，都足以制约行业的发展。随着市场生态、舆论环境、消费环境和社会文化的改变，白酒业的发展面临着前所未有的巨大挑战。其从分析白酒行业面临的问题着手，探讨了白酒行业的出路所在。黄平等（2017）认为，白酒行业进入新常态，从"黄金十年量价齐升高速增长时代"走向"结构调整持续创新缓慢增长"，要加强供给侧结构性改革，重树白酒行业"工匠精神"。传承"工匠精神"，促进白酒产业健康发展被提到新的高度。转变、升级、生态成为白酒产业发展"三要素"。定制酒渐成酒企新宠是当前白酒行业的新特征。杨柳、徐洁（2016）认为，"转型升级"是当前产业界的热词，一般是指产业结构不合理、产品附加值不高需要通过转型升级使其优化。在借鉴产业转型升级相关研究的基础上，结合白酒产业自身特色，明确了中国白酒产业转型升级的内涵，提出中国白酒产业转型升级的目标在于合理的产业结构、模块化的产业组织，以及优化企业组织形态，并提出了中国白酒产业转型升级的实施路径。

（二）关于区域白酒产业发展方面的研究

李刚等（2009）运用SWOT分析工具对四川省邛崃市的白酒产业发展状况进行分析，并提出一些对策建议。严红（2013）认为，培育壮大特色优势产业是县域经济实现跨越发展的基本思路和战略途径，对于转变经济发展方式、实现区域可持续发展具有非常重要的意义。加快绵竹白酒产业发展，应扶持龙头企业做大做强、支持中小企业加快发展、延长白酒产业链条、培育白酒产业集群。杨波等（2010）采用对比分析的方法，研究了宜宾白酒行业内部状况，宜宾白酒产业在川内状况，五粮液遇到的主要竞争对手的情况，以及宜宾受泸州、仁怀等白酒产地影响的情况。针对宜宾白酒产业所面临的严峻形势，提出宜宾必须加大对二线白酒企业的扶持力度，增强竞争力，扩大生产规模；拓展白酒市场，以宜宾地域品牌带动二线品牌的销售；走品牌化、集群化的道路，巩固宜宾白酒产业在全国的领先优势。杨柳（2015）认为，白酒产业是川黔地区的优势产业，在当前的政策大环境下，川黔白酒产业的发展，一方面需要解决国家产业政策与地方优势产业发展需求之间的矛盾；另一方面要实行区域协作，走农业产业化道路，创建川黔白酒国家品牌形象。姜莹等（2011）从贵州酱香型白酒的酿酒微生物、酿造工艺、酒体特征几个方面研究了酱香型白酒产业的科技创新发展取得的成果，分析了贵州酱香型白酒产业集群的发展现状和发展前景，针对贵州酱香白酒产业发展从科技创新和产业集群发展角度提出了政策建议。方美艳（2009）从区域产业竞争力的角度，通过构建关于区域白酒业区际竞争力的评价指标体系，来研究和评价四川省白酒业在全国众多省份中所处的竞争地位。并通过分析川酒业自身具有的优势和劣势，以及外部环境变化所带来的机遇和挑战，借鉴战略管理学中的SWOT 分析法，在 SWOT 战略匹配的基础上，提出为进一步提升四川省白酒业区际竞争力所应采取的重要对策及措施，从而为当地政府及行业协会等提供决策参考。

杨柳（2009）认为通过高端要素的化学聚合，白酒产业空间集聚区域将成为创意经济乐园，催生地理品牌。地理品牌是对一定地理区域的稀缺资源、区域特色、区域文化的提炼和总结。地理品牌有利于建立消费者对地域空间内生产同类产品企业的信任和忠诚。地理品牌的这种正向外部效应，使区域内企业通过"搭便车"来共同分享利益，导致效用增加或成本减少，有助于本区域内所有企业的成长。杨柳主编的《四川白酒产业发展报告（2013—2014 年度）》（2015 年出版），是近年来第一部由学术机构编写的白酒产业发展研究报告。全书的开篇总报告立足于整个四川白酒行业视角，从宏观视角看待专业问题，并深入探讨川酒发展态势和呈现的特征；综合篇以背景研究为主，全面分析了宏观经济环境及产业政策对白酒行业的影响；产区篇是针对川酒主要产区的独立研究，包括各产区酒业发展现状、面临的问题及对策分析；专题篇是针对川酒技术、文化及资本市场等方面所做的专项研究；企业篇重点介绍了四川 6 家名酒企业 2013 年的运营情况；对策预测篇是基于调研中了解到的行业及企业困惑，结合对行业的研究所形成的思考，部分建议已在近几年四川两会提案、重要成果专报中出现，并得到相关部门回复；附录则是行业相关数据资料，可供读者参考。

特别值得一提的是，四川理工学院川酒发展研究中心所开展的系列研究。该研究中心由原四川理工学院中国酒文化研究中心整合校内酿酒生物技术及应用四川省重点实验室、四川省食品与发酵工业研究设计院、四川省宜宾五粮液股份有限公司、泸州老窖股份有限公司、郎酒集团有限公司、四川省绵阳市丰谷酒业有限公司等优势资源的基础上，于2010年10月被批准认定为四川省教育厅人文社会科学重点研究基地和四川省哲学社会科学重点研究基地。以四川省白酒产业、白酒资源、白酒企业为主要研究对象，重点开展"川酒资源开发与创新""川酒产业与区域发展""川酒企业营销与发展战略"等方向的调查研究工作，服务企业、社会和地方经济发展。中心每年批准立项的科研课题，都紧紧围绕白酒产业发展和川酒产业发展中的重大问题展开，至今已出版川酒发展研究论丛数辑。第一辑主编为曾绍伦，西南财经大学出版社2014年出版；2015年第二辑起主编为陈一君，2015年第三辑起出版单位改为经济管理出版社。其第一辑没有明确的栏目划分；从第二辑开始按栏目划分内容，如"白酒产业发展与变革""白酒产业集聚与区域发展""白酒文化资源整合与开发""白酒企业竞争力与社会责任""白酒企业管理决策与营销发展""白酒技术开发与利用"；第三辑有"白酒产业创新与发展""白酒文化资源整合与开发""白酒企业竞争力与社会责任""白酒企业管理决策与营销发展"；第四辑有"川酒产业与区域发展""川酒企业营销与发展战略""川酒资源开发与创新"。从栏目设置和载文情况来看，栏目越来越精准，文章主题也越来越聚焦于川酒发展，兼顾白酒产业整体发展情势与跨地区比较研究，可以说是近年来区域白酒产业发展研究中最重要的成果。

（三）白酒营销方面的研究

徐大佑、袁开福（2006）研究了贵州白酒品牌营销的基本特征。他们认为，经过近20年的发展，贵州白酒行业呈现出了特色营销、绿色营销、精细化营销和文化营销四大基本特征，它所表现出来的趋势和某些规律性不仅对中国白酒行业未来营销策略的演化与中国白酒业的可持续发展具有十分重要的借鉴及启示意义，而且对食品等其他产业营销的健康发展也具有一定的指导作用。王璐、李婧（2009）认为，潜意识营销作为一种运用广泛而又具有隐蔽性的新型营销方式，对消费者产生的冲击力度是非常强大的，尤其在情感载体的白酒市场，但是至今却没有太多的企业认识到这一点。在分析白酒市场中潜意识营销现状的基础上，作者认为，潜意识营销应用是白酒市场营销的大势所趋，白酒企业必须以良好的质量为基础，以正确的营销理论做指导，以专业的营销团队做铺垫，搞好潜意识营销。田戊戌（2011）通过开放式访谈，提炼出了中国白酒品牌的45项品牌要素，并编制量表进行调查，通过探索性因子分析和验证性因子分析进行了实证探索，得出了中国白酒品牌要素由"企业基础、产品基础、品牌文化、产品质量、企业文化和品牌符号"6个层面构成的研究结论。

　　李德明、周祥胜（2007）通过对河北 W 酒业品牌诊断剖析，对 W 酒业的品牌定位、品牌核心概念，以及品牌推广做出详细的阐释，认为成功的品牌战略规划至少要解决 3 个问题：即要解决"品牌现在怎么样""品牌将来怎么样""品牌如何由现在到将来"。研究认为，科学的品牌诊断是进行品牌规划的基础，正确的品牌定位是品牌规划的核心、是品牌获得成功的保证，科学的品牌规划是企业品牌获得成功的前提，科学的品牌推广规划是品牌成功的关键。赵勇（2005）通过对一家中小型白酒企业品牌的诊断，分析了该企业品牌规划和发展的依据，对企业市场定位、核心价值等进行了阐述，提出了企业围绕品牌规划所应采取的营销策略。作者指出，科学的品牌价值诊断是进行品牌战略规划的基础，品牌核心价值的提炼是品牌战略规划的关键，营造高度个性化品质特征是建立品牌核心价值的有机组成部分，整合营销是树立品牌核心价值的必然要求。

　　在白酒营销方面，除了学术界的关注之外，营销界的努力也值得重视。孟跃（2008）根据其在酒类咨询行业多年的实战经验，从战略、产品、价格、渠道/终端、促销和团队建设 6 个方面分析了酒类营销策略与实战工具，重点解读了酒店、烟酒店、店中店、团购和流通五大渠道组合营销模式，并对近 10 年来中国酒类营销快速发展的历程进行了详尽的分析与解读。然而，此书仅仅就酒类营销而言谈营销，并没有将酒类营销上升到品牌打造的高度，更忽视了营销过程中的文化因素及其影响。余以游的《白酒应该这样卖》（2010）一书列举了白酒销售人员工作中经常会碰到的 42 个情境，并针对每个情境给出多种具体有效的应对办法。每个小节都包含"现场诊断""错误应对""实战策略""模板演练"和"白酒营销小常识"5 个模块，既提出了具体对策，又给出了详尽分析，极富针对性和实战性。朱志明（2014）以 36 条法则从战略、营销、推广、产品线、品牌、市场、战术、渠道、组织等各方面分析、举例并提供方法，为读者指明道路。在另外一本书中，朱志明（2015）还结合具体事例，介绍了在政策变化带来的新常态下，白酒企业如何在区域市场打开局面，区域市场的管理者如何操作应对，从战略、战术等方面提供了具体方法，给白酒营销人员和广大读者提供了很好的意见建议与实操方法。杨永华、郭旭（2014）为困惑期的白酒企业提供了方向和思路，给出了白酒企业重构期的营销战略与实战策略，并进一步提出"根据地是白酒企业重构期生存与发展的制高地"的战略思维。华泽集团（原金六福酒业）开口笑公司品牌部部长唐江华，从一线业务员到销售总监，洞悉行业秘密及行业趋势，擅长酒类新品推广、新市场拓展，其《白酒营销的第一本书》

(2012)、《白酒经销商的第一本书》(2013),都是值得关注的白酒营销类书籍。

(四)仁怀市酱香型白酒产业发展方面的研究

在酱香型白酒产业发展方面,钟方达(2009)简要阐述了酱香型白酒生产发展的历程和现状,结合白酒企业生产现状,对酱香型白酒的分类及基本工艺特点、质量风格特征、技术发展趋势进行了分析探讨,提出了促进酱香型白酒产业健康有序发展的科学思路和保障措施。但其主要着眼在于技术方面,对产业方面较少涉及。陶菡等(2014)对酱香型白酒的地域分布和主要品牌、市场状况及发展动向等进行分析,并进而剖析酱香型白酒发展面临的机遇,指出酱香型白酒产业发展面临的问题及对策。杜锦文等(2012)对遵义酱香型白酒发展现状及存在的问题进行分析,并结合省市各级政府大力促进白酒产业发展的政策提出相应的对策。王小龙(2016)从历史文化、品牌文化、健康文化、品质文化4个方面介绍习水县酱香型白酒产业的发展情况,对习水县酱香型白酒的生产工艺也进行了概述,并在此基础上提出习水县酱香型白酒产业发展的建议,对本研究有一定的启示。

关于仁怀市白酒产业发展方面,杨丽芳(2014)通过对贵州赤水河流域白酒产业发展状况、对社会经济的贡献,以及白酒产业分布格局合理性、产业发展均衡性、赤水河水量急剧减少、水质污染等制约产业发展的关键因素进行分析,从流域整体出发,提出赤水河流域白酒产业经济与环境协调可持续发展的方式与对策。马显荣(2011)分析了镇域经济在中国经济发展中的重要性,对茅台镇白酒业外部宏观环境和内部环境进行分析。最后通过商业模式理论提出了茅台镇发展的人才战略、资本战略、产业集群3条发展主线。中国人民银行遵义市中心支行调研组(2008)采用钻石模型对茅台镇白酒产业进行了要素分析,针对白酒产业集群式发展存在的问题,从金融视角提出政策建议。黄聚强(2008)对仁怀市白酒工业发展现状、存在的问题进行简单分析,并提出了一些对策建议。周璇(2004)对仁怀市白酒企业赤水河酒业的品牌定位战略进行的研究,可作为仁怀市白酒产业发展的一个个案研究。王道鸿(2014)从分析茅台镇的基本情况入手,寻找茅台镇白酒文化的定位,找到其中白酒文化的旅游素材,分析这些旅游资源的价值和品位,并将其与地域性和历史性因素结合起来考虑,提出茅台镇白酒文化旅游开发的策略。肖闻、刘肇军(2016)分析仁怀市白酒产业发展形势,从政府、行业和企业3个层面提出促进酒业发展的建议。

（五）贵州茅台酒相关研究

除了前述几个方面外，因着贵州茅台酒在酱香型白酒产业中的独特地位，还有大量关于茅台酒和茅台集团的研究，因本书主题所限，此处主要以公开发表的学术论文为主，简要介绍以下几个方面。

首先，关于贵州茅台财务状况的研究。作为以酱香型白酒为主打产品的上市公司，也是仁怀市唯一的上市公司，更是酱香型白酒产业和中国白酒产业最为重要的企业之一，贵州茅台的财务状况引起了各方研究者的关注。

关于茅台财务状况的一般分析，主要在近两年开始大量涌现。马元驹等（2015）通过对茅台巨额营业税金及附加对营收和利润的影响，发现其存在使企业高估了用以计算利润指标的收入，影响企业利润计算的准确性，提出营业净收入、收入成本和利润贡献等概念及新的利润贡献计算模式。史利沙、陈红（2015）就贵州茅台2002—2013年的财务报表进行分析，在营运能力、盈利能力、偿债能力、发展能力、现金能力、每股表现6个方面选取了19个财务比率指标，构建其财务业绩纵向评价指标体系，为公司利益相关者，尤其是外部投资者更全面了解公司经营状况、发展趋势，并做好投资决策提供科学的理论及方法。熊静静（2016）对贵州茅台和五粮液的主要财务指标及行业平均水平进行对比研究，分析其偿债能力与流动性、盈利能力与驱动因素、现金流、营运能力与资产管理、信用政策与存货管理水平，探索贵州茅台长期保持快速发展的原因及其进一步提升的空间。张惠（2016）基于杜邦财务分析体系，对贵州茅台2013—2015年的经营数据进行分析，评估茅台集团的盈利能力。其研究结果显示，在全球经济复苏困难、国内经济增速放缓、经济结构转型和经济驱动变换的新常态时期，贵州茅台仍然保持稳定的销售利润率，经营能力较强。秦小丽（2017）利用杜邦财务分析体系对贵州茅台股利分配进行研究，分析影响其股利分配的盈利能力、营运能力、偿债能力的财务因素，同时也对相关现金需求、现金创造能力等财务因素进行了探析，并利用SWOT法分析影响茅台股利分配的非财务因素，建议贵州茅台继续坚持稳定的高派现股利政策、丰富股利分配方式适当发放股票股利。

关于贵州茅台独特财务现象的解释，李慧（2015）以贵州茅台作为"高分红"上市公司的典型，从盈利能力、偿债能力、发展能力分析支撑其高股利政策的原因，并通过对外部政策环境、投资情况及股票市场反应的考察，解释贵州茅台为什么多年来可以坚持"高分红"的股利政策。郑蓉、孟兵（2016）对贵州茅台历年股利分配进行研究后发现，贵州茅台的高派现并未受到市场的热捧，而其股利的高增长还引起了公司股价显著为负的累计超额收益。作为 A 股市场最慷慨的分红大家，贵州茅台历年平均分红水平实际上并不高，而其股利支付水平也不稳定，加之其主要投资者更看重资本利得而非股利收益导致了这一分红异常效应。黄硕（2017）研究了 2001—2015 年贵州茅台的财务状况，指出贵州茅台存在主流财务理论很难解释的"财务异象"，贵州茅台具有超强的盈利能力和极好的市场表现，其持有的流动资产和货币资金很多，资产负债率很低，没有银行借款，未分配利润很多，发放的股利较少。作者认为，其经营决策和财务政策具有鲜明的经营业绩考核导向，管理层具有风险规避与稳健保守的行为取向，制度环境对贵州茅台的经营管理具有较大影响，贵州茅台存在比较严重的代理问题。汤玉龙（2016）通过对贵州茅台历年财务数据的分析，提出多维度关联判断的思路和方法，紧紧围绕股权资本盈利水平及含金量、资本经营盈利能力变动的因素、商品经营盈利水平及结构、成长性与盈利能力趋势等方面进行分析，得出具有参考价值的财务结论。

其次，对贵州茅台发展状况和营销状况的研究。

关于茅台酒发展战略，朱雪飞、董怡云（2015）分析茅台所面临的宏观环境，并运用波特五力模型和 SWOT 法进行分析，提出茅台围绕国际化经营和开发民间市场的发展战略，并在品牌领先和差异化营销方面提出相应的战略对策。杨继福（2016）对贵州茅台品牌复兴进行实证研究，发现老字号品牌复兴可以不依靠增加财务杠杆和提高营运能力，老字号品牌复兴不需要牺牲资产质量，可以依靠提高盈利能力，所以品牌溢价是老字号的竞争优势。老字号品牌复兴能够提高账面价值、市场价值、内在价值的绝对估值，许远伟（2016）对贵州茅台酒的经济价值和文化意义进行阐述，然而其分析极为粗略，难以获得有价值的信息。葛翔曦（2007）分析茅台、五粮液的品牌战略及其存在的风险，提出调整公司管理机制，加强品牌协作；优化品牌结构，建立品牌家族；避免品牌内斗等规避风险的对策。王玲（2014）分析茅台品牌文化建设中存在的问题，有针对性地提出适度多元化战略，减少中低端产品开发，准确品牌定位，加强文化营销，减少促销活动，维持高端品牌形象等策略。伍应德（2013）认为，在面对塑化剂风波、限制"三公"消费、绿色认证质疑等问题时，发展就是对茅台酒的最好保护，提升茅台酒品牌文化内涵是保护茅台品牌的重要抓手，茅台必须提高品牌保护意识，转变营销观念，提高茅台品牌地位和形象。

关于茅台酒营销体系及营销策略，严娜（2016）通过对茅台酒经销商在供应链中表现的分析和研究，探讨茅台供应链运行过程中存在的各种问题，结合白酒行业经销体系构建的特殊状况，指出应该重构生产者和经销商之间的关系，结合成紧密的利益共同体，增强信息共享，共同构建快速响应机制。魏巍（2011）研究了53度"飞天茅台"的供销现状，针对其优势、劣势、机会、威胁进行因素组合分析，提出了改组营销渠道、刺激终端消费、重新区隔产品、完善监督机制等营销对策。宋林（2012）对茅台酒直营店的营销新模式进行了探讨。

关于茅台酒价格策略特别是"涨价"的研究，周冰、王巧丽（2011）认为，茅台涨价有着我国税制改革和经济增长的大背景，也有其生产成本上升的因素，加上市场需求火爆，以及经销商的炒作抬价，茅台顺利实现涨价。因茅台酒具有独特的品质和清晰的定位，品牌具有极强的号召力，加上营销模式的创新和品牌延伸策略，其价格上涨之后也带来了可观的业绩。钱津（2013）认为，运用教科书讲授的价格理论已经很难对茅台酒涨价做出准确分析。传统价格理论混淆了劳动作用与劳动成果作用的区别，混淆了生产的基础性与市场的评价性的不同，没有认识到市场最终直接评价的是劳动成果作用而不是劳动作用，价格是直接由市场决定的，生产的间接影响并不能取代市场的直接决定作用。在国民收入增加的前提下，茅台酒则适时地依据其国酒身份大幅度涨价。随着经济的增长和中国货币的持续贬值，茅台酒借助其强大的品牌力量，其价格水平将会继续上涨。

再次，在茅台酒发展重大事件方面，主要集中在"国酒茅台"注册商标申请和反垄断处罚方面。

关于"国酒茅台"注册商标申请，姚泓冰（2013）以"国酒茅台"商标注册案为背景，分析支持与反对"国酒茅台"商标予以注册的观点，从该申请注册的国字号商标的含义、商标的本质和价值，以及具体的法律规范3个角度出发，对国字号商标注册的问题进行系统的分析和研究。兰芬、钱箐（2015）针对2017年7月贵州茅台酒股份有限公司申请注册"国酒茅台"商标所引起的争论，从法律的角度对"国酒"商标注册的法律问题进行剖析。

在茅台与五粮液遭受反垄断处罚方面，徐会志（2013）对茅台价格垄断一案进行分析和研究，认为应完善我国《反垄断法》相关规定，采用合理原则来认定价格垄断协议的合法性，对其市场竞争效果进行经济分析。并应该进一步明确认定垄断行为的标准，在案件审理中实行专业审理和专家介入，进一步完善举证责任等相关法律制度保障，以确保适用合理原则有效规定限定转售最低价格的纵向垄断协议。张凤光（2013）认为，转售价格维持并不具有明确的反竞争性，也没有表现出明确的效率性，应该从本身违法规则和合理规则两个角度来分析，对于此类案件应该在明确使用本身违法规则的前提下，考虑合理规则的引入。曾晶（2015）以茅台和五粮液反垄断处罚一案为例，分析茅台和五粮液的转售价格维持，指出解释论方法对我国反垄断执法的巨大作用与价值。任剑新、朱江（2014）认为，转售价格维持是指制造商在向经销商销售商品的合约中限定经销商向第三方销售商品的价格，这一行为被我国《反垄断法》第14条禁止。作者以茅台和五粮液反垄断案为分析对象，提出高端白酒制造商具有产能约束这一基本假设，研究表明，当存在产能约束时，最低转售价格维持合约和最高供应配额合约是等价的，禁止最低转售价格维持不能增加消费者福利，我国《反垄断法》的条款需要进一步完善。黄宝仪（2015）也提出了相应的见解。唐明哲等（2015）使用2010年1月至2013年8月7个知名白酒品牌城市价格面板数据，对2013年年初茅台、五粮液垄断案所涉及的相关产品市场和相关地域市场界定进行了定量分析，发现53度茅台和52度五粮液等超高端品牌酒构成一个反垄断相关市场，其地域市场为全国性市场。

最后，关于重大政策变化对茅台酒发展的实证研究。刘博等（2017）针对中央"八项规定"后贵州茅台和青岛啤酒两家上市公司在资本市场的表现进行分析，发现短期内"八项规定"对贵州茅台在资本市场的表现产生了显著的负向影响。但从长期来看，贵州茅台在市场结构上的优化转型，弱化了这一政策所带来的市场风险，并改善了其在资本市场的表现。

二、对现有研究的评价

综上所述，相关成果具有以下几个特点：第一，关于中国白酒产业和区域白酒产业发展的文献较多；第二，现有文献表明，相关研究缺乏理论的支撑，多是就白酒产业谈白酒产业；第三，关于仁怀市酱香型白酒产业发展的文献缺乏，现有文献主要集中在茅台酒及茅台镇方面，对仁怀市酱香型白酒产业发展状况、发展趋势及战略选择等方面，缺乏相应的学术成果。但总体上而言，上述文献及其他研究成果，对本研究仍有重大的参考价值和借鉴意义。

就整个中国白酒产业研究状况而言，现有的研究内容与方法还存在以下问题：第一，对产业现状的研究仅仅是对党的十一届三中全会以来白酒产业发展阶段的划分和存在问题的罗列，缺乏深层的分析和规律的总结，更缺乏科学和理论的指导。第二，对白酒产业结构、品牌的研究大都是个案、微观的分析，形成的对策不具有普遍指导意义，个别研究曲解概念，混淆品牌和文化的真实含义。第三，对白酒产业集聚及产业链的研究缺乏特定自然经济、社会条件分析，在相关理论的运用上显得不够严谨。第四，对白酒产业国际化的研究忽视了我国白酒国家标准的创新与国际食品卫生标准的对接，以及我国白酒的资本价值功能研究。

从总体上看，仁怀市酱香型白酒产业发展研究成果较少，研究层次也较低。实际上，仁怀市酱香型白酒产业发展研究成果的欠缺，是与整个学术界对中国白酒产业发展的研究状况相符的。虽然白酒在国人生产生活中所发挥的影响极为重大，但白酒产业只是轻工业和食品工业中一个很小的门类。我们对其行业运行机制、产业政策、企业运营、营销策略、品牌打造、文化塑造、消费行为等方面的研究都较为欠缺。但随着中国白酒产业转型升级和贵州省产业结构的调整，随着区域优势特色产业的打造与发展，仁怀市酱香型白酒产业的发展将会得到学术界更多的关注和研究，未来将会涌现出更多有价值的研究成果。

第三节 研究内容和研究方法

一、研究内容与目标

本书主要采取单个案例研究的方式，以仁怀市酱香型白酒产业的发展为例，进行实证研究。同时采用定量和定性相结合，研究仁怀市酱香型白酒产业的发展，确定仁怀市酱香型白酒产业发展的战略方向，从而构建起核心竞争力，更好地面对市场，迎接市场的挑战，提高仁怀市酱香型白酒在中国白酒业的市场地位，以便在茅台的带领下实现更好更快的发展。本书基于大量文献的梳理和相关理论的探析，分析仁怀市酱香型白酒产业发展现状，剖析其所存在的问题及优势，并提出相关的战略选择和对策建议，以期为产业发展提供有益的借鉴，为学术研究提供基本的数据和文献。

需要说明的是，本书以仁怀市酱香型白酒产业为研究对象，在地域上主要聚焦于仁怀市一地，但在讨论的时候会涉及整个赤水河流域的发展情形（如四川古蔺县的郎酒、贵州习水县的习酒、金沙县的回沙酒等酱香型酒业），但主要是作为讨论的背景或是品牌发展方面的比较。从研究的对象上说，则聚焦于酱香型白酒产业。就仁怀市而言，酱香型白酒产业为仁怀市的支柱产业，几乎所有的白酒企业都从事酱香型白酒的生产和销售，仁怀市白酒产业与仁怀市酱香型白酒产业几乎等同，故在行文的过程中可能会交替使用"仁怀市白酒产业"和"仁怀市酱香型白酒产业"。

具体来说，本书拟从以下几个方面展开研究。

第一章"导言"，主要阐述选题的背景，研究的意义和价值，研究的思路与方法，现有研究及其评价等问题，为后续研究的开展构建坚实的基础。

第二章"中国白酒产业发展状况分析"，研究中国白酒产业发展的宏观经济环境、政策环境、社会文化环境、技术环境和市场环境；聚焦于中国白酒产业的整体运行形势，如产业规模、销售收入、行业利润、产业结构、区域特征、国际竞争等方面的情况。

第三章"仁怀市酱香型白酒产业发展状况分析"，对仁怀市人民政府、仁怀市酒业协会及各主要企业进行广泛调研，搜集仁怀市白酒产业发展相关数据，并在此基础上进行分析，主要就产业规模、增长速度、销售情况、行业利税、规模企业情况、商标与品牌建设、产业规划、产业园区建设、关联产业发展情况等方面进行分析。

第四章"仁怀市酱香型白酒产业竞争态势及发展战略"，引入波特五力模型和 SWOT 分析工具，研究仁怀市酱香型白酒产业的产业竞争力及其内外部环境。运用迈克尔·波特的五力模型对中国酱香型白酒产业的竞争力进行分析，明确酱香型白酒产业的竞争态势。

第五章"酱香型白酒的市场环境及营销策略"，剖析酱香型白酒的市场特征，总结仁怀市酱香型白酒产业发展的营销策略选择。

第六章"贵州茅台发展状况研究"，聚焦于仁怀市酱香型白酒产业发展的具体企业和品牌，以贵州茅台为典型个案展开研究，剖析其经营和在国内外市场拓展方面的状况，总结其成败得失，为仁怀市酱香型白酒产业的发展提供生动案例。

第七章"中国白酒重要产区产业发展概况"，以四川泸州和宜宾、江苏宿迁、山西汾阳、安徽亳州等中国重要白酒产区为研究对象，总结其发展经验，为仁怀市酱香型白酒产业的发展提供重要参考与对照。

第八章"研究结论"，总结全书主要研究结论。

附录主要收录《基于酒文化的中国酒都仁怀旅游发展策略》《"茅台祭水节"的观察与思考》两文，为了解仁怀市酱香型白酒产业发展提供文化的视角。

本研究的重点在于对仁怀市酱香型白酒产业发展状况进行精准的描述与分析，以及所提对策建议的适用性。本研究的难点在于基本数据资料的获取。官方统计数据只纳入规模及以上企业（年产值或销售额在2000万元以上），对于多数中小企业并无相应的统计数据。而就仁怀市酱香型白酒产业发展情形而言，存在着数量众多的中小型私营企业，故需要加强与仁怀市人民政府及仁怀市酒业协会的沟通与协作，力保所获取数据真实和可靠。

本书的主要目标：第一，分析仁怀市酱香型白酒产业发展状况，为掌握仁怀市白酒产业发展规律提供坚实的数据。第二，总结仁怀市酱香型白酒产业发展所面临的问题，为解决问题提供有益的思路和借鉴。第三，总结仁怀市白酒产业发展的有利条件，研究其核心竞争力。第四，探讨新常态下仁怀市白酒产业发展的模式选择和战略路径。

二、研究方法

调查法，对仁怀市酱香型白酒产业发展状况进行调研，力图展现其发展的真实面貌。

统计分析法，对所获取的数据进行统计与分析，总结仁怀市酱香型白酒产业发展的基本特征。

个案研究法，本书采用单个案例研究的方式，以仁怀市白酒产业的发展为例，进行实证研究，并对相关企业和品牌进行深度剖析，为仁怀市酱香型白酒产业发展提供典型案例。

定量研究和定性研究结合法，研究仁怀市白酒产业的发展，确定仁怀市白酒产业发展的战略方向，从而构建起核心竞争力，更好地面对市场，迎接市场的挑战，提高仁怀市酱香型白酒在中国白酒业的市场地位，以此在茅台的带领下实现更好更快的发展。

比较研究法，对国内其他知名白酒产区展开研究，为仁怀市酱香型白酒产业发展提供对比和借鉴。

第二章 中国白酒产业发展状况分析

第一节 中国白酒产业发展环境分析

一、中国白酒产业发展的宏观经济环境

白酒产品是一种非必需品，其生产与消费受到诸多经济因素的制约。就宏观经济环境而言，经济增速放缓，整体经济运行形势对白酒产业而言，是机遇与挑战并存。

首先，我国经济持续增长，GDP 绝对数额大，并继续保持增长势头（如图 2-1 所示）。10 年来，我国国内生产总值（Gross Domestic Product，GDP）总量从 2005 年的 185895.8 亿元人民币增加到 2015 年的 689052.1 亿元人民币，首次突破 10 万亿美元，位居世界第二。"十一五"期间，我国 GDP 年均增速保持在 11.2%。"十二五"以来，我国 GDP 增速仍维持在 7% 左右。人均国民收入提高，居民购买能力也大幅度上升，整体经济运行形势对白酒产业发展较为有利。

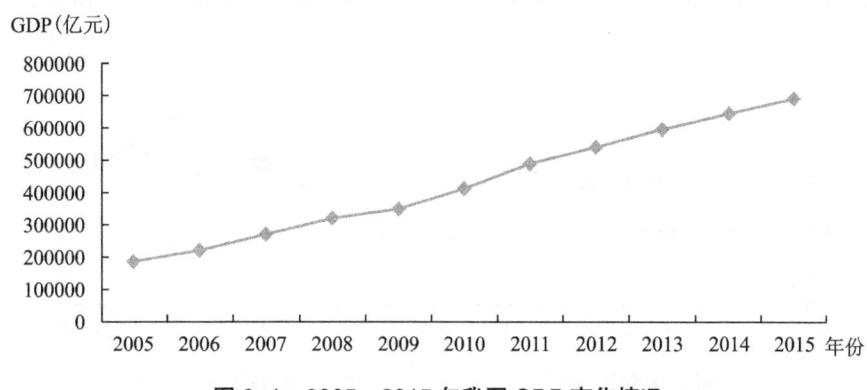

图 2-1 2005—2015 年我国 GDP 变化情况

其次，随着经济的不断发展和人均收入水平的不断提高，我国各项存款规模也在不断扩大（如图2-2所示）。2014年全国金融机构资金来源各项存款规模达到1138644.64亿元，约是2005年（287169.52亿元）的4倍。2014年我国城乡居民人民币储蓄存款年底余额为485261.34亿元，是2005年141050.99亿元的3.44倍。各项存款规模不断扩大，意味着居民可支配收入的不断增加，对社会总消费的扩大意义非凡。这对于白酒等非必需品的消费而言，是一个巨大的市场机会。

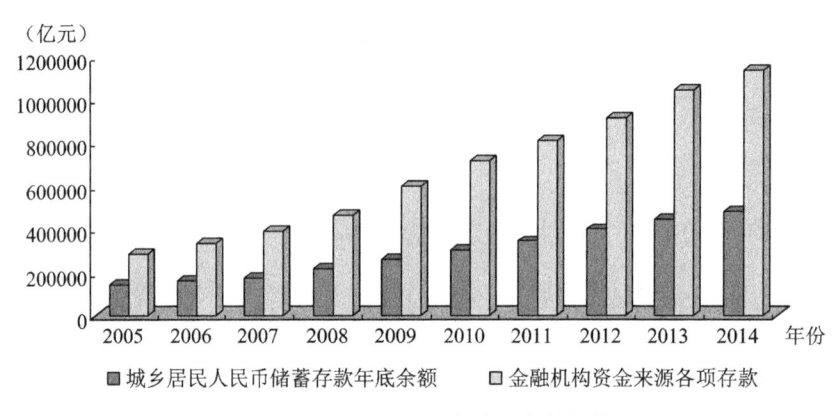

图2-2　2005—2014年我国存款规模

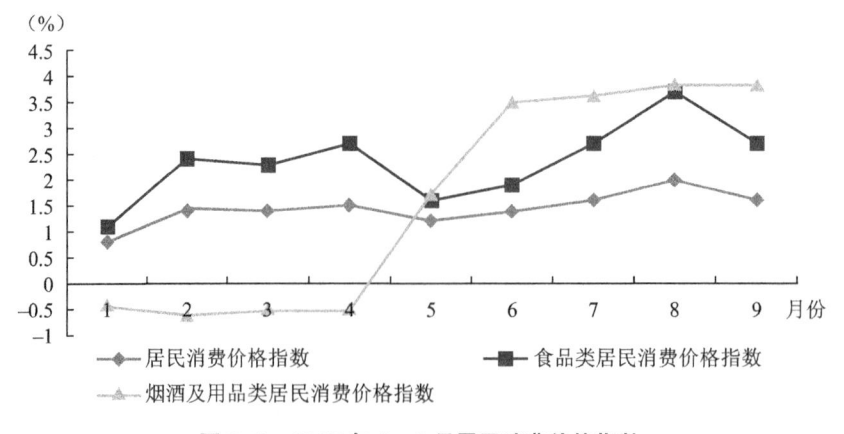

第三，居民消费价格指数变化平稳。2015年1—9月，居民消费价格指数（Consumer Price Index，CPI）变化平稳，其变化幅度在0.8%~2%，物价水平稳定（如图2-3所示）。食品类居民消费价格指数较高，在1.1%~3.7%。包含酒类在内的烟酒及用品类居民消费价格指数变化幅度较大，1—4月与上年同期相比均有回落，5月开始回升，6月以后均超过3.5%，高于居民消费价格指数。说明

图2-3　2015年1—9月居民消费价格指数

烟酒等类价格同比上升，与酒类市场回暖、价格上升有关。根据对前几年酒类涨价风潮的分析，我们发现：一方面，酒类价格的上升，促使CPI也渐次攀高；另一方面，CPI的攀升，也会拉动酒类价格上升。目前物价水平稳定，酒类价格也趋于稳定，对白酒市场的开拓有利。

二、中国白酒产业发展的政策环境

白酒是酒类消费的大宗，对其监督和管理是历届政府酒类管理工作的重中之重。但在早期，对白酒的管理并无专章，都是在酒类管理的制度框架内。1951年1月，财政部召开了全国首届专卖会议，确定对酒类商品实行专卖管理。同年5月，财政部颁发了《专卖事业暂行条例》，对全国酒类实行统一专卖管理。进入20世纪80年代，由于酒类生产和销售管理体制分散，法律法规不健全，各地、各部门、各企业各行其是，专卖制度无形之中被废除，国家无法对酒的生产和销售进行有效的管理，造成酒类生产盲目发展、流通秩序混乱、假冒伪劣酒类危害严重，以及大量的粮食消耗，引起了社会强烈不满，要求国家出台一部相关法律，以使酒类管理工作有法可依。1990年12月18日，时任国务院总理李鹏主持召开第129次总理办公会议，专门讨论酒类生产和销售问题，决定起草《中华人民共和国酒类管理条例（草案）》（以下简称《条例（草案）》）。《条例（草案）》虽起草完毕，但国家层面的《酒类管理条例》至今未出台。进入21世纪以后，不少专家学者、行业人士也呼吁加强酒类立法。

不过，随着白酒产业的发展和社会主义法制建设的进步，白酒行业政策和酒类管理制度逐渐走上规范化、法制化的轨道。当前，中国白酒产业发展的政策背景主要有以下几个方面。

首先，全国性管理规章的颁布实施。在酒类流通领域，中华人民共和国商务部在2005年制定了《酒类商品批发经营管理规范》和《酒类商品零售经营管理规范》。规定了经营者从事酒类商品批发和零售交易活动应具备的经营条件与应实行的经营管理要求。同年，商务部颁布了《酒类流通管理办法》，是我国唯一一部针对酒类行业流通与生产领域制定的专门法规，构成了中国酒类流通管理领域的最高准则。颁行《酒类流通管理办法》的目的，是规范酒类流通秩序，促进酒类市场有序发展，保护酒类生产者、经营者和消费者的合法权益。主要建立备案登记和酒类流通溯源两个制度，拟通过备案登记制度对酒类流通经营主体予以规范，通过酒类流通溯源制度对酒类商品从出厂到最终消费的全过程予以规范。依据《酒类流通管理办法》，市场上酒商卖酒必须"三证"齐全——生产证、流通证、安全许可证。办理"三证"的成本高、费时长，还需要厂家配合保证不是假酒，所以难度也高。对于中小酒商来说，办齐"三证"是非常头疼的事情，能真正"三证"都全的酒商并不多。2016年11月，商务部条约法律司发布《商务部关于废止部分规章的决定》，《酒类流通管理办法》在内的16个商务部规章被宣布废止。白酒行业分析专家蔡学飞表示，国家每年都会清理一部分真正落实很难、实际效果不大的法规，《酒类流通管理办法》的废止是正常现象。被废止的《酒类流通管理办法》主要针对流通领域和生产领域。中国酒类属于多头管理，废除该法律后主要依托国家食品安全法（关子辰，武媛媛，2016）。

在酒类广告领域，国家工商行政管理总局在1995年11月17日发布了《酒类广告管理办法》，管理的对象是含有酒类商品名称、商标、包装、制酒企业名称等内容的广告，规定了酒类广告中不得出现的内容，以及在大众传播媒体上的发布时间、频次等。2015年9月1日施行的《中华人民共和国广告法》，也吸收了《酒类广告管理办法》的部分条文，使之上升到了法律的层面。国家广播电影电视总局2009年8月27日通过的《广播电视广告播出管理办法》第25条规定：播出机构应当严格控制酒类商业广告，不得在以未成年人为主要传播对象的频率、频道、节（栏）目中播出。广播电台每套节目每小时播出的烈性酒类商业广告，不得超过2条；电视台每套节目每日播出的烈性酒类商业广告不得超过12条，其中19：00至21：00之间不得超过2条。这对白酒广告形成了重要的制约。

在生产许可领域，实行白酒生产许可证制度，原则上不再发放新的生产许可证，实行期满换证重审，淘汰落后产能。

其次，各省级政府颁行了一系列的酒类管理法规。这些管理规章的颁布实施，为各地白酒生产经营提供了基本的法律和政策依据。同时，也为全国性酒类管理办法或条例的制定奠定了基础。各省颁行的酒类管理法规见表2-1。

表2-1 各省颁行的酒类管理法规

地区	时间	名　　称	备注
河北省	2003年	《河北省酒类商品监督管理条例》	
	2010年	《河北省散装白酒经营管理办法》	
山西省	1999年	《山西省酒类管理条例》	
	2010年	《山西省酒类批发许可证发证办法》	
贵州省	2010年	《贵州省酒类生产流通管理条例》	

续表

地区	时间	名　称	备注
辽宁省	2001年	《辽宁省酒类管理办法》《辽宁省酒类流通管理实施细则》	2007年修订
上海市	1997年	《上海市酒类商品产销管理条例》	2010年修订
新疆维吾尔自治区	1998年	《新疆维吾尔自治区酒类管理办法》	2002年、2006年修订
湖南省	2000年	《湖南省酒类管理办法》	2006年修订
湖北省	1998年	《湖北省酒类管理办法》	
广东省	1998年	《广东省酒类专卖管理条例》	2002年修订
重庆市	1999年	《重庆市酒类商品管理条例》	2005年修订
天津市	1997年	《天津市酒类卫生管理规定》	
四川省	1991年	《四川省酒类管理条例》	2004年、2015年修订
广西壮族自治区	1998年	《广西壮族自治区酒类管理条例》	2002年、2004年修订
浙江省	2006年	《浙江省酒类商品经营企业备案登记管理办法（试行）》	
甘肃省	2000年	《甘肃省酒类商品管理条例》	2005年修订

再次，对白酒质量安全管理空前加强。一是标准体系的建设，为白酒质量安全保驾护航。2008年以来，国务院办公厅依次发布了一系列食品安全重点工作安排的通知，陆续对食品安全标准进行清理。随着《食品安全国家标准 蒸馏酒及其配制酒》等标准的颁行，白酒有了单独的有针对性的食品安全国家标准。白酒基础标准、白酒原材料标准、白酒产品标准、食品添加剂标准、白酒卫生标准、分析方法标准、流通领域标准、安全管理标准、地理标志保护产品标准等标准体系建设成效显著。二是2013年新一届政府实行大部制改革后，白酒监管由国家食品药品监督管理总局统筹负责（以下简称食药总局）。2013年11月28日，食药总局发布了《关于进一步加强白酒质量安全监督管理工作的通知》（食药监食监一〔2013〕244号）（以下简称《通知》）。《通知》要求严格落实白酒生产企业主体责任，从源头保障白酒质量安全；强化监督监管，严厉打击违法违规行为；完善目标措施，落实监管责任；不断完善白酒质量安全监管的长效机制，提升食品安全监管水平。三是加强对散装白酒和小作坊的监管。我国散装白酒市场广阔，百姓饮用较多，也是白酒食品安全事故频发的种类。商务部历来重视散装白酒的监管，白酒监管职能划归食药总局后，职能更加明确。2015年1月23日，

食药总局发布了《关于进一步加强白酒小作坊和散装白酒生产经营监督管理的通知》（食药监电〔2015〕1号）（以下简称《监督管理通知》）。《监督管理通知》要求，为了加强白酒特别是散装白酒的质量安全监管，保护人民群众生命安全和财产安全，进一步加强白酒小作坊和散装白酒经营单位（包括流通和餐饮服务领域）监督管理工作，要求各属局加大监督检查力度、认真组织排查登记、严格落实主体责任、严厉打击违法犯罪、切实履行监管职责。

最后，制定白酒产业发展规划，明确发展目标。在全国层面，《中国酿酒产业"十二五"发展规划》对白酒产业的发展目标、结构调整、发展战略等进行了规定。在2016年4月13日召开的中国酒业协会第五届理事会第三次（扩大）会议上，中国酒业协会发布了《中国酒业"十三五"发展指导意见》。意见指出，到2020年，白酒行业产量为1580万千升，比2015年增长20.35%，年均复合增长3.77%；销售收入达到7800亿元，比2015年增长40.32%，年均复合增长7.01%；利税1800亿元，比2015年增长40.66%，年均复合增长7.06%。

各级地方政府也出台了相关白酒产业发展或复兴规划。1998年，江苏省人民政府发布《江苏省人民政府关于"振兴苏酒"的意见》，要求为"振兴苏酒"营造良好的社会环境，扶持政策向洋河、双沟集团倾斜，加大市场开拓力度，加速推进企业技术进步，加快企业组织结构调整，深化企业改革，加强质量管理，认真清理整顿白酒产销秩序，培植发展名牌产品。2005年，湖北省发布《湖北省人民政府关于促进酒业发展的意见》，提出经过5年的努力，力争到2010年白酒行业销售收入进入全国前5名。2009年，国务院办公厅下发《轻工业调整和振兴规划》。其后，各省根据各自情况陆续制定发布振兴规划，其中多省涉及白酒产业振兴规划。如《山东省白酒工业调整振兴指导意见》提出，到2011年白酒产量达到100万千升，创中国名牌5个，创中国驰名商标30个，销售收入过10亿元的企业5家，地理标志产品4件。

综上所述，白酒产业发展在生产许可、产业结构调整等方面受到政策的制约。从总体上看，国家和各地方的白酒产业政策逐渐规范化、制度化、体系化。全国性管理制度体系的构建，如酒类立法等工作，尚未有实质性的进展。加强白酒监督和管理，规范白酒生产和销售，保障消费者和生产者的合法权益，将是白酒政策制定所关注的焦点。

三、中国白酒产业发展的社会文化环境

首先，我国人口增长速度逐渐放缓，人口总量略有增长。2014年全国人口

数量136782万人，较之2005年的130756万人增加6026万人（如图2-4所示）。出生率在12‰左右，人口自然增长率维持在5‰左右。人口总量逐渐增多，但增速明显放缓，出生率和人口自然增长率均不高，属于低生育、低增长类型。2013年11月15日，党的十八届三中全会通过的《中共中央关于全面深化改革若干重大问题的决定》提出"坚持计划生育的基本国策，启动实施一方是独生子女的夫妇可生育两个孩子的政策"。2015年10月29日，党的十八届五中全会允许实行普遍二孩政策。政策规定，坚持计划生育的基本国策，完善人口发展战略，全面实施一对夫妇可生育两个孩子政策，积极开展应对人口老龄化行动。计划生育政策仍是我国的基本国策，但人口政策这两次的调整，必将对我国社会发展产生深远影响。庞大的人口总量和预期增长，将为白酒消费的持续发展提供基础和前提。

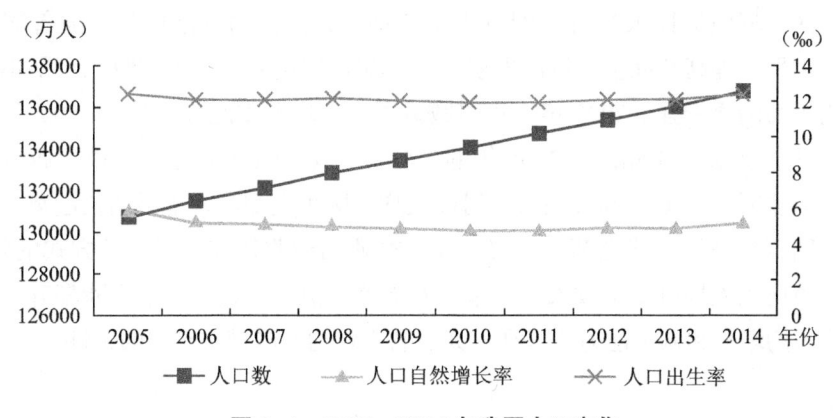

图2-4 2005—2014年我国人口变化

其次，接受高等教育的人数逐年增加。近年来，我国高等教育事业蓬勃发展，到2014年，我国普通本专科招生人数721.3987人，达到历史最高峰，较之2005年的504.4581人增长43%（如图2-5所示）。普通高等学校在校生常年维持在2000万人左右。其他如网络本专科、成人本专科教育都有很大提高。特别是随着互联网技术的发展，近年来我国网络教育取得极大进展。2005年，我国网络本专科生招生人数仅89万人，到2013年突破200万人，达到220万人的招生规模。2009年，我国高等教育毛入学率24.2%。根据《国家中长期教育改革和发展规划纲要（2010—2020年）》，到2020年将提高到40%，这意味着更多的人将有机会上大学。随着人民受教育程度的普遍提高，对生活方式的要求和对生活品质的追求也将出现一些新的变化，这给白酒产业的发展带来新的机遇和挑战。

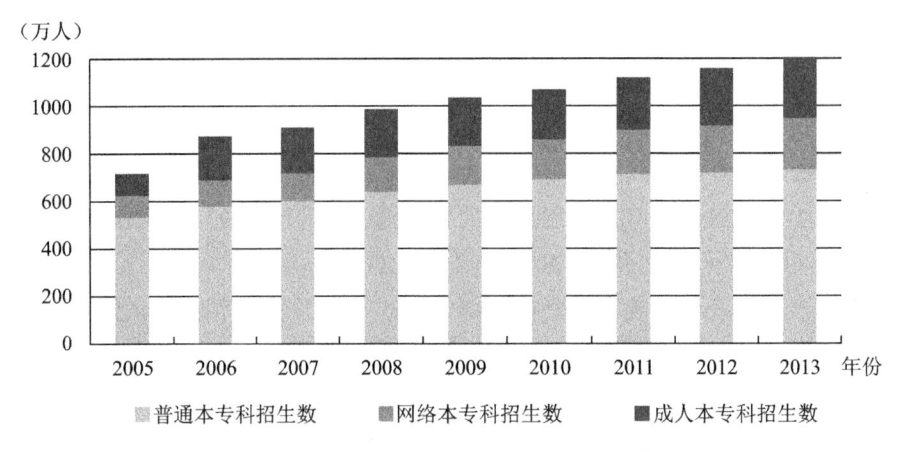

图 2-5　2005—2013 年我国本专科招生情况

再次，城镇居民人均可支配收入不断增加，购买力逐渐增强。随着国民经济发展水平的提高和社会经济的发展，我国城镇居民人均可支配收入水平不断提高，购买力随之增强。2005 年，我国城镇居民人均可支配收入为 11759.5 元，到 2014 年增加到 28844 元，是 2005 年的 2.45 倍（如图 2-6 所示）。扣除通货膨胀和物价上涨因素，10 年间我国城镇居民人均实际可支配收入也呈增长趋势。2013 年来，随着经济增长速度渐趋平缓，加上产业结构调整和经济增长方式的转型，我国城镇居民人均可支配收入增长率略有下滑，但总体收入水平不断攀升。居民人均收入的增长和购买能力的提高，为白酒产业的发展带来有利的条件。

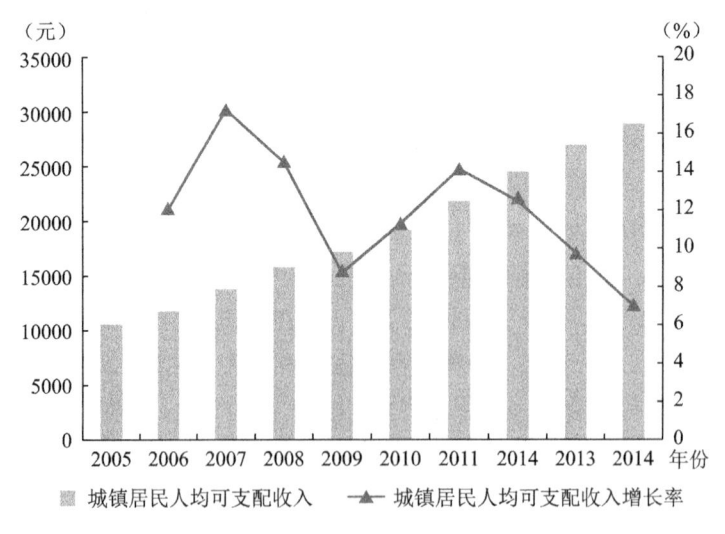

图 2-6　2005—2014 年我国城镇居民人均可支配收入增长情况

最后，我国酒文化源远流长，白酒在人们的酒类消费中占据重要的位置。一方面，白酒消费历史悠久。虽然蒸馏酒在我国的具体起源难以详考，但至迟在金元时期，即13世纪左右，我国便已经有了白酒的生产和消费。在白酒产生以后的几百年间，其成为我国社会各阶层普遍消费的酒类饮料，几乎成了中国酒文化的载体和代名词。另一方面，白酒在当代中国的酒类消费文化中举足轻重。根据世界卫生组织（World Health Organization，WHO）的统计，在中国15岁以上人群中，人均纯酒精消耗量1952年为0.4升，1970年为1.03升，1978年为2.5升，2009年为4.88升，2011年为5.91升，表明中国酒类消费水平不断提升。据国内学者的研究，1997—2006年，我国男性居民平均饮酒率为60.2%，女性为9.7%。男性饮酒者每日酒精摄入量为32.2克±35.6克，女性为14.0克±19.4克。男性平均每日酒精摄入量≥25克的比率为36.9%~45.6%；女性平均每日酒精摄入量≥15克的比率1997年为22.6%，2000年为24.2%，2004年为26.3%，2006年为28.5%，呈逐年增加趋势。马冠生教授组织的一项对159117位居民饮酒状况的调查显示，当前我国居民主要饮用酒类依次为白酒（50.3%）、啤酒和白酒（27.5%）、啤酒（14.1%），说明白酒是居民消费的主要酒种，白酒在酒类消费文化中占据核心的位置，这是白酒产业持续发展的文化基础，其历史和现实的双重因素，是我国白酒产业长足发展的文化支撑。

四、中国白酒产业发展的技术环境

随着科学技术的进步，我国白酒产业发展所面临的技术环境也有了一系列新的变化。

首先，互联网技术的迅猛发展，为白酒产业的微观管理和营销策略产生了深远的影响。近年来，我国互联网蓬勃发展，取得了累累硕果。互联网基础环境全面优化，我国已初步建成快速便捷的网络环境，网络覆盖更广，网络速度更快，国际通信更强，网络基础资源更加丰富，资源质量明显提升；移动互联网飞速发展，引领中国互联网发展"第三波浪潮"，移动网络应用跨越式发展，手机超越电脑成为中国网民第一大上网终端；网络空间日渐清朗，正能量信息占据网上主流，网上不良信息大幅减少；互联网成为国家经济发展的重要驱动力，中国互联网对经济增长的贡献率明显提升，位居全球前列，网络零售交易额规模跃居全球第一，互联网对扩大内需发挥积极促进作用，互联网带动电子信息相关产业市场高速增长；互联网企业突飞猛进，进入世界前列，中国互联网企业市值规模迅速扩大；互联网发展惠及百姓生活，互联网的发展给百姓衣、食、住、行带来极大便利,互联网发展简化了公共服务流程,促进了资源均等化;网络文化全面繁荣,网络产品种类丰富、数量攀升,屡创历史新高;互联网助力国家治理体系和治理能力现代化,互联网加快了"阳光政府"建设,推动了"服务型政府"建设,促进了"法治政府"建设;网络空间法治化快速推进,网络立法进程明显提速,网络内容管理执法卓有成效;互联网国际交流合作日益深化。中国互联网在近年来所发生的这一系列变化,对白酒产业的发展将会产生更为深刻且深远的影响。网络广告、互联网营销、网店等前所未有的新生事物,不断更新着白酒产业发展的面貌。

其次,物流技术与物流产业的发展,对白酒产业的发展也有重要影响。现代物流技术包括现代物流作业技术和现代物流信息技术,涵盖了运输、仓储、装卸搬运、包装、配送、流通加工等基本作业技术方法及各个作业环节的管理理论和运作方法,计算机通信网络技术、识别技术、数据传输跟踪技术、数据库技术、智能技术等,以及另外一些与现代物流管理密切相关的信息系统。现代物流技术已经完全不同于以往的交通运输理论,是一个系统的工程。近年来,我国物流技术进展迅速,物流产业发展也取得突飞猛进的进展。根据国务院的报告,2013年全国社会物流总额达到197.8万亿元,比2005年增长3.1倍;物流业增加值2013年达到3.9万亿元,比2005年增长2.2倍,年均增长率11.1%,物流业增加值占国内生产总值的比重由2005年的6.6%提高到2013年的6.8%,占服务业增加值的比重达到14.8%。物流业吸纳就业人数快速增加,从业人员从2005年的1780万人增长到2013年的2890万人,年均增长率6.2%。至2013年年底,全国铁路营业里程10.3万千米,其中高速铁路1.1万千米;全国公路总里程达到435.6万千米,其中高速公路10.45万千米;内河航道通航里程12.59万千米,其中三级及以上高等级航道里程1.02万千米;全国港口拥有万吨级及以上泊位2001个,其中沿海港口1607个、内河港口394个;全国民用运输机场193个。2012年全国营业性库房面积约13亿平方米,各种类型的物流园区754个。物流技术和物流产业的发展,对白酒产业的生产布局、产品销售等产生重要影响。酒快到、酒立方等就是现代互联网技术和现代物流体系相结合而产生的新生事物。

最后,现代酿酒科技的发展,为揭开中国白酒的神秘面纱,为白酒产业的发展提供了科学的依据与指导。我国白酒生产的历史有数百年之久,但运用现代科学技术对其进行分析研究,是从近代才开始的。19世纪以来,现代生物技术在西方取得了突飞猛进的进展,并随着其他西方科学技术一起逐渐地传到古老的东方文明古国。民国时期,中央工业试验所酿造试验室及黄海化学工业研究社发酵与菌学研究室首开白酒科学研究的先河，形成了一个专门从事发酵和酿造研究的群体，如孙学悟、魏嵒寿、方心芳、金培松、陈騊声、秦含章、朱宝镛等人，涌现出了一批具有较高学术价值的科研成果，奠定了近代酿酒科技和工业微生物研究的发展基础。特别是方心芳对汾酒酿造技术的总结，至今仍为人所称道。

中华人民共和国成立后，我国白酒生产技术实现了革命性的突破。中华人民共和国成立初期，粮食匮乏，节约粮食、提高出酒率成为白酒科研的重中之重。1955年，原中央地方工业部组织了百余名酿酒技术人员和干部到山东省烟台酒厂，采取以点到面的工作方法进行试点，总结其先进经验。烟台操作法比原大曲酒工艺的出酒率有了较大的提高，向全国推广应用。1963年，原中央轻工业部于又组织有关单位对该法进行了第二次试点，使其更臻完善，定名为"烟台酿制白酒操作法"。在名酒研究与总结方面，对茅台酒、汾酒、泸州老窖等名酒的技术总结工作也渐次开展，至今仍在这些酒厂中沿用。其后，新工艺白酒、白酒生产机械化、现代生物技术等多方面的进展，促使白酒产业的发展产生了急剧的变化。

近半个世纪以来，我国白酒酿酒科技在典型工艺的查定和总结、酿酒功能菌分离培养、传统白酒香气成分剖析方面取得重大突破，在人工窖泥培养技术、计算机勾兑调味技术方面也有喜人的进展，在白酒生产综合利用的研究、白酒微观形态物理化学特性的研究，以及白酒品评感官科学方法的研究逐步铺开。2014年1月10日，由徐岩教授主持，江南大学、贵州茅台酒厂股份有限公司、山西杏花村汾酒厂股份有限公司、江苏洋河酒厂股份有限公司共同完成的"基于风味导向的固态发酵白酒生产新技术及应用"项目，荣获国家技术发明二等奖（通用项目），这是我国白酒科研目前所获得的最高奖项，代表了白酒科研的最高水平，预示着现代科学技术对传统白酒产业发展的独特作用。随着现代生物技术和酿酒科技的进展，白酒产业也将会面临着全面的技术变革。

五、中国白酒产业发展的市场环境

首先，中国白酒产业目前正处于行业调整及恢复发展的历史时期。经过多年的发展，我国白酒产业已经处于成熟期。基于历史文化传统和消费惯性乃至消费心理，白酒在未来很长一段时间内，仍将是我国居民的主要酒精饮料，所以前些年关于白酒产业是"夕阳产业"的论断，多少显得不够严谨和科学。近20年来我国白酒产业的发展呈现出典型的周期性特征。1988年，我国白酒产量达到前所未有的467.41万吨，1996年最高峰时期更达801.3万吨，除1989年略有下降

（448.31万吨）外，其他年份以年均9%的速度持续增长。从1996年开始，随着税制改革的落地和经济环境的变化，白酒产量在2004年下滑到311.13万吨，连续8年下滑。2005年开始恢复，直到2012年都经历了快速的增长时期。大致言之，白酒产业近20年的发展可以分为3个阶段，即1988—1996年的8年增长期，1997—2004年连续7年的下滑期，2005年至今的再度增长期。2002年到2012年，是中国白酒产业发展名副其实的"黄金十年"。这10年间，中国白酒产量从378.47万千升增加到1153.16万千升，销售收入从495.88亿元增加到4466亿元，利税总额从126.78亿元增加到1366.18亿元。企业数量从3万家减少到1.8万家，其中获证企业8848家，纳入国家统计的规模以上企业1290家。虽然从2012年开始，白酒进入调整时期，但仍保持了一定的增长，充分说明白酒产业处于成熟期，并将在相当长的时期内继续保持增长。

其次，白酒产业是我国酿酒产业的重中之重，其市场规模占据酿酒行业的半壁江山，白酒产业仍大有可为。2014年，我国规模以上白酒企业完成产量1257.13万千升，同比增长2.75%；纳入国家统计的规模以上白酒企业1498家，累计完成销售收入5258.89亿元，与上年同期相比增长5.6%；累计实现营业利润698.75亿元，上缴税金525.79亿元。据表2-2，白酒产量占我国酿酒行业的比重仅为16.70%，但规模以上企业数、销售收入、利润和上缴税金等项均占据酿酒产业的50%以上。2014年，白酒产业实现利润698.75亿元，占酿酒行业总利润的71.5%，说明白酒行业仍是酿酒产业中盈利能力最强的酒类品种。而从2016年的对比数据来看，白酒行业在产量、销售收入、销售利润、上缴税金等方面，占比均有所提高。在白酒产业复苏和啤酒等子行业下滑的背景下，白酒产业的重要性得以进一步提升和加强。所以，白酒市场规模和市场潜力巨大，大有可为。

表2-2 白酒产业在中国酿酒行业中的地位

项目	规模企业数		产量		销售收入		销售利润		上缴税金	
	2014年	2016年	2014年	2016年	2014年	2016年	2014年	2016年	2014年	2015年
白酒	1498	1578	1257.13	1358.36	5258.89	6125.74	698.75	797.15	525.79	552.67
酒业	2602	2742	7528.27	6274.20	8778.05	9780.63	976.17	1094.47	830.81	853.15
占比	57.57	57.55	16.70	21.65	59.91	62.63	71.58	72.83	63.29	64.78

说明：白酒折算为65度商品量计入。产量单位为万千升，销售收入、销售利润和上缴税金单位为亿元。"酒业"一栏数据，包括白酒、啤酒、葡萄酒、黄酒、其他酒、发酵酒精等子行业。"占比"一栏单位为%。

再次，消费者需求方面，正如前述所及，随着我国人口政策的调整和受教育程度的普遍提高，白酒消费者将会出现一些新的变化。根据世界卫生组织的《2014年酒精与健康全球状况报告》（Global status report on alcohol and health 2014），我国15岁以上居民纯酒精摄入量为人均6.7升，其中69%来源于蒸馏酒，28%来源于啤酒，3%来源于葡萄酒，白酒占比最多。另一方面，我国有着庞大的戒酒人群，这一比例高达38.7%，男性中有25.8%终生不饮酒，女性则有52.3%；此外，在报告期过去的一年里没有再饮酒的人群，占17.2%，男性有15.8%，女性为18.7%；两项合计，我国有着高达55.9%的不饮酒人群（指长期不饮酒或以前饮酒而在报告期前12月内未曾再饮酒的人群）。从市场开拓的角度而言，此一庞大的人群，给酿酒行业特别是白酒行业提供了最为庞大的潜在消费者群体，这也是白酒产业发展值得挖掘的潜力之一。当然，随着人们健康意识的提高，对酒的副作用的认识，也将会越来越深刻。所以，在市场开拓的同时，还要考虑消费者（潜在消费者）的健康诉求。当然，酒对人体健康，有着一些显著的积极影响。如何实现饮酒的快乐，发挥其积极价值，规避其消极影响，是白酒行业所应当重视的一个问题。

最后，白酒行业面临着残酷且激烈的竞争。在行业内部，竞争激烈，有各区域之间的竞争，有不同香型之间的竞争，有同一香型内部的竞争，有区域内酒企之间的竞争，有区域酒企与全国性酒企之间的竞争。随着我国对外开放程度的加深和人们消费习惯的转变，国外蒸馏酒大量涌入，所以中国白酒产业又面临着在本土乃至海外市场上与外国蒸馏酒品牌之间的竞争。在行业外部，预调酒、鸡尾酒这些与白酒关联的酒种，也在蚕食白酒的市场（当然也是白酒行业的市场机会）。啤酒以其价格低廉，易于获取，成为人们消费量最大的酒种。特别是在年轻群体和一些特殊的消费场所，如夜场、酒吧、KTV等，成为消费的主流。随着关税的下降甚至趋零，国外葡萄酒大量涌入中国，全世界各地所能见到的葡萄酒，在华夏大地都能见其身影。国内葡萄酒产业的发展和进口葡萄酒一道，形塑着人们的酒类消费文化，也与白酒形成一定的竞争。国际上有一种被普遍认同的观点，就是酒精度数越高，对人体的危害越大。我国白酒普遍在40度以上，名酒品牌的酒精度多在50度以上，与国际烈酒普遍为40度的酒精度数相比，实在是要高出许多。中国白酒的高酒精度数，经常被诟病，这对我国白酒在市场上的竞争是极为不利的。另外，软饮料也对酒业市场有着一定的冲击和影响。总之，白酒行业所面临的是一个激烈和残酷竞争的市场。

第二节　中国白酒产业发展状况分析

一、中国白酒产业发展阶段及基本状况

分析白酒产业发展的历史变化，对我们认清当下形势，有着重要的意义。

中华人民共和国成立以来，我国白酒产业经历了从家庭作坊式生产到规模化工业生产的转变，经历了从计划经济向市场经济的伟大变迁。大体言之，中华人民共和国成立以来白酒产业的发展可以划分为以下几个阶段。

第一阶段是1949—1978年，这一阶段处于计划经济时期。新中国白酒产业刚刚起步，1949年统计产量只有10.8万吨，呈现出分散、杂乱、规模小等基本特征，以家庭作坊式生产为主。到20世纪70年代末，白酒产量达到144万吨。

第二阶段是1979—1996年，随着改革开放国策的施行，以及社会生产力的极大解放，人们的物质消费水平也得以提升。加上家庭联产承包责任制的实行，农民生产积极性得到极大提高，农业生产力大幅提升，粮食安全问题得以保障，耗粮较多的白酒产业得以迅速发展。由于白酒产业还是利税大家，"当县长，办酒厂"在20世纪80年代成为一时的潮流。到1996年，我国白酒产量达到801.3万吨的历史高峰。

第三阶段是1997—2004年，是白酒产业发展的调整时期。1996年达到产量峰值后，白酒产业进入衰退和震荡的调整阶段。这一时期，由于国家税收制度的改革和酒业政策的调整，加上宏观经济的软着陆，政府对金融的严厉管制，种种因素的综合作用，使得白酒产业快速发展的势头受阻。

第四阶段是2005—2012年。随着国家经济的发展、企业体制改革的深入、外来资本的涌入，2005年白酒产量开始回升，进入快速发展的时期。

第五阶段是从2013年后，白酒行业进入深度调整期。在这一阶段，白酒产量实现微弱增长，市场不景气，行业整体盈利能力下降。其中有政府限制"'三公'消费"、整肃社会风气等原因，也与宏观经济走势有关，更是白酒产业前些年无序发展所造成的恶果。近年来，整体经济形势的平稳发展，国家经济增长方式的转变，都使白酒产业面临着一些新的难题。

近10年来，我国白酒产量逐渐提高。2005年，我国白酒产量349万千升，到2014年上升到1257万千升，增加了2.6倍（如图2-7所示）。但从2011年开

始，白酒产量增长速度开始下滑，2012 年同比增长 12.38%，2013 年为 6.33%，2014 年仅增长 2.53%。2015 年，全国白酒产量达到约 1313 万千升，增长 4.46%，与前两年相较，增速开始回升，但幅度仍然较小。2016 年，白酒行业实现产量 1358 万千升，微弱增长 3.23%。总体上看，这次行业调整与过往不同，即便是经历行业发展的"严冬"，白酒产量还是取得了正增长的不俗成绩。

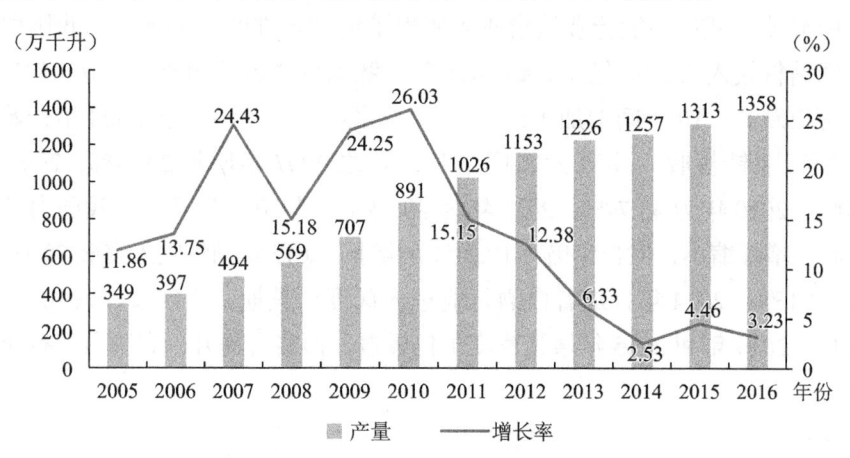

图 2-7　2005—2016 年我国白酒产量变化及其趋势

近年来，我国白酒行业资产总额也呈逐年递增的趋势。1996 年，我国白酒行业资产总额 624.41 亿元，2000 年增加到 911.68 亿元，2003 年突破千亿元，达 1021 亿元。2008 年后，随着经济的发展和国家投资力度的加大，白酒行业资产规模迅速扩大。到 2011 年，我国白酒行业资产总额达 3095 亿元，是 2002 年 991 亿元的 3 倍多（如图 2-8 所示）。从 2009 年开始，我国白酒行业资产总额年

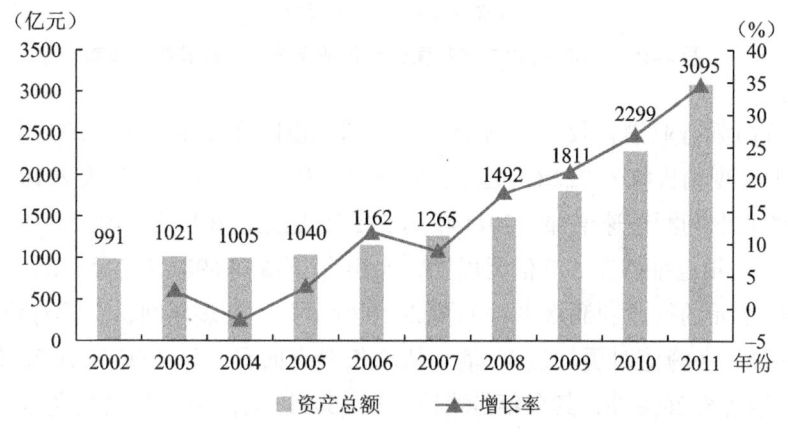

图 2-8　2002—2011 年我国白酒行业资产总额变化及其趋势

增长率均超过20%，2011年更接近35%。随着行业调整期的到来，白酒行业资产总额增长逐渐减缓，但总资产规模仍不断扩大。到2014年6月底，我国规模以上白酒企业1489家，白酒行业资产总额4847.18亿元，同比增长13.91%。

二、中国白酒产业发展的经济运行分析

10年来，我国白酒行业销售收入实现了突破式进展。2005年，我国白酒行业实现销售收入722.65亿元。到2016年，我国白酒行业销售收入达6125.74亿元的历史新高，10年间增加了约7.5倍（如图2-9所示）。从2008年开始，我国白酒行业销售收入实现大幅度增长，较之2007年增长29.54%，2009年为31.60%，2010年为43.77%，2011年为40.25%。从2012年开始，我国白酒行业销售收入增幅缩小，但当年仍有19.21%的增长。2013年销售收入突破5000亿元，增长12.35%。2014年，随着白酒行业进入深度调整期，当年仅实现4.8%的微弱增长。2014年和2015年增长速度虽仍缓慢，但略有提升，表明白酒行业逐步复苏。

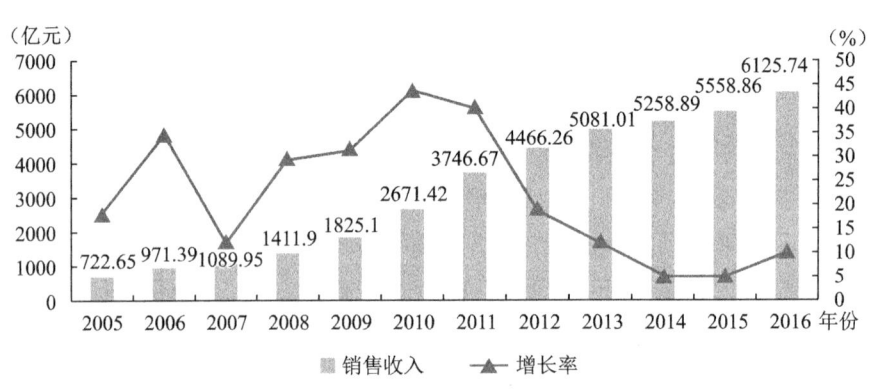

图2-9 2005—2016年我国白酒行业销售收入及其变化趋势

随着白酒行业销售收入的增加，行业利润也随之发生变化。2005年，我国白酒行业实现销售收入722.65亿元，实现营业利润73.19亿元。从2010年开始，我国白酒行业利润迅速增加，2011年达571.59亿元，2012年达到818.56亿元的峰值。2013年也维持在800亿元以上，2014年下滑到698.75亿元，2016年恢复到约800亿元的行业利润水平（如图2-10所示）。10多年间，白酒行业利润增长约10倍，在峰值时更超过10倍。从增长率方面看，从2006年到2010年间，除2009年增长26%外，其余年份增速均在35%以上，2011年更是高达79.40%，2012年实现43.21%的增长，仍是较快速的发展。2013年开始，白酒行业进入调

整期，行业利润较之上年相比下滑1.67%，2014年更下滑13.18%，白酒行业处于深度调整期底部，近两年逐步复苏。

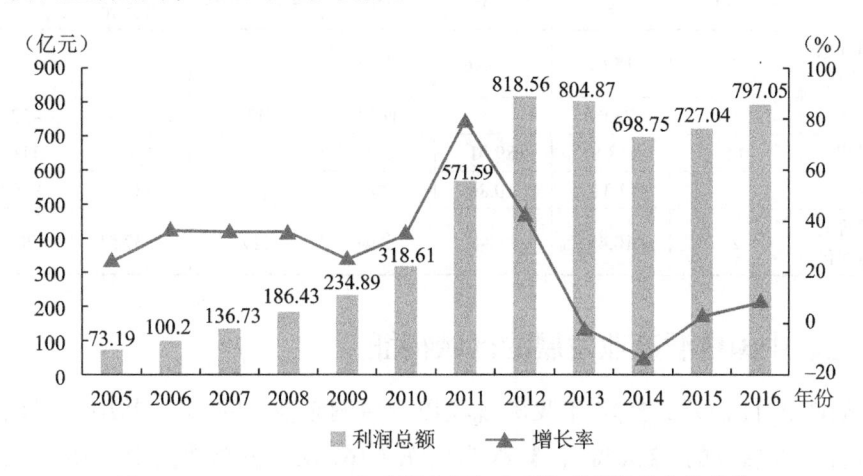

图2-10 2005—2016年我国白酒行业利润总额及其变化趋势

2014年，纳入国家统计的规模以上白酒企业1498家，亏损企业117家，亏损面7.8%；亏损额13.38亿元，较上年增长70.21%（见表2-3）。税金总额525.79亿元，较上年减少4.39%。亏损企业超过10家的有四川（17家）、贵州（14家）、山东（11家）三省。亏损额超过亿元的有四川（3.19亿元）、河北（1.79亿元）、湖南（1.67亿元）、贵州（1.49亿元），四省合计占全国白酒行业亏损总额的60.84%，可见白酒亏损企业区域分布较为集中。到2016年，白酒行业亏损企业113家，企业亏损面为7.16%，累计亏损额10.54亿元，较2015年下降15.92%。

表2-3 2014年白酒企业亏损状况

地区	亏损企业数	亏损额/百万元	增长率/%	地区	亏损企业数	亏损额/百万元	增长率/%
天津	3	50.54	200.21	河北	9	179.18	818.76
山西	3	5.83	70.01	内蒙古自治区	9	70.80	136.38
辽宁	5	18.70	266.24	吉林	4	15.50	31.88
黑龙江	4	28.51	245.19	上海	1	1.87	1350.39
江苏	1	5.25	-14.98	安徽	5	16.80	20.49
福建	1	17.80	—	江西	1	5.43	1421.01
山东	11	59.05	260.72	河南	1	2.25	28025.00
湖北	7	75.92	246.39	湖南	4	167.26	—

续表

地区	亏损企业数	亏损额/百万元	增长率/%	地区	亏损企业数	亏损额/百万元	增长率/%
广西壮族自治区	2	15.67	−70.46	海南	1	0.56	—
重庆	1	78.07	—	四川	17	318.70	−33.79
贵州	14	148.57	89.01	云南	5	9.09	111.79
陕西	2	2.34	10.86	甘肃	4	33.37	950.96
新疆维吾尔自治区	2	10.45	9.84	全国	117	1337.51	70.21

三、中国白酒产业发展的区域特征

如图2-11所示，2014年我国规模以上白酒企业1498家，其中四川以337家居首（占总数的22.50%），其次为山东（161家，占总数的10.75%）、河南（127家，占总数的8.48%）、贵州（109家，占总数的7.28%）、辽宁（91家，占总数的6.07%）、安徽（88家，占总数的5.87%），其余省份585家，占总数的39.05%，说明我国白酒企业分布较为集中。

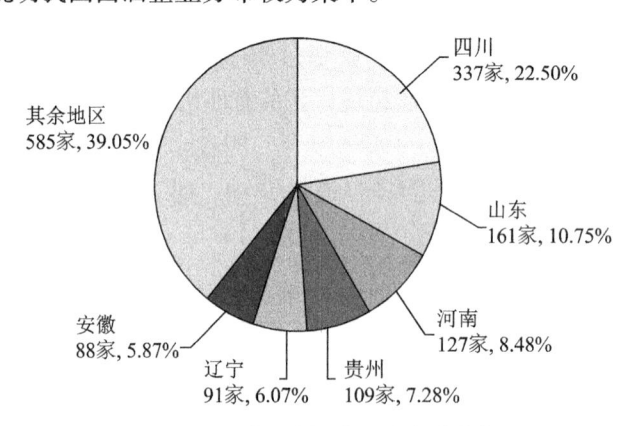

图2-11 我国白酒企业分布（家）

2014年我国白酒产量1257.13万千升，其中四川、山东、河南、江苏、河北5省合计产量750.65万千升，占全国总产量的59.71%。说明我国白酒产量较为集中，其中以四川产量为最多，达349.97万千升，占全国产量的27.84%，山东、河南均超过百万千升，江苏、河北次之。从产量增长方面言，四川、河南、河北产量略有增长，山东产量下滑近10%，江苏也下滑4%左右（如图2-12所示）。

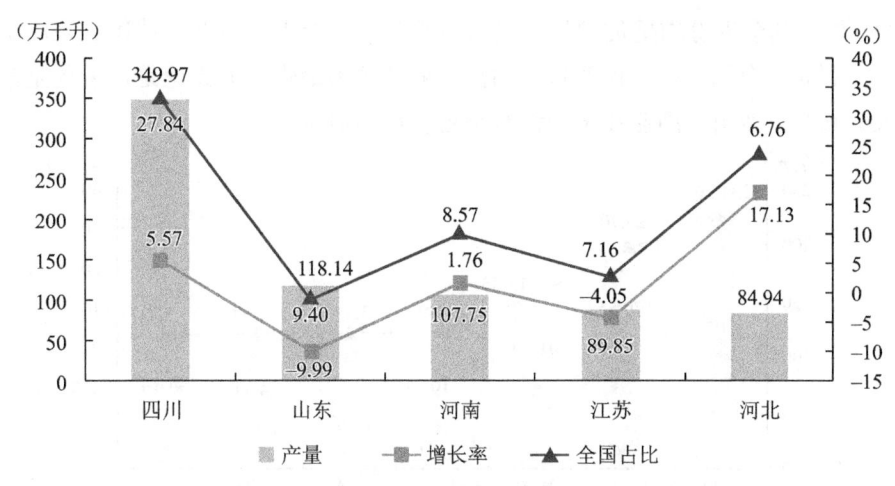

图 2-12 我国主要白酒产区产量及增长趋势

2014年我国白酒行业实现销售收入 5258.89 亿元，销售收入最多的省份依次为四川（1837.80 亿元）、湖北（628.50 亿元）、贵州（471.79 亿元）、山东（394.47 亿元）、河南（288.64 亿元），并均实现增长，5省区合计达 3621.20 亿元，占全行业的 68.86%（如图 2-13 所示）。

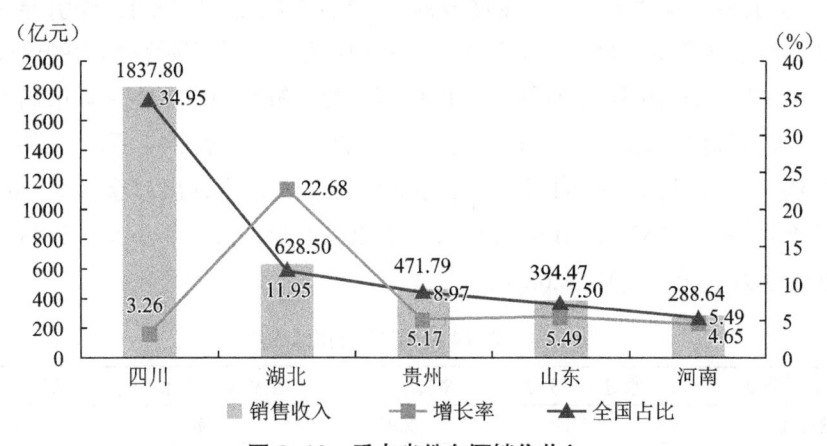

图 2-13 重点省份白酒销售收入

以利润来看，白酒利润大部分集中在少数几个省区（如图 2-14 所示）。全国有 7 个省份白酒行业利润总额超过 20 亿元，其中贵州以 231.26 亿元独占鳌头，占白酒行业利润总额的 33.10%；其次为四川 179.55 亿元，占 25.70%；最后为江苏 91.19 亿元，占 13.05%。3 省合计 502 亿元，占全行业总利润的 71.85%。其次为河北、山东、安徽、河南 4 省。7 个省区中除贵州白酒产业利润略微增长

0.02%外，其余省份均呈负增长。贵州白酒产量未能进入前五，销售收入居全国第三，利润居全国第一，说明贵州白酒产业竞争力最强。而无论是产量还是销售收入、利润，四川白酒业在全国都有举足轻重的地位。

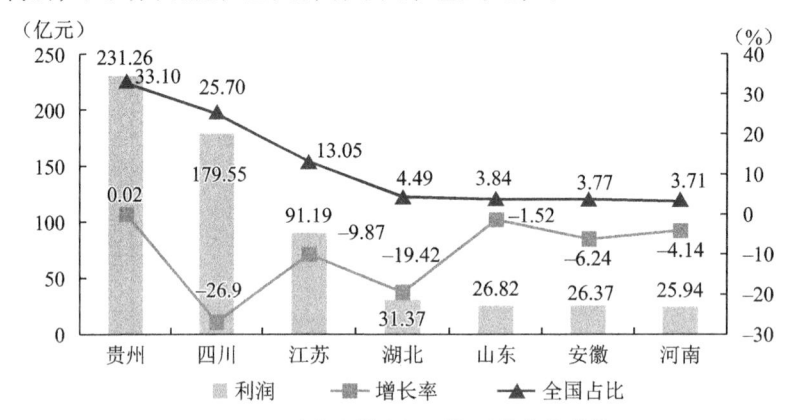

图2-14 重点省份白酒利润及其变化趋势

四、中国白酒国际市场状况

《中国酿酒产业"十二五"发展规划》指出："十二五"期间，要引导一批知名品牌参与全球竞争，打造一批具有自主知识产权、具有国际影响力的民族品牌走向国际市场，使中国白酒成为世界的白酒。要理解我国白酒在国际市场上的发展情形，需要对我国酒类进出口状况有一定的了解。如表2-4所示，2014年我国饮料酒出口数量达294384千升，同比增长2.94%；累计出口金额80940万美元，较上年增长47.52%。其中白酒出口13209千升，较上年下降5.35%；出口金额32743万美元，上升28.68%。

表2-4 2014我国饮料酒出口情况

产品类别	数量（千升）	增长率（%）	金额（万美元）	增长率（%）
饮料酒总计※	294384	2.94	80940	47.52
其中：白酒	13209	−5.35	32743	28.68
啤酒	257891	3.40	17705	8.61
黄酒	15932	−11.84	2510	2.57
葡萄酒≤2升	3436	98.33	13004	251.44
葡萄酒>2升	91	4.12	18	53.89

说明：饮料酒包括麦芽酿造的啤酒、葡萄汽酒、鲜葡萄酿造的酒、味美思酒、黄酒、蒸馏葡萄制得的烈性酒、威士忌酒、朗姆酒、杜松子酒、伏特加酒、利口酒及科迪尔酒、龙舌兰酒、白酒13种。

虽然实现出口金额大幅度增长，但对照我国酒类进口情形，就可知我国白酒出口之微了（见表2-5）。2014年我国进口饮料酒776815千升，增长25.27%；价值281887万美元，与上年相比略微下降0.78%。我国饮料酒入超超过20亿美元，进口酒类价值是出口价值的3.5倍左右。

表2-5 2014我国饮料酒进口情况

产品类别	数量（千升）	增长率（%）	金额（万美元）	增长率（%）
饮料酒总计*	776815	25.27	281887	−0.78
其中：白酒	1393	−29.36	4261	−19.97
啤酒	338227	85.54	40357	74.21
黄酒	328	−66.64	46	−57.79
葡萄酒≤2升	288276	3.33	136583	−1.28
葡萄酒>2升	81908	−8.07	6962	−35.44

＊说明：饮料酒包括麦芽酿造的啤酒、葡萄汽酒、鲜葡萄酿造的酒、味美思酒、黄酒、蒸馏葡萄制得的烈性酒、威士忌酒、朗姆酒、杜松子酒、伏特加酒、利口酒及科迪尔酒、龙舌兰酒、白酒13种。

2016年1—11月，纳入统计的13种出口酒类合计实现出口307914730升，出口金额1181703072美元（见表2-6）。出口值最多的是鲜葡萄酿制的酒，出口额约5亿美元；出口较多的还有白酒，2016年前11个月出口值超过4亿美元，且实现了8.07%的增长。此外，尚有中药酒出口369162千克，同期相比减少4.97%，价值1725908美元，同期下降2.08%。

表2-6 2016年1—11月饮料酒出口情况

商品名称	数量（升）	同比增长（%）	金额（美元）	同比增长（%）
麦芽酿造的啤酒	269028692	12.40	178976976	8.20
葡萄汽酒（未加香料）	77263	7.74	1114527	−18.49
鲜葡萄酿造的酒（容器容量≤2升，未加香料）	9051264	36.91	498036222	40.31
>2升容器的鲜葡萄酿造的酒	102842	−67.31	1267549	306.59
小包装的味美思酒	283808	19.24	659075	−0.03
黄酒	12691540	−6.85	21512507	−1.29
蒸馏葡萄制得的烈性酒	1389823	10.66	45388088	26.74
威士忌	217431	112.95	2751357	159.16

续表

商品名称	数量（升）	同比增长（%）	金额（美元）	同比增长（%）
朗姆酒及类似酒	3644	−86.64	39420	−82.57
杜松子酒	5882	539.35	55602	580.73
伏特加酒	497930	4.59	1602445	−10.04
利口酒及科迪尔酒	115269	73.44	714332	47.65
龙舌兰酒	21462	167.97	108178	95.35
白酒	14427880	−1.11	429476794	8.07

纳入统计的13种进口酒类合计实现进口1218512718升，进口金额3492106073美元（见表2-7）；入超2273593355美元。在进口酒类中，进口量最大的是麦芽酿造的啤酒，1—11月进口量达598615427升；其次是鲜葡萄酿造的小包装葡萄酒，达429944444升；接着是大于2升容器装的鲜葡萄酿造的酒，达126050183升。鲜葡萄酿造的酒进口合计555994627升，占进口总量的45.63%；价值2066356512美元，占进口总值的59.17%。进口值较大的酒类还有麦芽酿造的啤酒，11个月进口超过6亿美元；蒸馏葡萄制得的烈性酒，进口值5.57亿美元；威士忌也超过1亿美元。值得注意的是，龙舌兰酒是全球知名的蒸馏酒类，饮用较为普遍与广泛，但2016年前11个月才进口71.5万升，价值344万美元。进口值增长速度较快的有鲜葡萄酿的酒、啤酒、朗姆酒、杜松子酒等类，但朗姆酒、杜松子酒、白酒等进口值均较小，仅数百万美元。

表2-7 2016年1—11月饮料酒进口情况

商品名称	数量（升）	同比增长（%）	金额（美元）	同比增长（%）
麦芽酿造的啤酒	598615427	18.66	616652870	14.49
葡萄汽酒（未加香料）	11619443	−2.38	51237307	−9.47
鲜葡萄酿造的酒（容器容量≤2升，未加香料）	429944444	22.12	1969909652	18.35
>2升容器的鲜葡萄酿造的酒	126050183	1.08	96446860	13.17
小包装的味美思酒	421666	−50.89	1150251	−51.69
装入>2升的味美思酒	689	101.46	930	−12.10
黄酒	28816	−3.76	137013	−34.61

续表

商品名称	数量（升）	同比增长（%）	金额（美元）	同比增长（%）
蒸馏葡萄酒制得的烈性酒	25738954	7.78	557027770	-0.06
威士忌	13133390	-9.54	102274453	-6.12
朗姆酒及类似酒	2026944	17.88	5609515	11.82
杜松子酒	1132143	19.67	3646834	19.78
伏特加酒	2661623	-41.91	8234405	-39.90
利口酒及科迪尔酒	4883162	19.16	14840040	7.25
龙舌兰酒	715011	-19.53	3441810	-18.39
白酒	1540823	59.11	61496363	48.55

白酒在国内取得长足发展，但在国际酒类市场上却表现欠佳。以白酒市场最为红火的 2012 年为例，当年中国白酒产量达到前所未有的 1153 万千升，实现主营业务收入 4466 亿元。据海关统计，2012 年中国白酒累计实现出口 12603878 升，实现出口额 347229559 美元，折合人民币不到 22 亿元。与总体产量相比，中国白酒出口数量如沧海一粟，出口额不足主营业务收入的 0.5%。2014 年，我国白酒产量 1257 万千升，出口仅 13209 千升，出口仅占白酒产量的 1.05‰；白酒行业实现销售收入 5258.89 亿元，出口白酒价值 32743 万美元，折合人民币（以 2014 年 12 月 31 日银行间外汇市场人民币汇率中间价为 1 美元兑人民币 6.1190 计）20.04 亿元，也仅占 3.81‰。白酒出口数量仅占 1‰，出口额不到 4‰，国际市场几乎可以忽略不计。这既是我国白酒产业发展的软肋，也是我国白酒产业发展的机遇。

白酒国际化主力军的贵州茅台酒，其国际化也尚处在初始阶段。通过查阅贵州茅台酒股份有限公司历年年度报告可知：第一，茅台酒国际业务收入增长速度低于主营业务收入增速。2002—2012 年，茅台酒主营业务年均增长 30.58%，国际业务营收年均增长 24.94%。虽业绩不凡，但增速仍低于主营业务收入增速。第二，茅台酒国际业务发展水平不稳定。2002—2007 年，茅台酒国际业务收入都在 1 亿元上下徘徊，低谷时期的 2005 年甚至跌落到 7672 万元，2008 年和 2009 年都接近 3 亿元，2012 年超过 10 亿元人民币。虽有所增长，但从较长时段来看，其发展水平极不稳定。第三，茅台酒国际营收在整体收入中仅占极小部分，国际化水平低下。茅台酒国际营收只占主营业务收入 3~5 个百分点，最高时也仅占不到6个百分点（2002年），最低时仅占1.42个百分点（2007年）。2014年度贵州茅台酒实现主营业务收入31572875951.45元，其中国外1203794916.31元，较上年增加9.39%，但仍只占主营业务收入的3.81%。

第三节　新常态下的中国白酒产业

2014年5月，习近平总书记在河南考察时首次提出"新常态"，习近平说："我国发展仍处于重要战略机遇期，我们要增强信心，从当前我国经济发展的阶段性特征出发，适应新常态，保持战略上的平常心态。"2014年12月9日至11日在北京举行的中央经济工作会议指出，"新常态"具有以下几个基本特征：①模仿型排浪式消费阶段基本结束，个性化、多样化消费渐成主流；②基础设施互联互通和一些新技术、新产品、新业态、新商业模式的投资机会大量涌现；③我国低成本比较优势发生了转化，高水平引进来、大规模走出去正在同步发生；④新兴产业、服务业、小微企业作用更凸显，生产小型化、智能化、专业化将成产业组织新特征；⑤人口老龄化日趋发展，农业富余人口减少，要素规模驱动力减弱，经济增长将更多依靠人力资本质量和技术进步；⑥市场竞争逐步转向质量型、差异化为主的竞争；⑦环境承载能力已达到或接近上限，必须推动形成绿色低碳循环发展新方式；⑧经济风险总体可控，但化解以高杠杆和泡沫化为主要特征的各类风险将持续一段时间；⑨既要全面化解产能过剩，也要通过发挥市场机制作用探索未来产业发展方向。由此，中国所面临的"新常态"，对白酒产业也有重要影响。

当前形势下，白酒产业发展环境的基本特征有以下几个方面。

宏观经济环境方面，我国经济持续增长，GDP绝对数额较大，并继续保持良好的增长势头；城乡居民存款规模不断扩大；居民消费价格指数变化平稳。

政策环境方面，在酒类各管理领域颁布了系列全国性和地方性的规章、法律及法规；加强标准体系建设，将酒类管理归口到食药监系统，对白酒质量安全管理空前加强；制定了系列白酒产业发展规划，明确了发展目标。

社会文化环境方面，我国人口增长速度放缓，人口总量略有增长；接受高等教育的人数逐年增加；城镇居民人均可支配收入不断增加，购买力逐渐增强；我国酒文化源远流长，白酒在人们的酒类消费中占据重要的位置。

白酒产业发展的技术环境方面，互联网技术的迅猛发展，对白酒产业的微观管理和营销策略产生深远的影响；物流技术与物流产业的发展，对白酒产业的发展也有重要影响；现代酿酒科技的发展，为揭开中国白酒的神秘面纱，为白酒产业的发展提供了科学的依据与指导。

市场环境方面，中国白酒产业目前正处于行业调整及恢复发展的历史时期；白酒产业是我国酿酒产业中的重中之重，其市场规模占据酿酒行业半壁江山，白酒产业仍大有可为；消费者需求方面，随着我国人口政策的调整和受教育程度的普遍提高，白酒消费者将会出现一些新的变化；白酒行业面临着残酷且激烈的竞争。

从 2012 年年底开始，白酒行业由于在其发展过程中积累了一系列问题与矛盾，开始进入深度调整期。2012 年 11 月 19 日上午，21 世纪网发布了《酒鬼酒塑化剂超标高达 260%、毒性为三聚氰胺 20 倍》的文章，引爆了公众和媒体对白酒行业健康问题的持续关注。虽然最后 21 世纪网主要经营者被控敲诈勒索、强迫交易、非国家工作人员受贿和对非国家工作人员行贿等罪，网站被关闭。但当时及其后的两年内，对酒鬼酒和白酒行业产生的负面影响，难以估量。酒鬼酒塑化剂事件，引起了整个白酒行业的强烈震动，随之而来的是行业步入调整期和寒冰期。特别是中国经济社会发展步入"新常态"，更是给白酒行业发展环境带来了一系列的挑战。这一系列的变化主要体现在以下几个方面。

第一，高端白酒消费信心受挫，需求变化将导致价格和销量动荡。高端白酒必然会在销量和价格方面寻求新定位。塑化剂风波的主角酒鬼酒，以"文化酒"的高端身份跻身中国白酒之林。进入行业调整期后，高端产品销售受挫，消费者对其中低端产品的消费也丧失信心，销售大幅下滑，连续两年利润表现为亏损，股票面临退市危险。其他如泸州老窖国窖1573、郎酒集团的红花郎酒等高端品牌，甚至在一段时间内没有包装生产。五粮液集团的主打产品五粮液酒价格倒挂，市场需求不旺。只有贵州茅台酒一枝独秀，勉力支撑，但市场表现和价格体系、销售体系也亟须重构。

第二，其他酒类品牌和洋酒对白酒行业的冲击巨大。啤酒、葡萄酒、洋酒等品类的冲击，导致白酒销售量的变化，客观上要求白酒口味的变化更适应消费需求，或者放缓白酒增速。曾几何时，白酒在国人的酒类消费中，占据绝对的地位。但随着人们生活水平的提高，对酒类消费更加注重多元化和个性化；中国加入世界贸易组织后，为国外酒类商品大量涌入中国打开了大门，酒类进口关税的降低和趋零，更促使国外酒类纷纷进入中国寻求这个世界上最大的潜在市场。在面对国外进口洋酒的市场进攻的同时，白酒行业还需要抵抗啤酒、葡萄酒等品类的冲击。这些因素，对白酒行业的发展都产生了直接或间接的影响。

第三，酒类流通企业数量增加，市场需求虚假放大，流通环节库存增加，导致从产品到消费的步伐放缓。中国白酒行业的营销模式是生产企业自己组建销售公司，然后将全国划分成若干片区和更小的消费市场单位，再在各级市场单位内招商经营。无论是销售公司内部，还是市场销售通路上，都是自上而下的层级结构。这样的模式，自然方便厂商对经销商和市场的掌控。但在行业调整时期，市场环境瞬息万变，自上而下的层级模式，对市场反应缓慢，甚至因销售链条过长，产品从出厂到消费的环节过多，造成了层层压货。厂方频频出货，却很难及时传递给消费者，最终难以被市场真正消化。对厂方而言，也很难真实、快速了解市场，迅速做出反应。新常态和白酒产业的调整时期，需要酒企对营销模式进行反思和重构，真正做到贴近市场、贴近消费者，急消费者及销售商之所急，供消费者之所需。

第四，产能扩大与市场需求缩小的矛盾已经形成，产能扩大后销量的增加成为企业应该面对的问题。在中国数千年的发展历史上，由于人口众多，战乱和灾荒频繁，社会生产力发展水平低下，物资生产和供应不足。特别是以消耗粮食为代价的酒类产品，更是稀缺难得之物。中华人民共和国成立后，特别是改革开放30余年来，我国经济发展水平逐步提升，社会生产力发展迅速，各行各业快速从卖方市场向买方市场转变。就白酒行业而言，在中华人民共和国成立后的若干年内，产品不缺销路。但进入20世纪80年代以来，市场环境有了很大的变化，白酒产品也进入买方市场。特别是近年来，由于白酒行业的虚假繁荣，导致很多业内外资本涌入白酒产业。白酒产能的提升迅速，远远超出了消费者的实际需求，生产与消费之间存在着一定的问题和矛盾。建成的生产线若不投产，则会闲置甚至老化损毁，只有继续投产才能保持生产设备的正常运行。这就是为什么近年来白酒行业进入深度调整期，而规模以上白酒企业的产量仍有增长的原因。白酒市场需求不振，消费量在某种程度上是一定的，而不会随着白酒行业产能的扩张而得到提升。

第五，白酒行业竞争将更趋激烈。在白酒行业飞速发展时期，提价策略被众多知名酒企广泛采用，给企业带来了巨大的收益。进入产业发展调整期和经济新常态后，高、中、低端白酒产品的价格都不同程度地压缩。一线名酒如茅台、五粮液、泸州老窖等高端产品价格下行，侵占了二线名酒的市场。而二线名酒市场价格的下行，又对区域名酒造成了巨大的压力。白酒产品的价格水分被略微挤出，但仍有一定的调整空间。高端白酒产品价格的下行，给中低端价位的白酒产品造成压力。而高端产品市场不振，利润空间有限，部分白酒品牌甚至市场销售价格和出厂价格倒挂。这就导致白酒企业经营者将目光转向了中低端产品的开发和维护，市场竞争更加激烈。实际上，中低端化并不能拯救整个白酒市场，只是名酒企业在市场调整期的一种自救行为。

　　第六，白酒行业市场竞争环境有待提升。国务院发展研究中心市场经济研究所"白酒行业调整与转型发展研究"课题组认为，白酒行业公平竞争环境有待提升。目前，白酒行业在生产准入、税负及税收征缴、产业政策执行、环保及质量监测等方面，监管部门普遍存在"抓大放小"问题：对规模化酒企监管从高从严，对无证经营的小酒企和小作坊的监管则明显弱化。其结果是品牌企业、质量管理严格的企业被严管，税负较重，而小酒企、小作坊由于点多面广而疏于监管，逃税漏税现象非常普遍。目前，全国白酒生产企业有2万余家，但发放的生产许可证仅有7800张，很多企业达不到准入标准而无证生产，竞争秩序比较混乱，产品良莠不齐，存在一定的食品安全隐患。政府各级部门必须强化合规监管，优化市场秩序和治理体系。从准入上，基于规模、环保、品质等要求，落实瓶装白酒的生产许可证制度，对不同规模、不同类型生产企业实行分类管理，从源头上保障产品品质并优化竞争格局。从监管上，应更多关注产品质量安全标准，完善白酒生产流通监管信息平台，实时动态跟踪监管，严格执行购销台账管理制度，落实监管责任和企业质量安全主体。同时，充分发挥酒类行业协会行业治理、企业服务、发展规划、标准制定及舆论宣传等功能，优化行业治理体系（王青，2015）。

第三章　仁怀市酱香型白酒产业发展状况分析

第一节　仁怀市发展酱香型白酒产业的 SWOT 分析

一、仁怀市发展酱香型白酒产业的优势（S）

（一）仁怀市酿酒历史悠久，文化底蕴深厚

仁怀市酿酒起于何时，因资料的缺乏，难以定论。1994 年 4 月，贵州考古研究所在仁怀城郊东门河云仙洞一处商周洞穴居室遗址，发掘出土文物和标本 40 余件，多数为陶制酒器。遗址出土的商周时期专用酒具证明，仁怀市早在商周时期就已有浓厚的酒习俗。1991 年 12 月，仁怀市合马镇西汉土坑墓群发掘出文物 400 多件，除生产生活用具外，瓮、罐、碗等与酿酒业有密切联系，出土的铺首衔环酒壶是专用酒具，证明仁怀市境内至少在西汉时期便有规模性的酿酒生产。1989 年，茅台镇交通乡袁家湾出土酒具 9 件，经鉴定为明朝时期酒具。该批酒具中的酒壶从执壶到单提梁壶，从单提梁壶到双提梁壶，从无支架到有支架，从斜腹过渡到鼓腹，具有很高审美价值。到清道光年间，茅台一地酿酒业颇为发达，"烧房不下二十家，所费山粮不下二万石"（郑珍，莫友芝，1968：399）。清末吴振棫云："茅台村隶仁怀县，滨河，土人善酿，名茅台春，极清冽。"（吴振棫，1854：24）表明仁怀地区的酿酒业在清末取得了长足的发展，酿酒规模和出品质量均达到了较高的水平。仁怀市内涵丰富、个性突出的酒文化为酒业的进一步发展奠定了深厚的历史文化基础。

(二) 名酒众多，产业集聚效应凸显

举世闻名的茅台酒就出产在仁怀市茅台镇，是仁怀市乃至贵州以至中国的一张名片，是仁怀市白酒业持续发展的最丰厚的现实资源。贵州省人民政府评选的2011年"贵州十大名酒"中，国台酒、百年糊涂酒、酒中酒霸酒、茅台王子酒四大名酒在贵州仁怀市。2014年年底，按实有窖池数等综合测算，仁怀全市白酒产能达47万千升，产量35万千升，仅茅台集团一家便实现408亿元的营业收入。仁怀市共有酒类企业1723家（含小作坊），窖池59265口，其中注册生产销售白酒企业1497家，销售型企业1169家，生产型企业328家；持有白酒工业生产许可证企业303家，占企业总数的17%，规模以上白酒企业88家，占企业总数的5%，占持证企业的29%。列入遵义市白酒行业"十星企业"培育对象5家、遵义市"一大十星五强"企业12家，包括国台、糊涂、酒中酒、云峰、国威、海航怀酒、国宝、怀庄、祥康、恒兴等企业在内。截至2015年8月，仁怀市共拥有"贵州茅台""茅台图形""国台""本强及图""镇及图""怀庄及图"6件中国驰名商标。酿酒产业的发达，为仁怀市白酒产业的持续发展积累了最可宝贵的资源和经验。

知名白酒产业研究专家杨柳博士在《产业空间集聚与区域经济发展——基于白酒产业的分析》（2009）一书中，以白酒产业在若干地区集聚为例，阐述了在各种要素的"化学聚合"基础上形成的地理品牌对实现产业空间集聚价值的意义。他认为，通过高端要素的化学聚合，白酒产业空间集聚区域将成为创意经济乐园，催生地理品牌。地理品牌是对一定地理区域的稀缺资源、区域特色、区域文化的提炼和总结。地理品牌有利于建立消费者对地理空间内生产同类产品企业的信任和忠诚。地理品牌的这种正向外部效应，使区域内通过"搭便车"来共同分享利益，导致效用增加和成本减少，有助于本区域内所有企业的成长。从而导出文化生产力在产业空间集聚中起了"豁合剂"和"创新源"的作用。文化生产力包含地域文化因子和环境特色要素。产品中注入文化内涵越丰富，品牌的文化含量越大，产品附加值就越高，市场竞争力就越强。当这种地域文化经历一代又一代人的公共选择之后，最终积淀在产业集聚区域。然后，又由从业者世代承袭下去，形成这一地区独特的文化资源，成为该地区产业空间集聚的"豁合剂"和产品品质提升的"创新源"。根据杨柳的理论和研究成果，仁怀市毫无疑问是中国白酒产业集聚地之一，成为支撑仁怀市白酒产业长足发展的一大力量。

（三）白酒配套产业体系初步完善

第一，有机高粱种植面积扩大，为仁怀市白酒产业的发展提供可靠的优质原料。2000 年，市委市政府高度重视高粱生产，启动实施了高粱"北种南扩"工程，并实行了"订单生产，保护价收购"的政策，使高粱生产形成了"公司+基地+农家"的产业化生产模式。2002 年仁怀市北部高粱生产基地获得有机食品认证，同年仁怀市又在财政部获得高粱基地扩建项目的立项，使仁怀市高粱生产进入了一个高速发展的时期。1999—2003 年，仁怀市高粱种植面积从 7.73 万亩上升到 12.19 万亩，平均 10 万亩，占秋粮种植面积的 17% 左右。2001 年以前主要使用的品种以本地红壳子、青壳洋、牛尾砣、本地黑壳高粱等混杂品种为主，2002—2003 年主要使用的品种为"青选一号"和"青选二号"。平均亩产 144.47~176.8 千克，年总产量 1.358 万~1.888 万吨。2005 年，按照企业带基地，基地带农家的农业产业化运作模式，实行订单种植、合同收购政策。仁怀市实际种植高粱 16.2 万亩，比种植计划 16 万亩增加 1.25%，完成订单 63939 份，根据各乡镇农技站测产验收情况，北面乡镇平均亩产 173.1 千克，南面乡镇平均亩产 221.3 千克，全市平均单产达 190 千克，总产 3078 万千克。由于种植面积增加 1.2 万亩，总产量增加 353.1 万千克。2011 年 8 月 6 日，南京国环有机产品认证中心派出的专家组经过对仁怀市有机高粱种植基地建设进行为期 10 天的实地调研，仁怀市有机高粱种植基地顺利通过认证。仁怀市 2011 年申报认证有机高粱种植基地 20 个，有机地块 1425 块，面积约 25 万亩（董艳婷，潘树涛，2011）。2013 年，全市高粱生产分别受到低温冻害、干旱、病虫害的影响，仍完成订单签订 6.5 万份，种植有机高粱 26 万亩，收储有机高粱 4.4 万吨。2014 年种植有机高粱 30 万亩，收储有机高粱 7.5 万吨，有机高粱种子繁育 1500 亩，转换有机地块 10 万亩。

第二，下游配套产业也取得了长足的发展。白酒配套产业包括酒类包装物（含酒瓶、纸箱、商标、背贴、酒盒、瓶盖、丝带、手袋、馈赠物等）、产品设计、产品批发、物流、销售等，重点在酒类包装物的设计生产方面。根据《贵州省白酒产业振兴计划》中提出的"鼓励省内配套，推动相关包装行业的发展。大力发展塑料包装材料、彩印包装和日用玻璃瓶等白酒业关联行业，加快形成我省白酒产业发展配套产业"要求，仁怀市政府对酒业酿造及酒类配套产业做出整体规划，以仁怀市中枢镇为中心，在北部茅台镇赤水河畔大力发展白酒酿造产业，在南部坛厂镇区域大力发展酒类配套产业，将赤水河谷流域打造成世界酱香型白酒的原产基地。仁怀市经济开发区按"一区多园"布局，由国酒工业园、坛厂现代服务园、仁怀名酒工业园、茅台古镇文化产业园组成,将国酒工业园和赤水河沿线白酒产业聚集区统一纳入规划,并报经省人民政府批准,于2011年8月正式成立省级仁怀经济开发区,规划总面积43.11平方千米,以酱香型白酒生产为主导产业,发展相关配套产业和循环经济产业,提高产业链价值。坛厂现代服务园区重点发展白酒产业包装印刷业、仓储物流业、文化旅游、创意文化、商贸会展等。截至2014年入园企业31家,开工建设18家,实现投产11家,累计投资32.4亿元,建成厂房24.8万平方米,其中,标准化厂房10.44万平方米。累计形成白酒仓储能力约8万千升,包装能力约10万千升,完成工业总产值15亿元。2015年1—4月申请入园企业4家,完成固定资产投资3亿元,完成工业总产值5亿元。其中,国大瓶盖厂项目已完成两栋厂房及平场道路的建设,完成投资6000万元。目前,重点推进绿色电子产业园、茅台仓储物流园、贤俊龙包装彩印、梅家堡安置区、霞霏温泉旅游综合体、中小企业孵化园等项目建设。

第三,交通运输与物流等发展迅速。交通运输条件的改善,为仁怀白酒产业的发展提供了有利条件。仁怀位于贵州省西北部的大山深处,地理位置决定了其区位优势不明显,基础设施差,特别是交通条件的限制最为明显。近年来,交通条件得到很大改善,遵义新舟国际机场已经建成运行、遵赤高速通车后,仁怀对外交流改善。同时,大批物流企业的入驻,有力地促进了仁怀白酒产业的发展。除了白酒企业自建运输线路之外,中小企业普遍依赖物流企业和快递公司,响华物流等本土物流企业发展迅速,中通、申通、天天、顺丰、百世汇通等大型快递企业的进驻,为仁怀市白酒原料输入与成品输出,起到了重要的作用。

(四)各级政府大力支持白酒产业发展

2009年,贵州省人民政府发布《贵州白酒品牌基地建设方案》,提出建立黔北地区"贵州白酒"品牌基地。黔北地区以遵义市和毕节地区为主。其中,遵义市以"一带两点"(沿赤水河一带,湄潭及董公寺两点)的白酒重点骨干企业为主体,毕节地区以贵州金沙窖酒酒业有限公司为主体纳入"贵州白酒"品牌基地第一批名单,打造以酱香型优质白酒为主的黔北地区"贵州白酒"品牌基地。

2011年4月初,在支持国酒茅台做强做大专题会议上,时任省委书记栗战书、省长赵克志提出,要用5~10年的时间,把茅台酒打造成为"世界蒸馏酒第一品牌"、把茅台镇打造成为"中国国酒之心"、把仁怀市打造成为"中国国酒文化之都""未来十年,中国白酒看贵州"(即"一看三打造")的目标,推动贵州白酒产业跨越式发展,从而实现产业升级与产业结构调整。同年6月底,全省白酒产业发展大会在仁怀召开，围绕省委、省政府关于加快白酒产业发展的目标和提出的要求，对加快发展白酒这个全省的特色优势产业和支柱产业进行动员部署。随后，为了深入贯彻落实省委省政府的相关部署，了解仁怀酒业发展的历史文化、现实状况、发展条件，以及理论依据，总结仁怀乃至贵州白酒产业的发展经验，为"一看三打造"提供理论支撑及经验总结，论证"一看三打造"的科学性、合理性及可行性，仁怀市委、市政府与贵州茅台集团共同组织召开了一次理论研讨会。这次理论研讨会于 2011 年 8 月 29 日在仁怀市召开，共邀请了各级政府部门领导、各地专家学者及企业家代表百余人（王刚，2012）。

2012 年，为推动白酒产业发展，实现"双千亿"（培育千亿产业、打造千亿强市）目标，仁怀市政府出台了《关于印发仁怀市落实国发 2 号文件加大金融支持白酒产业发展力度的指导意见的通知》（以下简称《指导意见的通知》）。《指导意见的通知》提出了金融支持白酒产业发展的三大重点和 3 项措施。三大重点是指：一是创新 10 个金融信贷产品，即基酒抵押贷款、企业之间联保贷款、小额担保贷款、收益权质押贷款、白酒窖坑出租收益权抵押贷款、白酒商标权质押贷款、股权质押贷款、白酒金融理财产品、开展税融通贷款、拓展企业融资渠道。二是加大对以名酒工业园区为代表的列入全省重大工程和重点项目的信贷支持力度。三是加大对小微白酒企业的扶持力度（蔡邦国，等，2012）。该意见的出台，为仁怀白酒产业的发展提供了政策保障。

在此前后，仁怀市完成《仁怀酱香酒产业发展区域布局规划（2012—2020）》及《仁怀酱香酒规范发展区控制性详细规划》，明确划分了三大主体功能分区，规范发展区、限制发展区和禁止发展区，为仁怀市白酒产业的发展区域布局进行明确划分。

（五）白酒酿造技术体系成熟，拥有熟练的技术工人

仁怀是茅台酒的故乡，是中国酱香型白酒的发源地和核心产地。与其他白酒工艺相比，酱香型白酒的酿造除了适应当地环境、气候、原料外，又有其独特巧妙的工艺内涵。以茅台酒为例，其生产工艺分制曲、制酒、储存、勾兑、检验、包装 6 个环节。生产周期为 1 年，端午踩曲，重阳投料，酿造期间 9 次蒸煮，8 次发酵，7 次取酒，经分型储放，勾兑储放，5 年后包装出厂。茅台酒的酿制有两次投料、固态发酵、高温制曲、高温堆积发酵、高温馏酒等特点，由此形成独特的酿造风格。茅台酒工艺三高三长、季节性生产的特点，是区别于中国其他名白酒工艺的地方，也是茅台酒工艺的巧妙之作。"三高"是指高温制曲、高温堆积发酵、高温馏酒;"三长"主要指基酒生产周期长、大曲储存时间长、基酒酒龄长。整个茅台酒的酿造流程可概括为两次投料、9次蒸煮、8次发酵、7次取酒,历经春、夏、秋、冬一年时间(中国贵州茅台酒厂有限责任公司史志编撰委员会办公室,2011)。因为其生产工艺的复杂性和在人类文化遗产传承上的重要意义,茅台酒酿制工艺被纳入国家级非物质文化遗产。独特的酿酒工艺和成熟的酿酒技术体系为仁怀酒业的进一步发展提供了有利条件。

同时,仁怀市又拥有大量掌握酱香型白酒酿造技术的熟练工人。酿酒是一项重体力劳动,在酿酒工人中流传着"没有三百斤毛毛力、不要进烤酒行"的口头禅,可见酿酒工人的艰苦与劳累。"火烧胸前热,风吹背后寒;咬牙新醅重,汗透破衣衫……"这首歌里描绘的场景,是酿酒工人工作的真实写照。但只有劳力和坚韧的毅力还是不够,无论是下粮、润粮、上甑,还是取酒、勾调、尝评,都需要熟练的操作和精湛的技艺。在数百年的发展和传承中,仁怀一地拥有大量掌握熟练技术的工人。他们在闲时,或务农,或做工,但在酒厂需要时,放下手中活计,便是一名合格的酿酒工人。除了来自实践和传承外,知名企业也培养了大量技术人才。本土高校如贵州大学、贵州轻工职业技术学院等,省外高校如江南大学、四川大学等,不断为仁怀市白酒产业的发展输送人才。

近年来,仁怀市和茅台集团筹建茅台学院,将落户仁怀市南部新城。茅台学院是一所由仁怀市委、市政府搭台,茅台集团出资,面向全国招生,招生规模5000人的以酒类酿造为特色的应用技术型企业办全日制高等院校。学院建成后,仁怀市酿酒技术人才培养登上一个新的台阶。据最新消息,茅台学院已经得到教育部批复成立,将于2017年开始招收首批本科学生。茅台学院以"打造国内外酿造业有影响力的应用型普通本科院校"为发展目标,以"立足茅台、服务酒业、报效国家、走向世界"为发展定位。首期招生将开设酿酒工程、葡萄与葡萄酒工程、食品质量与安全、资源循环科学与工程、市场营销5个专业,一共招生600人。到2020年,该校将围绕酿酒产业链建设专业群,逐步增设至11个专业,全日制在校生规模达5000人。茅台学院将紧密联系地方、行业和企业的用人需求,重点将"酿酒工程"打造成为特色优势学科专业。

二、仁怀市发展酱香型白酒产业的劣势(W)

就目前的情形而言,仁怀市白酒产业的发展拥有一系列得天独厚的优势,比如,酿酒历史悠久,文化底蕴深厚;名酒众多,产业集聚效应凸显;白酒配套产业体系初步完善,各级政府大力支持白酒产业发展;白酒酿造技术体系成熟,拥有熟练的技术工人等。同时，仁怀市白酒产业的发展也面临着一系列的矛盾和问题。

（一）白酒行业发展进入深度调整期

近年来，白酒行业发展步入深度调整期。首先，白酒产能严重过剩，是行业步入深度调整期的直接原因。2008年，为了应对金融危机，政府追加了4万亿元的投资，由投资拉动的经济增长，促使白酒产业非理性发展，加上其他政策性因素、游资涌入等方面的因素，白酒产业产能严重过剩。2009年，国务院办公厅下发《轻工业调整和振兴规划》。其后，各省根据各自情况陆续制定发布振兴规划，其中多省涉及白酒产业振兴规划。如《山东省白酒工业调整振兴指导意见》提出，到2011年白酒产量达到100万千升，创中国名牌5个，创中国驰名商标30个，销售收入过10亿元的企业5家，地理标志产品4件。其次，中国经济走势放缓，是白酒行业深度调整的经济原因。近年来，我国经济增长速度放缓，每年两位数的增长率已经成为过去式。在实行供给侧改革，扩大内需，拉动消费，促进经济增长方式转变等领域都面临着较大的压力。白酒行业属于非必需品，行业整体发展受到宏观经济环境的强力制约。随着经济下行，白酒行业也告别了非理性的高速增长时代。最后，中央政府加大反腐力度，也是促使白酒行业步入深度调整期的政策性因素之一。2012年12月4日，习近平总书记主持召开中共中央政治局会议，审议通过了中共中央政治局关于改进工作作风、密切联系群众的八项规定。自2012年12月4日至2014年10月31日，中国共查处违反八项规定问题67737起，处理89585人。政风的改善，减少了以往公款消费及吃喝请送等领域的消费，白酒行业首当其冲。加上行业发展过程中积累起来的一系列问题和矛盾，白酒行业步入深度调整期。仁怀市白酒产业发展深受行业整体发展形势和整个大局的重大影响。

2002—2012年，是中国白酒产业发展名副其实的"黄金十年"。这10年间，中国白酒产量从378.47万千升增加到1153.16万千升，销售收入从495.88亿元增长到4466亿元，利税总额从126.78亿元增加到1366.18亿元。企业数量从3万家减少到1.8万家，其中获证企业8848家，纳入国家统计的规模以上企业1290家（王延才，2013）。然而，从2012年开始，白酒产业进入了调整时期，行业发展过程中积累下来的问题和矛盾逐渐凸显。白酒产业发展速度放缓，单位产品平均销售收入、单位产品平均利润、行业平均销售利润等几项指标均有不同程度的下降。白酒产业的发展受到越来越严苛的舆论环境和市场生态的影响。从产量上看，近年来白酒行业产量持续增长，增长速度减缓。

2005年，我国白酒行业实现销售收入722.65亿元。到2014年，我国白酒行业销售收入达5258.89亿元的历史新高，10年间增加了6.3倍。从2008年开始，我国白酒行业销售收入实现大幅度增长。但从2012年开始，我国白酒行业销售收入增幅缩小，不过当年仍有19.21%的增长。2013年销售收入突破5000亿元，增长12.35%。2014年，随着白酒行业进入深度调整期，当年仅实现4.8%的微弱增长。

随着白酒行业销售收入的增加，行业利润也随之发生变化。2005年，我国白酒行业实现销售收入722.65亿元，实现营业利润73.19亿元。从2010年开始，我国白酒行业利润迅速增加，2011年达到571.59亿元，2012年达到818.56亿元的峰值。2013年也维持在800亿元以上，2014年下滑到698.75亿元。10年间，白酒行业利润增长约10倍，在峰值上更超过10倍。从增长率方面看，从2006年到2010年间，除2009年增长26%外，其余年份增速均在35%以上，2011年更是高达79.40%，这与2011年我国白酒的快速发展相适应。2012年实现43.21%的增长，仍是较快速的发展。2013年开始，白酒行业进入深度调整期，白酒行业利润较之上年相比下滑1.67%，2014年更下滑13.18%，说明白酒行业处于深度调整期的底部。

行业普遍认为，此次深度调整将对整个行业产生深远影响，主要体现在以下方面：①高端白酒消费信心受挫，需求变化将导致价格和销量动荡。高端白酒必然会在销量和价格方面寻求新定位。②啤酒、葡萄酒、洋酒等的冲击，导致白酒销售量的变化，客观上要求白酒口味的变化更适应消费需求，或者放缓白酒增速。③酒类流通企业数量增加，团购、订制等营销模式带来市场需求虚假放大，导致生产量的增加，流通环节库存增加，放缓产品到消费的步伐。④产能扩大与市场需求放缓的严峻形势已经形成，产能扩大后销量的增加成为企业应该面对的问题。⑤白酒市场价格带压缩，中低端白酒放量，竞争加剧已经不可避免。⑥市场竞争秩序混乱，税负不公平，竞争不公平，亟待新政疏导。⑦无证企业和小作坊生产的年份酒、劣质酒、假酒等对整个白酒产业诚信造成极大的影响，对消费信心影响不可估量，维护产业健康、安全发展已经迫在眉睫，准入、标准、监管等急需重拳（中国好酒招商网，2013）。白酒行业市场环境的这些变化，必将给仁怀市白酒产业的发展带来新的问题和挑战。

（二）仁怀市白酒企业存在散、小、乱的问题

仁怀市酿酒历史悠久，文化氛围浓厚。但在长期发展的过程中，形成了仁怀

市白酒企业散、小、乱的状况。首先，白酒行业属于传统饮食品生产行业，技术要求不高，市场准入较低。用通俗的话来讲，只要有一个坑、一口锅、一把洋铲，就能生产出白酒。这导致仁怀市白酒企业遍地开花，获证企业占贵州省白酒行业获证企业的绝大多数，而且存在着大量未获证企业开工生产的状况。其次，仁怀市白酒产业市场化起步较晚，导致资源配置效率较低，其是大量白酒企业散、小、乱的一大原因。最后，仁怀市地处大山深处，经济文化发展相对滞后，对外沟通和交流不便，一些新的经营观念、营销方法等很难影响到这一地区。加上早年缺乏长远规划和白酒企业经营意识的缺失，仁怀市白酒企业散、小、乱的状况普遍存在。

长期以来，各类规模不一的企业、作坊散落民间，这一现状给企业监管工作带来了一定难度，也给仁怀市酒类产品埋下了较大的质量安全隐患。全市无生产许可证的企业较多。仁怀市现有各类白酒企业达1723家，其中获得生产许可证等证照齐全的仅303家，无生产许可证的企业约占83%。长期以来，特别是中国白酒"黄金十年"期间，仁怀酱香型白酒产业散、小、乱的局面深受市场诟病，一定程度上制约了产业和地方经济社会的持续健康发展。仁怀市委、市政府高度重视，在强力推行、依法取缔茅台镇辖区内无证制酒企业和非法作坊的基础上，2012年下半年，为进一步整合优势资源，形成发展合力，充分发挥"仁怀酱香酒"的品牌优势，加速推进仁怀市酱香型白酒产业发展壮大，市委、市政府决定组建仁怀市酱香酒酒业公司。经过近半年筹建，2013年3月10日，仁怀市酱香酒酒业公司在市白酒交易市场正式挂牌成立。

仁怀现有酒类企业1723家（含小作坊），窖池59265口，其中茅台酒厂6348口。除茅台酒厂外，其他1722家酿酒企业平均拥有窖池30口。获证企业303家，仅占17.59%，超过80%的酒类生产者没有获得白酒生产许可证，造成白酒业发展乱象。在获证企业中，规模以上企业88家，占29.04%，规模普遍较小。在1723家白酒企业中，产能在1000千升以上者仅89家，占5.17%；产能在400~1000千升者180家，占10.45%；产能在400千升以下者1454家，占84.38%。除了茅台酒厂、糊涂酒厂、国台酒业、五星酒厂、怀庄集团、酒中酒集团等大企业外，多数企业产能有限。仁怀市白酒企业产能分布情况如图3-1所示。仁怀市白酒企业存在着无证企业多、小企业多、产能普遍较小等状况，给白酒业的监督管理和正常发展带来严峻的问题。

1000千升以上
89家, 5.17%

400~1000千升
180家, 10.45%

400千升以下
1454家, 84.38%

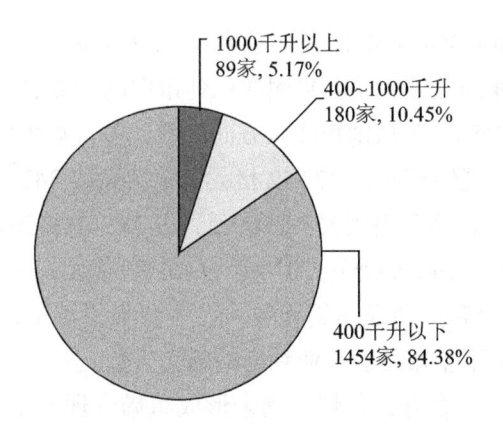

图 3-1　仁怀市白酒企业产能分布情况

（三）茅台一家独大，未能形成合理的行业梯队

根据现代产业发展理论，区域特色产业的发展，既需要打造一个品牌集群，又需要有领袖品牌的出现。众多的品牌对整个产业形成烘托效应；而龙头企业和顶级品牌，能够起到带动作用。根据省委省政府部署，实施品牌带动战略，扩大"国酒茅台"的品牌效应，以品牌优势扩大高端产品市场，提高市场份额，进一步巩固和提升"国酒茅台"的国际国内地位，发挥好"国酒茅台"品牌对振兴贵州白酒业、茅台集团对仁怀市酿酒上下游产业及相关服务业、茅台集团对茅台镇中小白酒企业的龙头带动作用。

众所周知，仁怀市是茅台酒的故乡，茅台酒是仁怀市最大的一家白酒企业，是贵州省最大的白酒企业，也是全国白酒行业的龙头。由于种种历史和现实的原因，仁怀市白酒企业形成了茅台一枝独秀的局面。直到 20 世纪 80 年代改革开放后，仁怀市才有其他的私营白酒企业出现。2011 年仁怀市白酒总产量 19.6 万千升，茅台集团独占 5.35 万千升，占仁怀市白酒总产量的 27.30%；2012 年仁怀白酒总产量为 25.44 万千升，茅台集团 5.98 万千升，占 23.51%；2013 年仁怀白酒总产量为 32.03 万千升，茅台集团 7.01 万千升，占 21.70%；2014 年仁怀白酒总产量为 35.48 万千升，茅台集团 7.67 万千升，占 21.62%。随着白酒工业园区的建设，茅台集团白酒产量在仁怀市白酒产量中所占的比重逐渐下降，但仍超过总产量的 20%。而从总产值方面来看，茅台集团占比更多。2011 年白酒行业总产值 246.64 亿元，其中茅台集团 202.46 亿元，占 82.09%；2012 年为 308.31 亿元，茅台集团 243.82 亿元，占 79.08%；2013 年为 382.48 亿元，茅台集团 296.97 亿元，占 77.64%；2014 年为 463 亿元，茅台集团 354.68 亿元，占 76.60%。随着仁怀市其他白酒企业的发展，茅台集团在仁怀市白酒行业总产值中所占的比重略有下降，但仍超过 75%。若从销售收入方面来看，茅台集团所占比重更大。2011 年仁怀市白酒行业实现销售收入 272.52 亿元，茅台集团 242.98 亿元，占 89.16%；2012 年为 413.96 亿元，茅台集团 353.36 亿元，占 85.36%；2013 年为 450.55 亿元，茅台集团 402.75 亿元，占 89.39%；2014 年为 463.89 亿元，茅台集团 407.88 亿元，占 87.93%。是故无论是产值还是销售收入，茅台集团都是仁怀市白酒行业的重头。而其利润更占据了全市白酒行业利润的绝大多数。

除了茅台一家独大之外，仁怀市尚未形成布局合理的企业梯队。以 2014 年为例，除茅台集团之外的白酒企业产量占仁怀市白酒产量的 78.38%，但却只贡献了 23.4% 的产值和 12.07% 的销售收入，利润空间更是狭小。诚然，茅台集团的带动效应不容忽视。但整个白酒企业梯队布局不合理，是仁怀市白酒行业想要取得长足发展所要解决的问题。

（四）多数企业定位模糊，品牌文化特色不明

仁怀市白酒产业发展存在的散、小、乱等状况，决定了企业定位和品牌文化建设上存在一定的缺陷。第一，酱香型白酒是白酒一大品类，在众多白酒产品中，产品较难实现差异化。香型、酒精度、外包装、企业文化、品牌故事等，都缺乏值得挖掘的差异化因素。第二，各个企业和品牌都拥有太多共同的资源优势和文化背景，品牌精神内涵的差异化也较难实现。第三，在仁怀市白酒产业发展过程中，存在着盲目跟风等问题，大多数企业缺乏现代经营意识和现代市场营销意识，品牌定位模糊，文化特色不够鲜明。

仁怀市白酒产业在发展中存在一些中小型企业，甚至是一些大企业产品定位模糊，求全求大，盲目跟风的问题。一些在区域市场占据优势地位的中小白酒企业，盲目跟随大企业的全国化战略，在全国市场折戟沉沙者不在少数。同时，仁怀市白酒行业中的跟风现象极为严重。不但业外资本进入白酒行业存在盲目性，就是白酒行业本身也存在简单模仿，产品毫无特色，定位模糊等问题。同时，仁怀市白酒以酱香型白酒为主，是一种高酒精浓度的饮料，其中虽有着各种成分多少不一的区别，但酒精度数较高是其共同特征。这导致产品本身难以实现差异化，同质化现象严重。同时，白酒企业在经营过程中缺乏创新能力，无法突出自身产品的特点，导致产品同质化严重。各个企业的产品之间，不但酒体相同、名称类似，就是其经营手法也如出一辙。

在品牌文化建设方面，成绩有限，更加导致了产品和品牌文化的同质化与雷同。品牌文化是指有利于识别某个销售者或某群销售者的产品或服务，并使之同竞争者的产品和服务区别开来的名称、名词、标记、符号或设计，或是这些要素的组合；是指文化特质在品牌中的沉淀和品牌经营活动中的一切文化现象，以及它们所代表的利益认知、情感属性、文化传统和个性形象等价值观念的总和。品牌，不但是一种文化，而且是一种极富经济内涵的文化。品牌是文化的载体，文化是品牌的灵魂，是凝结在品牌上的企业精华。品牌与文化是互生关系，它一方面以文化支撑着品牌的丰富内涵；另一方面品牌又可展示其代表的独特文化魅力，二者相辅相成。品牌是物质和精神、实体和符号、品质和文化高度结合的产物，即品牌文化的最终成果。而文化则是品牌的生命、产品的精髓、企业形象的内核、产品品质的基础（周朝琦，侯龙文，邢红平，2002）。但仁怀市众多白酒品牌的文化特色并不突出，无论是包装设计，还是名称、标记、符号及其对企业文化的打造、品牌文化的诠释等方面，都大致雷同，缺乏新意。

（五）总产量较少，酱香型白酒市场占有率低

就全球烈性酒市场而言，有威士忌、白兰地、朗姆酒、烧酒、龙舌兰、金酒、伏特加等不同原料、不同酿造方法酿制的蒸馏酒。大家不太了解的朗姆酒，是以甘蔗糖蜜为原料生产的一种蒸馏酒，也称为糖酒、兰姆酒、蓝姆酒。其原产地在古巴，口感甜润、芬芳馥郁。朗姆酒是用甘蔗压出来的糖汁，经过发酵、蒸馏而成。其全球产量超过1500万吨，与中国白酒整体体量相当。在中国白酒中，又有很多不同的香型，酱香型白酒只是10余种白酒香型中的一种，因为酿造技术的繁杂和对环境要求的严苛及生产周期较长等因素，酱香型白酒的年产量较低，其总产量不超过白酒产量的5%。仁怀市虽是酱香型白酒的重要产地，其产量也只占全国白酒产量的2%~3%。在市场上，酱香型白酒以不到全国白酒5%的产量，创造了超过10%的市场份额，利润占比更高。但是，酱香型白酒产量较少，市场份额较长是一个不争的事实。

近年来，随着白酒工业园区的建设，仁怀市白酒产量逐年增加。从2011年的19.60万千升增加到2014年的35.48万千升，几年间产量增加了81%，有望在2015年实现持续增长。但从其在全国白酒产量布局来看，仁怀市白酒产量又是微乎其微，所占比重太小。2011年，全国白酒产量1026万千升，仁怀市仅占全国白酒产量的1.91%，其后随着仁怀市白酒产量的逐年增加及全国白酒产量增速的下滑，仁怀市白酒产量全国占比略有提升，但所占比重仍未超过3%（详见

表 3-1）。绝对产量少，是仁怀市白酒产业发展面临的一个问题。

表 3-1　仁怀市白酒产量全国占比情况

年份	仁怀白酒产量（万千升）	全国白酒总产量（万千升）	仁怀占比（%）
2011	19.60	1026	1.91
2012	25.44	1153	2.21
2013	32.03	1226	2.61
2014	35.48	1257	2.82

同时，绝对产量少，又导致了仁怀市白酒的市场份额有限，有着巨大的拓展空间。仁怀市白酒行业销售收入持续增长，2011年为272.52亿元，到2014年增加到463.89亿元，增加70%以上。然而，在全国白酒市场上，所占份额仍然较少。2011年，仁怀市白酒销售收入占白酒行业总销售收入的7.27%。2012年白酒行业发展顶峰时期占比提高到9.27%，较之上年增加了2个百分点。但随着行业调整期的到来，仁怀市白酒产业所占市场份额跌落到9%左右（详见表3-2）。当然，以不超过全行业3%的产量，占据了约9%的市场份额，不得不说这是仁怀白酒业的奇迹。但同时，也应该认识到，仁怀市白酒行业的销售收入绝大部分来自茅台集团一家。仁怀市白酒产业所占市场份额有待进一步提升。

表 3-2　仁怀市白酒的市场份额

年份	仁怀白酒销售收入（亿元）	全行业销售收入（亿元）	仁怀占比（%）
2011	272.52	3746.67	7.27
2012	413.96	4466.26	9.27
2013	450.55	5018.01	8.98
2014	463.89	5258.89	8.82

三、仁怀市发展酱香型白酒产业的机会（O）

（一）我国人口基数庞大，市场需求潜力巨大

2014年年末，全国人口数量为136782万人，较之2005年（130756万人）增加6026万人，人口总量逐渐增多。2013年11月15日党的十八届三中全会提出"坚持计划生育的基本国策，启动实施一方是独生子女的夫妇可生育两个孩子的政策"。2015年10月29日，党的十八届五中全会提出普遍二孩政策。这两

次人口政策调整，必将对我国社会发展产生深远影响。庞大的人口基数和增长预期，将为白酒消费的长久持续发展提供基本的基础和前提，酱香型白酒市场需求潜力巨大。

(二) 经济发展带来的居民消费水平提高

我国经济持续增长，GDP绝对数额大，并继续保持增长势头。2004—2014年，我国国内生产总值总量从185895.8亿元增加到636138.7亿元，位居世界第二。随着经济的不断发展和人均收入水平的不断提高，我国各项存款规模也在不断扩大。居民消费价格指数变化平稳，人均购买力上升。这一切都为酱香型白酒产业的发展提供了有利的外部条件。

四、仁怀市发展酱香型白酒产业的威胁（T）

(一) 市场竞争压力大

在酒类饮料市场上，酱香型白酒要与葡萄酒、啤酒、洋酒、预调酒等各种不同类型的酒类饮料展开竞争。即使在白酒市场上，也面临着浓香型、清香型白酒的激烈竞争。五粮液、泸州老窖等大型酒业公司甚至直接进入酱香型白酒市场。县域外尚有郎酒、习酒、金沙回沙酒等强势品牌与之竞争。加上娃哈哈等业外资本的涌入，本土酱香型白酒的发展面临着较好的机遇，但也将促使市场竞争激烈程度升级，更趋白热化。

(二) 盲目发展带来的乱局，对仁怀市酱香型白酒产业发展产生的消极影响仍在持续

21世纪以来，酱香型白酒产业取得了长足发展。特别是2008年之后，仁怀市酱香型白酒产业的发展更是堪称迅速。产业的盲目发展，遍地建厂，对环境产生了不利影响。对原材料和技术工人的需求增加，而熟练的技术工人的培养又非朝夕之事。粗制滥造、仿冒依傍名牌等现象普遍存在，影响了仁怀市酱香型白酒的整体声誉。就目前而言，产能扩展之后的投产不足，是仁怀市酱香型白酒企业可持续发展所面临的一个威胁。

(三) 品牌整合难度大

仁怀市是酱香型白酒的主要生产地和集聚区，但是域内酱香型白酒产品品质

良莠不齐。可以称为全国性品牌的只有茅台酒，其他品牌发展因各种因素而难以得到消费者和行业的认可。仁怀市虽开展了各项活动整合"仁怀酱香酒"这一金字招牌，但"茅台镇"三字的吸引力更大，也为仁怀市酱香型白酒产业所消耗。仁怀市酱香型白酒尚未形成一股合力，成为类似于法国波尔多、苏格兰或加州纳帕谷那样名实相副的重要产区。

（四）环境承载压力巨大，这也是仁怀市酱香型白酒产业长足发展即将面临的威胁

在酱香型白酒的核心产区茅台镇，绝大多数地域被贵州茅台酒享用，其他企业只能沿着山沟或河谷发展。近年的产能扩张，导致对水资源的需求旺盛，赤水河流域水量的保护显得尤为重要。同时，废水、废气排放增多，也对环境治理提出了新的挑战。加强赤水河流域酱香型白酒酿造资源的保护，迫在眉睫。

第二节　仁怀市白酒产业发展现状分析

今日之仁怀，是中国乃至世界上著名的酒乡。仁怀早期酒业发展史，是以茅台酒为主要标志的。茅台镇开设正规作坊始于何时尚无明确考证，据茅台现存最早的明代《邬氏族谱》扉页所绘家族住址地形图的标注，其中有酿酒作坊。族谱所载邬氏是明代万历二十七年（1599年）随李化龙平定动乱后定居茅台的，这说明茅台早在1599年前就有了酿酒的正规作坊。茅台酒独特的回沙工艺在这个时候基本形成。茅台最早的酿酒坊名称据考察是"大和烧房"，这个信息是从茅台杨柳湾一尊建于清嘉庆八年（1803年）的化字炉上所铸的捐款名单有"大和烧房"而获得。

乾隆年间，贵州总督张广泗向朝廷奏请开修疏浚赤水河道以便川盐入黔，促使茅台的酿酒业更加旺盛。到嘉庆、道光年间，茅台镇上专门酿制回沙酱香茅台酒的烧房已有20余家，其时最著名的当属"偈盛酒号"和"大和烧房"。到1840年，茅台地域白酒的产量已达170余吨，创下中国酿酒史上首屈一指的生产纪录。"家唯储酒卖，船只载盐多"成为那一时代茅台忙碌气象的历史写照。清同治三年（1864年）六月初八，号军攻破仁怀县城，知县马钧被杀，茅台也受蹂躏。茅台酿酒业遭受毁灭性打击。1869年，华联辉创设烧房，茅台酒生产得以延续恢复。到民国年间，形成了成义、荣和、恒兴3家烧房鼎足而立的发展态势（张云峰，郭旭，2015）。这一时期，仁怀白酒业的发展核心仍是茅台酒。

中华人民共和国成立后，党和政府高度重视仁怀市白酒产业的发展。从原料配给、企业运营及成品行销等方面，都为茅台酒的发展提供了诸多便利。到20世纪80年代，随着国家改革开放国策的实施，我国酿酒产业特别是白酒产业取得了快速发展。仁怀市白酒产业也在这一时期开始腾飞。除茅台酒厂外，怀庄、茅源、茅河窖等企业开始出现，仁怀酒业一片繁荣景象。进入21世纪以来，各级党委政府高度重视仁怀市白酒产业的发展，仁怀市白酒产业发展迈入新的历史阶段。

一、白酒产能规模进一步增大，增长速度逐渐合理化

在"黄金十年"期间，我国白酒产业增长速度较快，无论是产量、销售额还是行业利润，每年均保持两位数以上的增长，年增长率甚至超过30%。无论是哪个行业，这样的增长速度显然都是不可持续的。就仁怀市白酒产业来说，截至2015年6月，全市共有酒类企业1723家（含小作坊），共有窖池59265口，其中茅台酒厂6348家、地方企业52917家；有注册生产销售白酒企业1497家（其中销售型企业1169家、生产型企业328家，含酒业集团公司14家、个体酒厂16家）；有白酒生产许可证企业303家，规模以上白酒企业90家。全市年产大曲酱香1000千升以上的企业有89家，占企业总数5.17%；产能400~1000千升的企业有180家，占企业总数10.45%；产能400千升以下的企业有1454家，占企业总数84.38%。从分布区域来看，位于规范发展区的白酒企业有1192家，占企业总数69.2%；位于限制发展区的白酒企业有494家，占企业总数28.7%；位于禁止发展区的白酒企业有37家，占企业总数2.1%。

2011年仁怀市白酒总产量19.6万千升，其中茅台集团5.35万千升（茅台酒3万千升、系列酒0.95万千升、习酒1.4万千升）；2012年为25.44万千升，同比增长29.79%，其中茅台集团5.98万千升（茅台酒3.36万千升、系列酒0.93万千升、习酒1.69万千升），同比增长11.78%（茅台酒增长12%）；2013年为32.03万千升，同比增长25.9%，其中茅台集团7.01万千升（茅台酒3.85万千升、系列酒1.4万千升、习酒1.76万千升），同比增长17.22%（茅台酒增长14.58%）；2014年为35.48万千升，同比增长10.77%，其中茅台集团7.67万千升（茅台酒3.87万千升、系列酒2万千升、习酒1.8万千升），同比增长9.4%(茅台酒增长0.52%)。2015年1—4月为14.49万千升，其中茅台集团2.09万千升（茅台酒1.06万千升、系列酒0.2万千升、习酒0.83万千升）。近年来，仁怀市白酒

产量变化趋势如图3-2所示。

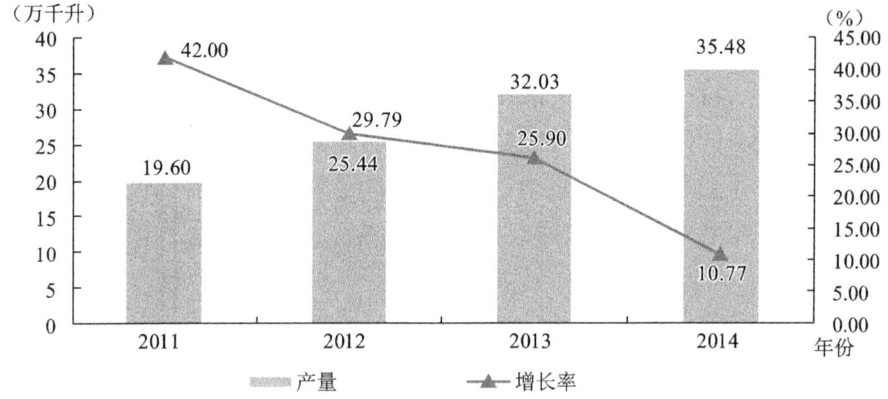

图3-2 2011—2014年仁怀市白酒产量变化及其趋势

2011年仁怀市启动白酒工业园区建设,产能迅速扩大。2012年产能开始释放,产量大幅上升,增长速度最快,较上年增长绝对量达5.84万千升。2013年以来产能逐年上升,至2014年达到顶峰,但受行业持续深度调整影响,产量增速逐年下降,增幅逐年回落。但随着"十二五"技改项目推进,产能逐步释放,产量回升。2011—2014年,全市白酒产量年均增长约20.3%。

二、白酒业总产值逐年增加

2009年,贵州省人民政府印发《贵州省白酒产业振兴计划》,仁怀市是重点扶持地区。2012年国发二号文件再次确认了白酒在贵州特色产业发展中的重要地位。在此前后,一批技改和扩建项目上马。近年来,仁怀市白酒产业产能开始释放,产量逐渐增加。2011年仁怀市实现白酒总产值246.64亿元,其中茅台集团202.46亿元;2012年为308.31亿元,同比增长25.01%,其中茅台集团243.82亿元,同比增长20.43%;2013年为382.48亿元,同比增长24.06%,其中茅台集团296.97亿元,同比增长21.80%;2014年为463.00亿元,同比增长21.06%,其中茅台集团354.68亿元,同比增长19.44%。2015年1—4月白酒产值166.62亿元,其中茅台集团129.19亿元。近5年来,全市白酒总产值保持高速增长,但增速逐年减弱。2011—2014年年均增速约23.38%,其中茅台集团产值年均增长约20.56%,保持基本稳定。仁怀市白酒产业总产值及增长情况如图3-3所示。

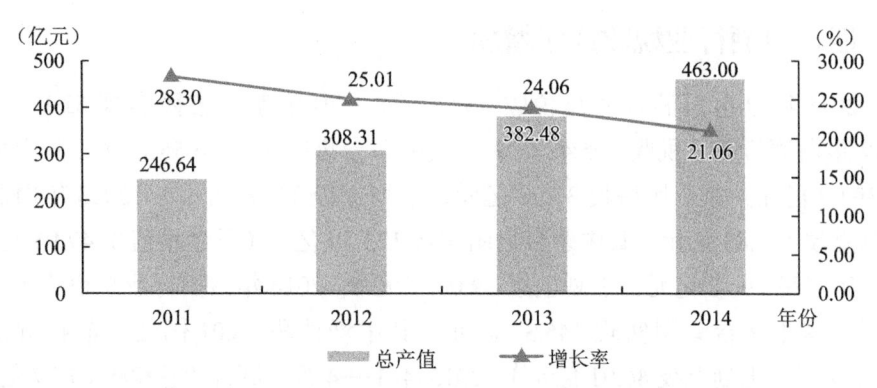

图 3-3　2011—2014 年仁怀市白酒产业总产值变化及其趋势

三、销售收入逐年增长

2011 年仁怀市白酒行业实现销售收入 272.52 亿元，其中茅台集团 242.98 亿元；2012 年为 413.96 亿元，同比增长 51.90%，其中茅台集团 353.36 亿元，同比增长 45.43%；2013 年为 450.55 亿元，同比增长 8.84%，其中茅台集团 402.75 亿元，同比增长 13.98%；2014 年为 463.89 亿元，同比增长 3.00%，其中茅台集团 407.88 亿元，同比增长 1.28%。2015 年 1—4 月为 190.48 亿元，其中茅台集团 167 亿元。2012 年是中国白酒"黄金十年"的最后一年，白酒销售收入增长达到史上最高峰。但 2012 年下半年以来销售增速剧减。在采取一系列的措施后，白酒销售结构逐步得到调整，2014 年年末状况明显好转。全市白酒库存增加，市场量价齐跌。2011—2014 年销售收入年均增长约 19.4%，其中茅台集团年均增长约 18.85%。仁怀市白酒业销售收入及其变化趋势如图 3-4 所示。

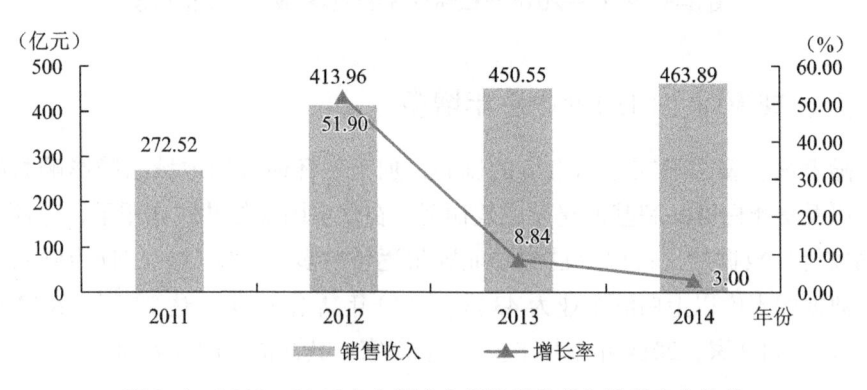

图 3-4　2011—2014 年仁怀市白酒业销售收入及其变化趋势

四、白酒行业税收逐年增加

2011年全市白酒行业总税收56.48亿元,其中茅台集团实现52.18亿元;2012年白酒行业总税收105.42亿元,其中茅台集团实现96.55亿元(其中增值税39.09亿元,企业所得税35.98亿元,上划上级35.98亿元);2013年白酒行业总税收132.83亿元,其中茅台集团实现123.59亿元(其中增值税47.95亿元,企业所得税39.08亿元,上划上级39.08亿元);2014年白酒行业总税收151.98亿元,其中茅台集团实现146.37亿元(其中增值税48.01亿元,企业所得税46.01亿元,上划上级46.01亿元)。2015年1—4月白酒行业总税收67.27亿元,其中茅台集团实现64.23亿元(其中增值税24.18亿元,企业所得税16.98亿元,上划上级16.98亿元)。2011—2014年,白酒行业增值税年均增长约21%,其中茅台集团增值税年均增长约21%。详情如图3-5所示。

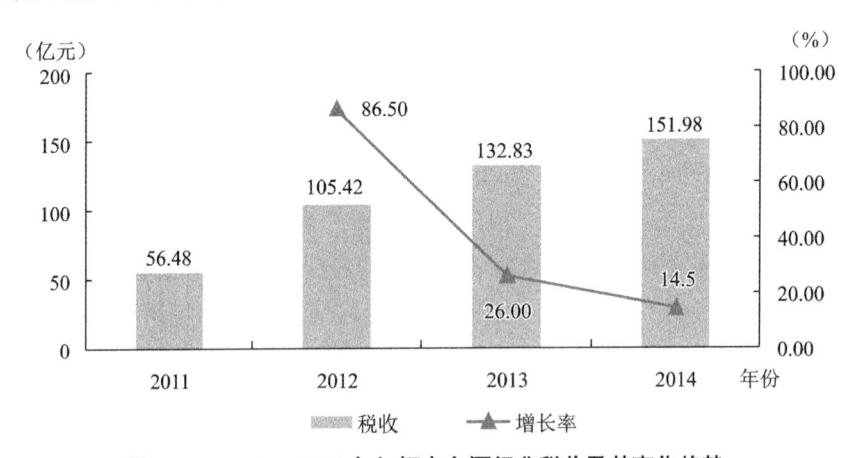

图3-5　2011—2014年仁怀市白酒行业税收及其变化趋势

五、规模以上白酒企业逐年增多

随着酱香型白酒在全国市场的崛起,加上仁怀酱香酒地域品牌影响力的增大,以及贵州白酒品牌基地建设成效初现,在众多因素的共同作用下,仁怀市纳入国家统计数据的规模以上白酒企业数量逐年增多。2011年,仁怀市纳入国家统计数据的规模以上白酒企业为43家。2012年新增29家,达72家;2013年新增8家,达80家;2014年新增8家,达88家。其详情如图3-6所示。

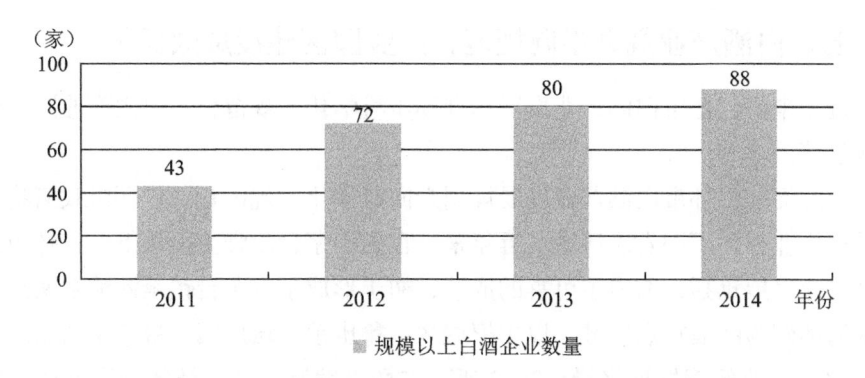

图 3-6　2011—2014 年仁怀市规模以上白酒企业培育情况

六、商标战略和品牌建设成效显著

商标战略和品牌建设相互依存，相互促进，是品牌建设和产业发展中的重要推手。其中最为重要的是"中国驰名商标"、著名商标和各类名牌产品称号。"驰名商标"（Well-known Trade Mark）又称为周知商标，已经成为我国商标法制工作中的一个重要组成部分，也是企业主和品牌主孜孜追求的目标。近年来，仁怀市政府按照"扶持龙头、创建品牌、扩大市场"思路，研究支持企业争创驰名品牌、著名商标的政策措施，抓好仁怀酱香酒地理标志证明商标认证，建成仁怀酱香酒地方标准体系，未来5年争创中国驰名商标10件以上、著名商标120件以上，形成合理的白酒品牌梯队，不断提高仁怀酱香型白酒话语权。仁怀市白酒产业也将驰名商标作为品牌建设的重要内容。早在2001年，"贵州茅台"商标就荣获中国驰名商标称号。2010年，仁怀市拥有中国驰名商标2件，2011—2013年及2015年，每年新增驰名商标1件，目前累计达6件。6件中国驰名商标是："贵州茅台""茅台图形""国台""本强及图""镇及图""怀庄及图"。2010年拥有贵州省著名商标12件，2011年新增16件，2012年新增38件，2013年新增20件，2014年新增20件，目前累计达106件；2010年拥有贵州省名牌产品6个，2011年新增6个，2013年新增2个，2014年新增4个，目前累计达18个。2014年，完成"仁怀酱香酒"证明商标和地理标志保护产品申报工作，"全国酱香型白酒知名品牌示范区"创建通过省级验收。全市有41家酒类企业被列入仁怀市商标发展战略重点扶持企业，5家规模以上酒类企业列入遵义市白酒行业"十星企业"培育对象，遵义市"一大十星五强"企业12家，其中9家企业列入"全国酱香型白酒酿造产业知名品牌创建示范区"示范企业。

七、白酒产业规划走向规范，产业园区建设成效显著

近年来，仁怀市白酒产业发展规划逐步科学化、规范化，白酒产业园区建设成效显著。

一方面，仁怀市白酒产业发展规划走向科学化、规范化。仁怀市政府将全市酱香酒产业分为不同发展区域。近年来，在国酒茅台的强力引领下，仁怀市地方白酒产业发展迅猛，取得了可喜的成绩，初步形成了以茅台镇至沙滩乡两河口沿赤水河两侧为酿酒重点区域，以中枢城区、鲁班镇、坛厂镇一带集聚白酒配套产业的白酒产业经济发展格局。2012年，仁怀市编制了《仁怀酱香酒产业区域布局规划（2012—2020）》，从功能分区的角度将全市酱香酒产业发展分为规范发展区、限制发展区和禁止发展区，用以控制全市白酒企业违规乱建、无序发展的不良现象，严格执行区域布局规划，尽快制定控制性详细规划，严格控制规划区域内用地，加强生态环境保护。根据规划，仁怀白酒主导产业以大曲酱香型高档白酒为主，以碎沙酱香型优质白酒为辅；白酒配套产业为循环经济产业、彩印包装、日用玻璃、瓦楞纸箱、酒瓶胶帽等；基础产业选择为优质高粱和小麦种植基地、仓储物流产业、城镇体系基础设施建设等。

规范发展区。一是将茅台镇茅台酒厂老厂区范围，北接茅台镇银滩片区，南抵盐津河，西邻赤水河，东临南坳、马鞍山山体。沿赤水河向上游拓展至中华村、坪子村、太平村作为茅台酒地理标志产品地域保护范围，包括茅台镇茅台酒厂现有厂区内通过环境整治获得发展用地。二是将茅台镇元木岩、卢家坪、上下坪村茅台酒厂河西山脊为界（茅台酒厂老厂区赤水河对岸可视范围以外），沿赤水河至二合镇交界处及茅台镇内除茅台酒厂已经规划范围的其他区域规划为仁怀市酱香型白酒产业规范发展区；合马镇、二合镇、沙滩乡、大坝镇、火石岗乡、三合镇6个乡镇适宜酱香型白酒的生产区域规划为仁怀市酱香型白酒产业规范发展区。

限制发展区。考虑保护茅台酒生态环境和区域环境容量客观要求，将中枢街道、苍龙街道、盐津街道、鲁班镇、坛厂镇（茅台酒循环经济园区除外）列为白酒生产限制发展区。考虑仁怀市适宜酱香型白酒生产土地资源的稀缺因素，在限制发展区内结合土地具体情况和现有规模白酒企业就地技改要求，可适当考虑允许发展区，在下一步的仁怀市酱香型白酒产业聚集区控制性详细规划里具体界定。划为限制发展区范围内原则上保持现状，不再增加新的产能，不批准酒类技改建设项目和其他污染型建设项目选址。

禁止发展区。考虑确保茅台酒生产用水及保护酿酒生态环境安全为前提，一是将茅台镇茅台酒厂老厂区对岸沿赤水河西岸可视范围山坡东侧区域为禁止发展区；二是将茅台酒厂在赤水河取水口上游区域的乡镇列为白酒生产禁止发展区，即茅坝镇、龙井乡、九仓镇、五马镇、长岗镇、后山乡、喜头镇、学孔乡、高大坪乡9个乡镇为白酒生产禁止发展区。划为禁止发展区一律准出不准进，且要逐步把现有企业搬迁出来进入规范发展区。禁止发展区范围内土地严禁批准酒类技改建设项目和其他污染型建设项目选址。

白酒配套产业发展区。考虑交通运输、物流等方面的基础设施条件，规划将坛厂镇、高大坪乡、鲁班镇及大坝镇适当区域列为白酒配套产业发展区。

有机原料种植基地区域。酱香型白酒生产的主要原料是高粱、小麦。本地高粱为糯性高粱，当地俗称红缨子高粱，其有利于酱香型白酒工艺的多轮次翻烤，使酱香型白酒每一轮的营养消耗有一合理范围。本地高粱的这些特点与酱香型白酒生产工艺和生产特点天然融合。此高粱主要产于贵州仁怀境内及相邻川南地区。该山地海拔高度为700~1000米，属中亚热带湿润季风气候，土壤为紫色土、石灰土、黄壤，肥力中等，适宜此高粱的种植。种植适宜区主要分布在仁怀市西北部的低山河谷的低山旱地，主要在赤水河及桐梓河谷区，高粱和小麦种植基地规划布局在沙滩、长岗、鲁班、五马、喜头、合马、大坝、二合、三合、火石岗、茅坝、九仓、学孔等仁怀市20个乡镇。

另一方面，白酒产业园区建设成效显著，入驻企业逐渐增多，产能逐渐释放，配套设施和配套产业逐渐完善。白酒产业园区是指为促进白酒产业发展为目标而创立的特殊区位环境，是区域经济发展、产业调整升级的重要空间聚集形式，担负着聚集创新资源、培育新兴产业、推动城市化建设等一系列的重要使命。白酒产业园区能够有效地创造聚集力，通过共享资源、克服外部负效应，带动关联产业的发展，从而有效地推动产业集群的形成。

第四章　仁怀市酱香型白酒产业竞争态势及发展战略

在本章中，我们将运用迈克尔·波特的五力模型对仁怀市酱香型白酒产业的竞争力进行分析，明确酱香型白酒产业的竞争态势。在前述分析的基础上，提出仁怀市酱香型白酒产业发展的基本战略路径。

第一节　仁怀市酱香型白酒产业竞争力分析

为了分析中国酱香型白酒产业的行业发展态势，我们引入波特五力模型进行分析。波特五力分析模型（Michael Porter's Five Forces Model），又称波特竞争力模型，是哈佛大学商学院教授迈克尔·波特（Michael Porter）于20世纪80年代初期创立，用于行业分析和商业战略研究的理论模型，研究行业和客家所处的竞争环境。该模型推导出决定行业竞争强度和市场吸引力的5种力量，分别是潜在竞争者的进入壁垒、替代品威胁、买方议价能力、供应商议价能力、现存竞争者之间的竞争能力。波特认为，一个产业就是一群生产互为相近替代品的公司。这5种竞争力量反映的是一个产业的竞争大大超过了现有竞争对手的范围，顾客、供应商、替代品、潜在的入侵者都是产业的竞争对手，具有重要的意义（迈克尔·波特，1989：10-11）。波特的五力分析模型对企业战略制定产生了全球性的深远影响，也是我们分析中国酱香型白酒产业竞争力的重要理论工具。具体到酱香酒产业，涉及酱香型白酒产业的进入壁垒、酱香型白酒替代品威胁、买方议价能力、供应商议价能力及酱香型白酒产业内部的竞争程度等方面。

一、酱香型白酒产业的进入壁垒

就酱香酒产业而言，这一产业的进入壁垒主要体现在以下几点。

（一）规模经济

大规模的经济性表现为一定时期内产品的单位成本随总产量的增加而降低。酱香酒生产规模经济的存在阻碍了新企业的进入，因此迫使新进入者要么一开始便以大规模生产并承担来自原有企业强烈抵制的风险，要么以小规模生产而接受产品成本方面的劣势。酱香酒规模经济表现在业务经营的每一个职能环节，包括制造、购买、研发、市场活动、服务网络、销售能力及发货等方面。

（二）产品差别化

产品差别化是指同一行业内企业提供给顾客的产品具有不可替代性或特定企业与其他企业产品区别的特点。差别化构成了进入壁垒，迫使新进入者耗费大量的资金和精力去建立自身的特色。这导致新进入者初期亏损，且可能延续较长时间。对酱香酒产业而言，产品差别化与产品、市场、销售的经济规模共同构成了很高的进入壁垒。

（三）资金需求

首先，酱香型白酒的生产周期较长，从下粮到出酒，要经历整整1年，且要经过最少3年的存储陈酿，才能勾调出厂。整个周期需要5年左右，这不但降低了资金使用率，反而会占据大规模的资金。其次，酱香型白酒出酒率低，生产成本较高，资金需求量大。与其他香型白酒生产相比，酱香型白酒对资金要求高，造成了新进入者的一个壁垒。

（四）转变成本

转变成本的存在也构成一种进入壁垒，即买方由原供应商转到另一供应商那里时所遇到的一次性成本。对酱香型白酒而言，因中国白酒共同的高酒精度特征，各种香型白酒之间的相似性导致了相互之间的可替代性。在酱香型白酒内部，各个企业提供的产品也较为相似，导致买方在购买时，转变成本较低。这对新进入者来说，既是一个利好消息，也是一大障碍。

对销售渠道的掌控。酱香型白酒在整个中国白酒消费版图中，只占有较小的市场份额。在营销和销售产品的过程中，更多的是采用团购等销售方式。一些有销售能力、掌控客源的酒类销售商，多数与茅台、习酒、郎酒等大型生产商合作。大企业销售渠道畅通，销售能力较强。新进入者很难与现有企业争夺销售渠道，而新建自己的销售渠道又很难在短期内奏效。拥有其他产品销售渠道的进入者，如娃哈哈集团进入领酱国酒。虽然凭借自身强大的销售网络，可以实现初期的大面积铺货。但原有销售渠道与酱香型白酒销售特点的有机融合，将是其下一步必须深思的内容。对酱香型白酒而言，销售渠道是新进入者的一大障碍。

（五）政府政策

在我国，白酒生产实行许可证制度，21世纪以来，政府按期对白酒生产许可证进行审核，剔除不合格生产厂家，停止发放新的白酒生产许可证。酱香型白酒是一种饮食品，其生产的各个环节都受到政府的监管，诸如在生产许可、卫生检查、质量指标、环境保护、低碳排放等方面。

（六）原有企业的反击

新进入者不但要面临上述限制，还要面对原有企业的反击和竞争。这种反击由以下因素决定：现有企业抵制新进入者的历史；现有企业拥有的资源条件，如现金、借贷能力、生产能力、顾客偏好及销售渠道掌控等；产业发展缓慢，吸收新企业的能力受到限制。近年来，金沙回沙酒是酱香型白酒市场上的一匹黑马，其处境便是一个明证。贵州省内大型酱香型白酒习酒是其最重要的竞争者之一，相较而言，习酒在贵州省内酱香型白酒市场上的根基更为牢固。面对金沙回沙酒的猛烈攻势，习酒公司自然起而反击，贵州省内酱酒市场硝烟四起。

就酱香型白酒产业而言，上述进入壁垒，不是一成不变的，而是随着时间、环境的变化而不断变化的。且各种壁垒之间，是相互区别又相互联系的，它们共同构成了新进入者的壁垒。有时候，进入壁垒的变化完全超出了公司所能掌控的范围，但公司的战略决策仍能对其产生重大影响。如通过一系列经营活动提高产业规模经济而增加进入壁垒，使得新进入者加入销售渠道更加困难。此外，酱香型白酒独特的生产技术和对产业工人熟练程度的高要求，也是进入者的一个巨大障碍。在此情况下，新进入者或者采用模仿战略，或者直接雇用竞争对手的雇员，如技术工人、管理者、市场销售人员等，都能得到进入优势。

二、酱香型白酒替代品威胁

酱香型白酒是一种高酒精度的饮料，这一属性决定了其并非是消费者唯一可选择的品类。随着消费观念、健康观念和消费习惯的改变，酱香型白酒面临的替代品威胁也在逐渐发生着变化。酱香型白酒的替代品主要有以下几类。

（一）其他香型白酒

在中国白酒谱系中，除了酱香型白酒之外，还有浓香型、清香型、米香型、凤香型、芝麻香型、豉香型、特香型、老白干香型、兼香型、馥郁香型等不同种类。同为高酒精度饮品，导致不同香型白酒之间的高替代性。在中国白酒市场版图中，浓香型和清香型占据绝大部分市场份额，酱香型白酒是较为小众的一种具有重大影响力的白酒香型，酱香型白酒面临来自其他香型白酒的激烈竞争。

（二）啤酒

啤酒是一种适应大众消费的酒精饮料，在某种程度上也是白酒产品的一种替替代品。啤酒以其低酒精度和独特的风味、口感和文化历史传承，在青年消费者中享有绝对主导地位。在某些特定消费场所，啤酒是酒品饮料的不二选择。酱香型白酒也面临来自啤酒的激烈竞争。

（三）果酒

以葡萄酒为代表的果酒，是酱香型白酒产品的一个重要替代品。长期以来，白酒高酒精度不利于人体健康的观念，已经深入人心。相对应的是，研究者不断发现葡萄酒对人体健康的有力证据，成为葡萄酒等果酒大为风行的一个重要原因。另外，葡萄酒以其别致的文化内涵，成为都市人群选择酒精饮料时的备选。在青年消费者、商务宴请及都市白领日常消费中，果酒都占有重要的位置。

（四）进口洋酒

中国白酒是世界蒸馏酒家族中的一员，与进口洋酒几乎可相互替代。我国加入世界贸易组织后，酒类进口关税大幅度降低。加上中国市场的不断开放和外国酒类企业在中国的市场拓展，我国进口洋酒逐年上升。全球流行的蒸馏酒品类，有威士忌、白兰地、伏特加、朗姆酒、金酒等，都是酱香型白酒的重要替代品。

（五）预调酒

随着中外经济文化交流的深入，我国酒类消费观念起了深刻的变化。鸡尾酒完全是一种舶来品，20世纪在沿海开放城市成为潮流。近年来，预调酒在城乡各地普遍开花，如百加得公司的冰锐、巴克斯公司的锐澳（RIO）预调酒，先后引领消费潮流。预调酒的风行，对酱香型白酒业的影响主要体现在两个方面：首先，直接竞争，蚕食白酒原有市场份额；其次，影响白酒企业的经营活动，如各大酒企投入预调酒产品开发。

（六）药酒及保健酒

从古代医学书籍到今天的流行消费，酒的保健价值就深为人们所重视。《汉书》载王莽诏书云，酒为"百药之长"，是对酒之功用最为简明的概括，提示出酒在医药上的重大用途。酒本身便具有一定的医疗保健价值。酒与其他药物的结合，更是将酒与药物的医疗保健价值发挥到极致。前些年的椰岛鹿龟酒，近年风行的劲酒，都是保健酒中的重要品牌。药酒和保健酒也是酱香型白酒的一种重要替代品。

（七）软饮料

在以往的一些历史时段，当人们在桌上问"今天喝点什么"时，所指基本上都是酒类饮料。到了20世纪80年代，随着社会丰裕程度的提高，饮品供应格局大为改善，一些果汁类、奶制品类、巧克力类、茶饮类饮料风行全国，从某种程度上蚕食了酒精饮料品的部分市场。酱香型白酒作为白酒之一种，自然也受这种趋势的影响和制约。

（八）酒化食品

酒化食品就是食品与酒相混合，从而产生的一种新风味食品。无论是液态、固态、液固混合态或冷冻状态，现有食品都可形成酒化食品。酒化食品的酒精分子被食品营养分子所束缚而不能脱离食品营养分子，能为人们提供可口、舒适的食品，促进肌体身心健康；能取酒益而除酒弊，更具营养性和保健功能。市场上的朗姆酒味冰激凌、酒味牛奶、酒味饼干等属之。在中国烹饪中，使用料酒的历史源远流长，使用地域范围广阔，使用菜品丰富多样，如糟烧、酒焖、酒炖等。酒化食品的出现，可能会给酒业发展带来一定的影响，某种程度上也能形成替代。

三、买方议价能力

买方议价能力受到诸多条件的影响，如相对于供应商数量的买主数量、单个买主的购买量、可供买方选择的替代产品数量、买方选择替代产品的成本、买方逆向合并的威胁以及购买者对信息的掌握程度。就酱香型白酒而言，不同层次买方的议价能力是不同的。

（一）团购买主

团购买家相对于生产企业而言，具有较强的议价能力。除了面对茅台等超级巨无霸而显得微弱无力之外，团购买主对中小企业普遍具有较强的议价能力。他们因其需求量大，总是能将价格压缩到一个合适的幅度，迫使酱香型白酒生产厂家接受较低的价格。

（二）原酒买家

原酒买家因其需求量大、产品生产环节较少，也时常能够压低进货价格，压缩生产厂商的利润空间。

（三）渠道控制商

各种渠道的控制者通常也能够以其渠道优势，迫使生产厂商接受相对的低价。

（四）批发商

批发商如能够对零售商及其他公司的购买决心产生影响，也具有相当强的议价能力。

（五）零售商

酱香型白酒是一种日常消费品，零售商往往能直接影响消费者的购买决策。在零售商推销酒类品种时，对客家选择具有显著的影响，也可能拥有较强的议价能力，从而对供应商施加较大压力和影响。

（六）普通消费者

在所有买主中，普通消费者是议价能力最为薄弱的一个群体。一般情况下只能接受上游各级厂商、经销商、批发商和零售商的定价。但是他们也拥有一项最为至关重要的特权,那就是以脚投票。若是商品价格与他们对产品质量、服务的预期差距太大,往往会选择以脚投票,转而放弃消费甚至是转向竞争对手和替代品消费。

影响买方议价能力的因素,除了各自需求、实力对比等外,购买者对信息的掌握也是一个十分重要的影响因素。有的购买者充分了解需求情况和实际市场价格,乃至供应商的成本等各方面的信息。在这样的情况下,买方议价能力比信息贫乏的情况下掌握更多议价的筹码。

四、供应商议价能力

供应商可以通过提价或降低所购买产品的质量或服务的威胁来向产业从业者施加压力,供应商施加的压力可以迫使一个产业因无法使价格跟上成本的增长而失去利润。影响供应商议价能力的因素:相对于买主数量的供应商数量、卖方产业的集中化程度、卖方对整个产业的供货量、可供买方选择的替代产品数量、买方选择替代产品的成本,以及购买者所知信息的程度。就酱香型白酒产业而言,供应商的议价能力分别如下。

(一)酿酒原料供应商

酱香型白酒酿造,以使用贵州黔北山地出产的高粱和小麦为原料。云贵高原独特的地理环境导致了种植的分散,种植者毫无议价能力。相对而言,原料收购中间商拥有较强的议价能力。他们可以选择较高的价格,将原料出售给竞价最高的酿酒企业。但这一议价能力受双方供求关系的影响,在种植者出产较少、行业需求旺盛时,其议价能力较强;在农家大量种植、酱香型白酒酿造较为低迷时,其议价能力降低。

(二)劳动者

虽然酱香型白酒酿造需要有大量重体力、技术熟练的酿酒工人,但工人们在与企业的对峙中,毫无讨价还价的能力。他们只能选择以厂方提供的价格出让自己的劳动和技术。当然,随着人力资源成本的上升,将会对酿酒企业支出产生影响,但劳动力和技术的供应者仍然无多大的议价能力。

(三)设备供应商

酱香型白酒酿造多数使用传统技术酿造,制曲、酿酒等大量使用劳动力,对设备的需求普遍不高,加上中国制造业的饱和与转型,设备供应商的议价能力有限。但随着食品安全观念的增强和国家对食品生产企业监管的加强,高精密度实验仪器、软件管理系统等方面的需求上升,这类供应商具有较强的议价能力。

(四) 包装材料供应商

相对于设备供应商而言,包装材料供应商更缺少议价能力。首先是受到中国酱香型白酒企业创新不足、设计乏力的影响。各企业间、各种类产品间很难在包装和设计上得到区别。而包装材料供应商也缺乏创新,产品雷同,毫无新颖之处,导致其产品替代品众多,尚未形成较强的议价能力。

(五) 物流企业

就目前酱香型白酒发展而言,物流企业提供的运输选择多样化,具有较强的议价能力。一方面,物流企业拥有强大的交通运输网络,能将酱香型白酒产品运送到全世界的每一个角落。这是酱香型白酒企业所不可或缺的,如果酒企自建运输网络,耗费巨大。另一方面,酱香型白酒产能的相对分散、总量相对较小,在面对物流企业时,往往无可奈何。因此,物流企业拥有较强的议价能力。

五、现存竞争者之间的竞争能力

现存企业之间开展的竞争活动,通常采用的战术是价格竞争、广告战、产品引进、增加服务这几个方面。在酱香型白酒产业中,一个企业的竞争活动会对其他企业产生复杂而深远的影响。可以这样说,现有酱香型白酒企业之间,是一种相互依存的关系。如果竞争程度过于激烈,将对整个产业产生损害,使产业的状况变得更糟。酱香型白酒产业现存企业之间的竞争有着以下几个特点。

(一) 茅台酒一家独大,是名副其实的行业领导者

无论是产能规模,还是营收、上缴利税与营业利润,茅台酒都是中国白酒行业的头把交椅,更是酱香型白酒产业的"领头羊"。以 2014 年为例,茅台集团产量 7.67 万千升,占全国白酒产量 1257 万千升的 0.61%,占仁怀市白酒产量 35.48 万千升的 21.62%;营收 408 亿元,占仁怀市酱香型白酒产业营收 463 亿元的 88.12%,占全国白酒产业营收的 5258.89 亿元的 7.76%;利润 223 亿元,占全国白酒行业利润 699 亿元的 31.90%。

（二）郎酒、习酒、金沙回沙酒、国台酒等迅速崛起

进入 21 世纪以来，郎酒通过企业改制和市场创新，销售一度超过 100 亿元，成为酱香型白酒产业老大茅台的跟随者。习酒通过战略转移和全国性市场拓展，也逐渐回归酱香型白酒产业阵营。金沙回沙酒、国台酒等也实现产能扩张与销售的增长。而五粮液、泸州老窖等不同香型生产企业，也介入酱香型白酒市场，使得市场竞争更趋激烈化。

（三）业外资本的涌入，更使得酱香型白酒市场竞争激烈化

2013 年，娃哈哈高调宣布进入仁怀市酱香型白酒产业。娃哈哈的进入，将改变中国酱香型白酒产业的竞争格局，使竞争更趋激烈。

（四）小企业较为灵活，占据一定的市场地位

在我国酱香型白酒产业格局中，大型企业受到各种条件的限制与制约，市场灵活度不够。而大量小企业因与市场贴近，经营活动更为灵活，也占据一定的市场地位和生存空间。它们的存在，是酱香型白酒产业链条的重要一环，但也可能存在扰乱市场的不正当竞争行为。

（五）竞争焦点随时间与环境的变化而变化

在 2010 年前后酱香型白酒产业急剧发展的时候，市场容量扩张，产能受限，扩大产能、争夺本地原料和技术工人是其竞争焦点。行业进入调整期后，如何扩大销售、占据市场又成为竞争的焦点。而在技术、行业标准制定等方面，酱香型白酒企业普遍重视程度不够，尚未有明显的竞争行为。

（六）产业集聚效应凸显，仁怀是毫无争议的酱香型白酒产业集聚区

中国目前绝大多数酱香型白酒企业都集中在酒都仁怀，仁怀已经成为酱香型白酒的最重要产地。茅台更成为稀有的资源，对产地的争夺，也是酱香型白酒产业竞争的焦点。

（七）竞争行为将会发生变化

首先，广告和宣传是树立品牌、占领市场的重要手段。其次，随着消费者消费观念的转变和市场经营活动回归理性，酱香型白酒企业将更加注重食品安全

和产品品质。最后，酱香型白酒产业转型为企业的经营管理活动提出了更高的要求，对人才等软件的需求上升，将导致竞争行为的转变。

第二节　仁怀发展酱香型白酒产业的战略选择

一、建设原料供应体系，确保优质原料供应

优质原料的供应是产出高质量酱香型白酒的基本保障。仁怀市在有机高粱和小麦种植方面，已经做出了值得赞赏的努力。但在实际原料收购过程中，由于酿酒原料监管和标准体系缺失，周边地区生产原料质量难以把控，不法商人用东北高粱筛选后冒充，对仁怀酱香酒质量稳定埋下隐患。由此，必须建设原料供应体系，为仁怀白酒产业提供优质原料。

第一，应该建立健全原料种植基地。虽然目前以茅台酒厂为首的企业在仁怀及周边邻近县市建立了原料种植基地，但其他大量中小企业大多依靠市场收购，少有自建原料基地。同时，在原料基地建设上，对高粱的重视远远超过了小麦。众所周知，仁怀市酱香酒用曲比例极大，制曲原料小麦的生产种植基地建设也应该提上日程。

第二，应该建立健全有机原料追溯体系，做到酿酒原料的可追溯性。

第三，必须建立原料检测标准体系，不合格的小麦、高粱、糠壳、稻草等，坚决杜绝其流入生产程序。

第四，加强高粱基地基础设施和种植科技支撑能力建设，加大基地蓄水工程、通村路网等基础设施建设投入；积极开展高粱种子的繁育研究、开展良种统供、集中育苗、统一移栽、施肥统配、病虫统防等新技术推广和酿酒高粱标准化技术规程研究。同时，做好酿酒原料供需的市场预警机制。

二、加强科学研究，实现产学研一体化发展

2013年，仁怀市成立了酱香白酒科研所。该科研所的主要职责是围绕仁怀酱香型白酒发展的政策、科研、技术、裁评、食品安全等项目进行研究，为政府提供科技、智力、食品安全防范等支撑。承担酱香型白酒及其关联产业发展过程涉及的基础研究、应用技术研究、质量控制、半成品及产品检测、食品安全研发、新产品研发及其酿酒环境生态研究、成果转让与应用服务、产业政策咨询、

信息研究及其资料检索等工作。科研所下设办公室、工程技术部、基础研究部、检测检验部4个职能部门，为仁怀市酒类发展局所属正科级事业单位。科研所成立后，逐渐开展了系列活动。但从总体上看，还需要更进一步的加强。

第一，应该整合域内科研力量。仁怀市域内的科研机构，有酱香型白酒科研所、茅台酒厂技术开发中心、质检院仁怀分院、仁怀国家酒检中心以及各企业自建的科研单位等，各单位各自为政，急需进行协调与整合，共同促进酱香型白酒研究的进一步发展。

第二，加强与域外科研单位的合作。应该进一步加强与贵州大学、贵州省轻工业科学研究所、江南大学、贵州轻工业职业技术学院等高等院校和科研机构的合作，借助科研机构的雄厚力量，推进酱香型白酒科学研究向纵深化方向发展。

第三，创新科研管理和奖励机制，助推科研突破性发展。仁怀是全国酱香型白酒的集中产区，酱香型白酒又是仁怀市经济社会发展的重大助推力量。要实现科学研究的发展，需要各级政府创新科研管理机制和科研成果奖励机制。对重大科研成果，应该以政府的名义授予科学家以相当的荣誉和物质奖励。

第四，加快科研成果转化效率，切实做到产学研一体化。以科学研究促进产业发展，在产业发展的实践中去检验科学研究成果的有效性，形成良性互动，确保产业健康发展。

三、在恪守传统工艺的基础上实现技术革新

据白酒专家所言，以茅台酒为代表的酱香型白酒酿造技术，是"最独特的大曲酱香型酿酒工艺，是人类将微生物应用于酿造领域的典范"。酱香型白酒的酿造技术，已经沿用数百年。传统的酱香型白酒酿造技术是前人的重要智慧总结，在数百年的发展过程中日臻完善，仍然在现实生产活动中发挥巨大的作用。近代以来，随着我国各项现代化事业的开展，酱香型白酒酿造工艺技术也有一定的发展。面对这项古老的工艺技术和前人的智慧结晶，应该在恪守的基础上实现创新。

首先，必须恪守酱香型白酒酿造的传统工艺。总结出酱香型白酒生产规范和操作流程，倡导域内企业严格按照规范操作。对不按照规范酿制的酒类，一概不能使用仁怀酱香酒的名义。

其次，不能故步自封，实现工艺革新。产业的发展离不开技术的推动，酱香型白酒产业的发展也概莫能外。如部分工艺环节可以借助现代化的力量，在不影响酱香型白酒产品品质的基础上，实现部分机械化，解放部分劳动力、减轻工

人劳动强度。但对于盲目革新和大规模机械化，要保持警惕的态度，要经过充分的、科学的论证和研究，不能轻举妄动。

四、进一步推进酱香酒标准化体系建设

在《贵州省白酒地方技术标准体系》的基础上，仁怀市征集并采纳省内外多位白酒专家和仁怀当地100多家酱香酒企业意见，由仁怀酱香白酒科研所、贵州省产品质量监督检验院仁怀分院、贵州茅台酒股份有限公司、贵州国台酒业有限公司等20多家单位联合起草制定了《仁怀大曲酱香酒技术标准体系》。该标准包括仁怀大曲酱香基酒标准、生产技术标准，包含酱香型白酒1~7轮次基酒标准、综合基酒、生产技术和酱香大曲生产技术规范等10项内容，该标准体系的发布将对健全我国酱香型白酒标准，补充完善贵州省地方标准《贵州省酱香型白酒技术标准体系》、引导和规范企业安全生产、提升仁怀酱香酒的质量品质，促进酱香酒产业创新和转型升级起到重要推动作用。有了标准，则需要努力贯彻执行在企业的生产实践中。酱香酒地方标准在执行过程中存在很大难度，未能建立产品质量等级评定体系，第三方评估机构缺乏对基酒、年份酒的估值依据，出现以次充好、以假乱真扰乱市场的现象。

2011年，质检总局和中国标准化管理委员会联合发布了《GB/T 26760—2011酱香型白酒》国家标准，规定了酱香型白酒的术语和定义、产品分类、技术要求、试验方法、检验规则、标志、包装、运输和储存，适用于酱香型白酒的生产、检验和销售。酱香型白酒虽然有了国标和地标两大标准体系，但在用于指导生产实践的过程中，还需要做进一步的修改和完善。第一，应该加强酱香型白酒标准与其他酒类标准和食品生产、卫生、检验、包装等标准的衔接，确保酱香型白酒的高品质和食品安全。第二，根据生产实践中的反馈，不断修改和完善酱香型白酒标准体系，更好地规范生产、指导生产。

五、推进信息管理系统，建立产品可追溯体系

21世纪是一个信息化的世纪，首先应该推进信息管理系统，借助信息化和互联网的力量，助推仁怀市酱香型白酒产业发展。首先，应该切实把握政策脉搏，建立健全酱香型白酒的可追溯体系。早在2005年，商务部发布的《酒类流通管理办法》，就对包括酱香型白酒在内的酒类商品在流通领域（即出厂之后到消费者消费之前）建立经营者备案登记制度和溯源制度，对酒类流通环节加强监督与管理。

2015年9月9日，国家食品药品监管总局下发了《关于白酒生产企业建立质量安全追溯体系的指导意见》，要求白酒生产企业通过建立质量安全追溯体系，真实、准确、科学、系统地记录生产销售过程的质量安全信息，实现白酒质量安全顺向可追踪、逆向可溯源、风险可管控，发生质量安全问题时产品可召回、原因可查清、责任可追究，切实落实质量安全主体责任，保障白酒质量安全。白酒生产企业建立质量安全追溯体系的核心和基础，其完整地记录了质量安全信息，包括产品、生产、设备、设施和人员等信息内容。

2015年12月30日，国务院办公厅下发了《关于加快推进重要产品追溯体系建设的意见》，要求白酒等食品生产企业依法建立质量安全追溯体系，切实落实质量安全主体责任。推动追溯链条向食品原料供应环节延伸，实行全产业链可追溯管理。就仁怀市酱香型白酒而言，质量安全信息记录必须做到真实、准确、科学和系统，运用计算机软件，采用条形码、二维码、RFID等，不断完善追溯体系建设。

六、革新理念，实现包装设计创新

茅台酒在旧金山巴拿马世界博览会上的遭遇，充分体现了包装设计落后所带来的市场尴尬。在现代社会，消费者在购买白酒时，对产品包装材质及设计等方面，都提出了高品质的需求，这就要求酱香型白酒企业革新理念，实现包装设计的创新。

首先，包装材料的创新。随着绿色营销观念和环保意识的增强，设计师要最少限度地使用材料，考虑如何节省耗材和有效使用包装空间，以达到最佳的包装效率。许多现代包装设计的造型采用竹器、陶器和瓷器等自然材料，经过设计的艺术处理，体现出自然的、文化的、现代的设计风貌。因此在包装设计时，选择可重复利用、可再生、易回收处理、对环境无污染的包装材料，较易获得消费者的好感和认同。

其次，要实现设计的创新，体现产品的文化内涵。近年来的白酒市场，呈现出年轻化、时尚化、简约化的市场潮流，白酒包装设计往往因其创新独特而引起广泛关注，无论传统名酒还是区域性品牌，都在积极尝试以更具现代品位和时尚元素的外在形象示人。色彩是包装设计中最强的元素，传递着包装情感，如洋河酒对蓝色的运用，就是一个非常成功的典范；在瓶形和外包装方面，要创新设计，达到吸引消费者，传达产品文化信息的目的。

七、加强合作，多渠道培养行业技术人才

白酒行业要实现长足的发展，人才是关键。仁怀白酒企业要将人力资源管理提升到战略的高度，真切地认识到企业发展的关键是人才，创新人才培养模式，为企业发展储备人才队伍。

第一，应该重视现有人才，充分调动他们的积极性。企业自己原有的人才队伍不但对企业发展贡献了自己的力量，对维护企业的稳定发展也具有重要的意义。

第二，企业应该重视员工培训。由于长期处于相同和类似的环境，内部员工可能对企业热爱有加，但对外界了解不足。这就需要加强内部培训，提高员工素质，培养、发掘可造之才。

第三，企业应该多途径引进人才。仁怀白酒企业坐落在大河大山之间，交通不便，生活条件差，地方教育落后，人才引进问题就显得尤为重要。人才引进需要大力借助外脑，避免故步自封，不思进取。

第四，可与科研院所、高等学校合作培养人才。如习酒公司与贵州商业高等专科学校合办的习酒商学院、青青稞酒与江南大学生物工程学院合办的青稞酒班，都在实践中取得了不错的成绩，部分地解决了人才引进难的问题，这些经验值得借鉴和学习。企业的发展需要人才，没有人才就没有创新，我们认为只有培养大量合格的人才，才能引领企业发展，提升白酒行业整体的创新能力。

八、加强生态环保建设，推进节能减排措施

进入 21 世纪以来，生态经济建设已经成为全世界有识之士的共同认识。生态经济是实现经济腾飞与环境保护、物质文明与精神文明、自然生态与人类生态的高度统一和可持续发展的经济发展模式。酱香酒产业要实现可持续发展，就必须走加强生态环境保护的道路。

一方面，加大环境保护力度。中国酱香型白酒大部分产能都集中在赤水河流域，贵州省人大常委会业已出台了《贵州省赤水河流域保护条例》，对赤水河流域的生态建设和环境保护做出了相应规定。但还存在着保护能力欠缺、保护区域缺乏综合管理、法律基础薄弱等问题，还可在生态功能保护区建设、生态保护长效机制建设、赤水河流域生态环境云贵川三省联动机制及处理开发与保护之间的关系等方面做进一步努力。

另一方面，酱香型白酒行业应该强力推进节能减排措施，减少资源消耗和碳

排放。白酒企业应该建立资源消耗及碳排放数据库；加强与粮食生产基地及包装、瓶盖、印刷等配套产业的一体化建设，用技术标准、生产规范和经济手段引领低碳生产；将碳排放计量范围扩大到粮食原料生产、运输和消费、废物处置等环节，对白酒生产、运输与消费过程中的碳排放降到最低；建立碳排放质量保证和质量控制程序，评估企业减低碳排放的成效；在生产、包装、运输等各个环节推进清洁能源使用；提升固液态废弃物处理水平。只有一方面加强生态环境保护；一方面减少对生态环境的消极影响，才能实现酱香型白酒行业的可持续发展。

九、强化龙头企业的引领和示范作用

毋庸置疑的是，茅台集团在仁怀白酒产业中具有独特的地位。它不但是仁怀市白酒产业的重要组成部分，也在引领仁怀市白酒产业发展方面具有不可替代的意义和作用。

《贵州省人民政府关于促进贵州白酒产业又好又快发展的指导意见》（黔府发〔2007〕36号）文件指出：切实加强赤水河流域及茅台镇环境保护和生态建设，确保茅台酒的生存和发展空间不受破坏；指导茅台集团科学制定企业发展规划，加快推进"十一五"新增茅台酒1万吨技改工程和原料基地建设；加强交通等基础设施建设，改善茅台酒生产区域环境；保护好茅台酒知识产权，整顿和规范仁怀市中小白酒生产企业生产经营秩序；加大科技、人才支持力度，积极促进茅台集团科技创新和人才培养；加强对茅台集团企业内部管理工作的指导，帮助茅台集团进一步提高管理水平，促进茅台集团又好又快发展。实施品牌带动战略，扩大"国酒茅台"的品牌效应，以品牌优势扩大高端产品市场，提高市场份额，进一步巩固和提升"国酒茅台"的国际国内地位，发挥好"国酒茅台"品牌对振兴贵州白酒业、"贵州茅台"酒对全省酱香型白酒、茅台集团对仁怀市酿酒上下游产业及相关服务业、茅台集团对茅台镇中小白酒企业的龙头带动作用。

十、促进行业兼并整合，实现内部管理创新

酱香型白酒产业普遍存在重复建设严重、产业集中度偏低、自主创新能力较弱、市场竞争力不强等问题。为了深化企业改革，促进酱香型白酒产业结构优化升级，加快发展方式转变，提高发展质量和效益，增强抵御市场风险能力，实现行业产业可持续发展，必须力促行业实现兼并整合。

第一，坚持市场化运作。尊重市场规律，充分发挥市场机制的基础性作用和

调节作用，由企业自主协商，依法开展兼并重组工作。

第二，发挥企业的主体作用。企业是市场经济活动的基本单位，充分发挥企业主体性是建立和健全市场经济的重要基础。充分尊重企业意愿，调动企业积极性，通过完善相关行业规划和政策措施，引导和激励企业自愿、自主参与兼并重组。

第三，解放思想，力促行业兼并整合。酱香型白酒企业主要集中在贵州仁怀市及赤水河流域部分地区，区位条件优势不明显，造成企业行业一定程度存在闭塞落后、故步自封等问题。这就要求行业企业切实解放思想，投入市场化、社会化的大潮中。力促行业企业实现兼并整合，实现资源优化配置，从而促进行业企业更好更快的发展。

第四，维护企业与社会的和谐稳定。严格执行相关法律法规和规章制度，妥善解决企业兼并重组中资产债务处置、职工安置等问题，依法维护债权人、债务人以及企业职工等利益主体的合法权益，促进企业、社会的和谐稳定。

十一、吸引投资，实现行业资本优化

以资本为纽带，着力推进区域资本运作，强化区域金融资源配置，积极开展多元化融资渠道和金融资本平台；完善金融资源配置，打造多元化融资服务平台，建设区域化资本运作平台；大力培育和积极引进信托、股权投资基金、融资租赁、担保公司、小额贷款公司、投资咨询、会计审计等金融服务机构；规范发展债券市场，支持符合条件的企业发行企业债券、集合债券、可转换债券和中期票据；强化重点园区供应链的金融服务保障；政府要协调金融机构针对酱香酒产业开发周期较长的个性化金融产品；建立中小白酒企业偿贷周转资金池，加大资金投入力度，创建长效机制，切实缓解中小企业融资困难，改善中小企业融资环境；组建由政府引导，社会资本参与的产业基金是产业转型升级中重要的一环，可以系统性解决行业发展所需要的资金问题，同时实现对"仁怀酱香酒"在全国的长期推广；通过社会资本的参与和运作，发挥市场在资源配置中的决定性作用，系统性地解决行业发展的瓶颈问题。

十二、优化税制，提供政策支持

酱香型白酒行业与其他香型白酒一样，其发展都受到国家政策和税收体系的调节与制约。长期以来，为了调节白酒的生产与消费，国家对白酒产业实行限制发展和重税政策。在现行白酒税收体系中，酱香型白酒每斤或每 500 毫升需要缴

— 81 —

纳从量税 0.5 元、白酒消费税从价征收 20%。另外，还有增值税、营业税、企业所得税、城市教育费附加、地方教育费附加、城市建设税、价格调节基金等不同类型的税费（详见表 4-1）。白酒行业的普遍反映是税负较重，严重影响企业行业正常经营；税收结构不合理，各地税负不均；大型企业依法纳税，中小型企业部分存在偷税漏税等问题。

表 4-1　现行白酒类税及其计税依据

税种	计税依据	税率
增值税	产品销售收入的17%计算销项税额与进项税额相抵	17%
消费税	酒类产品销售收入计税价格、销售数量	20%、0.5元/500毫升
营业税	应税劳务	5%
城市维护建设税	城市维护建设税	7%
企业所得税	应纳所得额	25%
城市教育费附加	应纳流转税额	3%
地方教育费附加	应纳流转税额	2%
价格调节基金	产品销售收入	1‰

由此，为了促进酱香型白酒产业更好更快的发展，需要从国家层面和战略层面对白酒相关税费进行改革与调整，优化税收环境，力促税负公平，加强征收与稽查管理。

第一，调整税制结构。一方面，理顺白酒税收的中央地方利益分享机制，提高地方政府规范发展白酒行业的动力。国家和省级政府可从酒企销售额中税前提取一定比例金额建立地方发展基金，用于白酒产业发展、社会发展公共支出及环境治理。另一方面，研究下调白酒消费税及原料采购抵扣政策，进一步完善相关税收制度。

第二，优化征税环境。税务机关内部要制定切实可行的税收执法工作程序，对执法权限、执法程序等进行规范，避免税收执法随意性。依法征税，依法执法。

第三，促进税负公平。在现行白酒税制结构中，所缴纳的税种较多，地区差异较大。应该促进白酒业税负公平，实现全国性税负均一，为酱香型白酒业的发展提供公平的税收环境。同时，大中型企业与小型企业缴纳税款方式存在差异，也影响了行业企业的健康发展。

第四，加强白酒类税收稽征与管理。一直以来，白酒行业税收都是国家税收工作的重点。在实践的过程中，一些中小型企业甚至大型企业存在不同程度的偷税、漏税及避税等问题。税收征收机构应该加强稽征与管理，为企业间的公平竞争创造良好环境。

十三、加快白酒产业与文化、旅游的融合发展

坚持酒文化培育，促进工业和旅游产业相结合式发展，将白酒文化充分融入工业和旅游产业发展，加速名优白酒工业、酒文化、旅游产业融合发展。建立酱香酒文化推广平台。切实发挥酒业协会和季克良、吕云怀、王莉、周山荣等学者的作用，创新策划，掀起中国新酒文化运动，引导和培育酱香酒消费者。为此，要加大企业打造"文化酒庄""体验展示馆"的支持力度；围绕遵赤高速仁怀段、中茅快速通道和仁怀机场通道通等，整合项目、资金布置一批酱香酒工艺大型雕塑（端午踩曲、重阳下沙）、城市标志性雕塑（巴拿马万国博览会金奖奖牌、飞天仙女石刻）、酱香酒器（商周绳纹大口樽），鼓励社会投资、引导我市"一大十星五强"白酒企业参与打造地方名优白酒品牌实物广告、创意景观等；编辑出版一套具有较高文化和学术品位的"酒都文库""仁怀读本"，在对外接待窗口强力推广普及酒礼酒俗；创作传播具有鲜明仁怀酒文化元素的《祝酒歌》《敬酒歌》《酱酒歌》（不是市歌）的词曲；设计发布"酱香先生"仁怀酱香酒产业卡通形象代言人，发起"酱香先生"年度评选活动；创新策划打造常规性"祭水节"。

以酒文化为核心，力促仁怀市白酒产业和旅游发展。仁怀发展酒文化旅游拥有得天独厚的资源优势。仁怀酿酒历史悠久、酒文化遗存丰富，酿酒工艺独具特色，酒业发达、名酒众多、茅台酒世界闻名，酒文化旅游景观建设也初具成效。以酒文化为核心，整合旅游资源；深度挖掘酒都酒文化内涵，丰富酒文化旅游产品开发；开展生态旅游，将酿酒原料生产基地纳入旅游产业发展体系；开展工业旅游，解密神秘的酱香型酒酿造；将茅台打造为文化旅游名镇，实现酒都旅游新突破；将重阳"祭水节"打造成为酒文化旅游中的重要一环；开展酒文化文物旅游，创新旅游发展模式。以产业和文化拉动旅游，以旅游和文化助推产业持续、快速、健康发展。

十四、充分发挥行业协会的作用

贵州省酿酒工业协会作为贵州省成立最早、最具凝聚力、组织机构最完善、服务最全面的酒工业协会，自成立以来，充分发挥了协会服务政府、社会、行业、企业、会员的宗旨，在贵州省白酒产业发展进程中做了大量的服务工作，得

到了政府、行业、企业等服务的高度认可。仁怀市酒业协会成立于2002年,是仁怀市酒类企业行业组织,是政府联系酒类企业的桥梁和纽带。受市人民政府委托,对酒类企业进行监督管理、维权协调、行业自律、业务培训、对外宣传、展览展会等工作,指导酒类企业规范经营、保护环境、创建品牌、提升企业形象。为酒类企业协调服务,增进企业与政府、企业与市场、企业与企业、企业与金融等领域的交流合作。要充分发挥省市两级酒业协会的积极作用,鼓励和支持酒业协会组织企业开展重点消费区域宣传推介,形成市场"爆点";发动酒企积极参加全国特别是全球展会、博览会,真正"走出去";以酒业协会为平台加强和改进行业新闻报道,及时回应行业媒体监督,增加舆论话语权和公信力;组织酒企到先进酒厂、市场学习经验,定期开展白酒技术、市场销售等培训。同时,引导和督促酒业协会加强对协会会员的管理工作,制定仁怀白酒的团体或联盟管理制度、行业自律标准;监督企业产品生产质量,建立健全分级管理制度;积极协调会员内部矛盾,对违反协会规定的企业实施有效惩戒,对积极支持协会工作的企业进行奖励;提供各种培训实践机会,提高会员单位员工的职业道德和从业素养。

第五章 酱香型白酒的市场环境及营销策略

就目前中国酱香型白酒消费的市场环境及特征而言,既有白酒市场的一些共性,也有酱香型白酒独特的个性。在本章中,我们将分析中国酒类消费的历史与现状,总结酒类消费的结构特征,分析白酒市场及其渠道特征,以及酱香型白酒的市场特性,总结出我国酱香型白酒的营销策略。

第一节 中国白酒消费的历史与现状

要明确酱香型白酒的消费特征及其营销策略,首先要对中国酒类及白酒消费市场有深刻的了解。若非将酱香型白酒消费放入我国酒类消费及白酒消费的大背景下加以考察,很难得出科学的、令人信服的结论。

一、中国白酒简史

考古发现和文献记载表明,中国酿酒的历史最早可追溯到距今约 8000 年前。早在公元前 5000 年左右,中国先民就已经准确了解了酿酒的相关知识及饮酒礼仪。中国酒的起源与中亚及欧洲均有不同,中亚作为小麦原产地之一,其酒的品种以小麦为原料的啤酒为主;欧洲以葡萄酒为宗;而中国古代的酒,则以谷物酿制为主。酒在中国农业文明中扮演着极其重要的角色,举凡祭祀、丧葬、嫁娶、交际、礼仪、节日,均少不了酒这种道具,饮酒贯穿中国人日常生活的始终;另外,酿酒业的发展又必须消耗部分粮食,中国地域广阔、人口众多,灾荒和战乱频繁,政府又不得不考虑限制酿酒业的发展以部分解决粮食短缺问题。在中国文化传统中,饮酒被当作一个普遍接受的行为,而较少将其看作一个社会问题。酗酒顶多被看成是个人道德修养的缺陷,所造成的一系列问题也被认为是个人因素造成的。

关于中国白酒的起始问题,历来皆无定论。李时珍认为,"烧酒非古法也,自元时始创，其法用浓酒和糟入甑，蒸令气上，用器承滴露"。李时珍此说是最为学者所普遍接受的论断。但在当代，学者们先后提出了东汉说、唐代说、宋代说等不同的观点。但正如酿酒史研究专家李华瑞教授所指出的："虽然东汉说、唐代说和宋代说在否定中国烧酒起始于元代这一成说的过程中，做了一些有益的探讨，但也许由于考证过于牵强，东汉说到目前尚没有引起人们的注意，唐代说除了一些名词以外似没有更强有力的证据，而宋代说的大部分论据亦被否定；不过元代说对宋酒能燃烧尚没有做出否定的解释，至于对金代烧酒锅的蒸馏性能也没有做出令人信服的否定解释。因而要想真正解决中国烧酒的起始问题，仍需进一步发掘材料和进行新的论证。"（李华瑞，2006）虽然学界对白酒起始问题的讨论，迄今尚无突破性进展。但白酒产业的不断发展，并占据中国酒业大部份额，却是不争的事实。

白酒或许并不如李时珍之所言，在元朝方才出现。但在元朝时期，已有"烧酒"一词专门指称蒸馏酒和白酒，或称为火酒、酒露、烧刀等。元代的蒸馏酒以外来语的形式流行于酿酒界，称为"阿刺吉酒"，源自阿拉伯语的 araq，又译作阿尔奇酒、阿里乞酒、哈刺基酒、轧赖机酒等。2002 年 6 月，江西省南昌市进贤县李渡酒业有限公司，在改建老厂无形堂生产车间时，发现古代酿酒遗址，面积约 1.5 万平方米。后经江西省考古研究所发掘整理，确认这一遗址为元、明、清数代累积，是我国年代最为古老的一处白酒作坊遗址，为元代蒸馏酒的发展提供了最有力的证据和实物资料。明清时期，蒸馏酒有了进一步的发展，但尚未取得主流地位。在明人徐霞客的游记中，完整保存了他个人的饮酒记录。从他饮酒的场合和种类可以推知，蒸馏酒（时称"火酒"）多是乡野百姓的饮用之物，士大夫之家的宴请仍然是以黄酒为主。明代著名酒评专家和文学家袁宏道也说过这样的话："凡酒以色清味冽为圣，色如金而醇苦为贤，色黑味酸醨者为愚。以糯酿醉人者为君子，以腊酿醉人者为中人，以巷醪烧酒醉人者为小人。"袁宏道认为，"巷醪烧酒"是小人，与"糯酿"（也就是以糯米酿制的黄酒）之君子相比，蒸馏酒根本就入不了他的法眼。

随着时代的变迁及酒文化的发展，白酒及其文化逐渐得到饮酒者及评酒者的广泛认同。清代前期，酿酒业在政府禁酒政策的夹缝中生存，取得了极大的发展。在南北各省，酿酒业都十分普遍，北方各行省烧锅更是遍及城乡。清末，为了充裕税收、筹措赔款及新政经费，政府渐次放开了对烧锅蒸酒的禁令，蒸馏酒的发展更显迅猛。及至民国初年，根据农商部的调查显示，1912 年全国酒类产量为 18063500859 斤（约合 903 万吨）。其中，黄酒年产 1753972153 斤（约

87.7万吨），占全国酒类总产量的10%；烧酒9206524007斤（460万吨），占总产量的51%，高粱酒6742702871斤（337万吨），占总产量的37%，果子酒1635716斤（约818吨），药酒1887692斤（944吨）；其他酒类356756820斤（17.8万吨），约占总产量的2%。高粱酒和烧酒产量占全国酒产量的88%，蒸馏酒占据国人酒类消费的绝大部分，整个民国时期均未改变（郭旭，2011）。

民国时期，虽然民生凋敝，外敌入侵，内乱频仍，酿酒业仍取得了极大的发展。纵观这一阶段的蒸馏酒发展，主要表现出以下几个基本特征。第一，蒸馏酒占据酿酒行业的极大份额，其产量占比情况已如上述。第二，蒸馏酒酿造地域普遍，无论是在边疆，还是在内地各处，都有蒸馏酒的酿造和售卖。第三，蒸馏酒酿造设备简陋，但酿酒技术相当成熟。大曲法、小曲法、麸曲法等，都已经很成熟。茅台酒、汾酒酿造技术也在这一时期不断总结、提高。第四，名酒逐渐形成。如今日流行的贵州茅台酒、洋河大曲、绵竹大曲、泸县大曲（泸州老窖前身）、双沟大曲、陕西柳林酒（西凤酒前身）等，均已相当风行，为今日之名白酒版图的形成，奠定了基础。第五，白酒开始成为社会各阶层普遍接受和消费的酒品。近代以来，因天灾人祸不断，农业生产落后，粮食安全难以保障，酿酒业发展受到一定的限制。特别是在抗日战争爆发后，黄酒的重要产地江、浙、沪、皖一带几乎全落入敌手。政府机关、教育科研、工况企业内迁，大量人口集中在西南数省。这一地区以出产土酒和烧酒为主，由是中国酒类消费发生了根本性的转变，白酒成为绝对的主流和时尚（郭旭，2015）。

1949年以后，许多地区在私人烧酒作坊基础上相继成立了地方国营酒厂，中国白酒产业发展从此掀开了崭新的历史篇章，由私人经营的传统酿酒作坊逐渐向规模化工业企业演变，但在计划经济体制下，白酒产业发展速度缓慢。1949年，我国白酒产量为10.80万吨，到1983年产量达到290.17万吨。34年增长26.9%，无法满足人民群众的消费需求。从1949年年末到1985年的36年间，白酒产业初步奠定了今后的发展基础。第一，力量准备。1945—1950年，全国各地的酿酒作坊相继合并组建成酒厂，这是白酒业初具雏形的阶段。第二，技术准备。20世纪五六十年代，全国开展以总结传统经验为特征的大规模白酒试点研究，包括烟台试点、茅台试点、汾酒试点和泸州老窖试点。70年代的时候，又展开了酿酒机械化改进，80年代到90年代，气相色谱分析和勾兑调味技术得到推广应用。第三，品牌准备。从1952年开始，国家陆续进行了名酒评选，评出"中国名酒"产品，如茅台、五粮液、剑南春、泸州老窖、汾酒、洋河、古井、西凤、郎酒、全兴、双沟、黄鹤楼、董酒等（马勇，2016）。

近 30 年来，我国白酒产业取得了重大发展。白酒骨干企业以坚持科技进步支撑产品研发和风格创新；以加强科技人才和专家队伍建设，深化酿酒工艺技术研究；以工业化、自动化和信息化手段，改造和提升传统生产模式，提高生产效率；以发挥产区优势打造产业集群不断提质增量，满足日益增长的消费需求；以健全网络渠道、创新营销理念、塑造品牌文化，努力开拓市场；使一个古老而悠久的民族传统食品产业，实现持续快速发展。白酒香型得以确定和丰富，确定了 10 余个白酒香型及其感官特征。如浓香型：窖香浓郁，绵甜甘冽，香味谐调，尾净余长。酱香型：酱香突出，幽雅细腻，酒体醇厚，回味悠长，空杯留香持久。清香型：清香纯正，醇甜柔和，自然谐调，余味爽净。米香型：米香清雅，入口柔绵，落口爽净，回味怡畅。凤香型：无色透明，醇香秀雅，醇厚丰满，甘润挺爽，诸味谐调，尾净悠长。芝麻香型：芝麻香突出，幽雅醇厚，甘爽谐调，尾净。豉香型：玉洁冰清，豉香独特，醇厚甘润，余味爽净。特香型：无色透明，香气芬芳，柔和纯正，诸味谐调、悠长。兼香型：酱浓谐调、幽雅舒适、细腻丰满、余味悠长。老白干香型：醇香清雅，甘冽挺拔，丰满柔顺，回味悠长。董香型：药香舒适，香气典雅，酸甜味适中，香味谐调，尾净余长。馥郁香型：芳香秀雅，绵柔甘冽，醇厚细腻，后味怡畅，香味馥郁，酒体净爽（赵树欣，邹海晏，2010）。

如今的白酒市场，一方面是香型的丰富，市场上白酒产品多种多样；另一方面是产量的不断增长。截至 2015 年年底，全国白酒折 65 度商品量为 1312.80 万千升。其中，四川白酒为 370.90 万千升，约占 28%，成为全国白酒产量最高的地区。2015 年产量前 10 的省市还有山东（113.13 万千升）、河南（110.49 万千升）、江苏（99.13 万千升）、湖北（87.96 万千升）、内蒙古（69.00 万千升）、吉林（67.71 万千升）、黑龙江（57.44 万千升）、安徽（46.45 万千升）以及辽宁（46.36 万千升）。白酒产量的增长和种类的增多，既丰富了国人的酒类消费构成，同时又对白酒行业的市场营销活动提出了更高的要求。

二、中国酒类消费的基本特征

根据一项涉及 10 个省区 512891 位 30~79 岁居民饮酒状况的调查（Iona Y Millwood, Liming Li, Margaret Smith, et al., 2013），发现在过去的一年中曾经饮酒的男性占 76%，女性为 36%，表明男性较女性更常饮酒。在一周内，有 33% 的男性和 2% 的女性曾经饮酒，男性周饮酒频率❶远高于女性，但在接受调查的 10 个省区，存在着明显的区域差别（男性一周饮酒率从 5%~51% 不等），这是由中国丰富多彩的酒文化所决定的。人们最常饮用的酒类是白酒，但在年轻群体的酒类消费中，啤酒消费占据绝对优势。12% 的男性在一周内曾经大量饮酒，表明开怀畅饮的饮酒模式在男性中较为流行。在接受调查的 210222 名男性中，周饮酒率为 33.3%，其中城镇为 38.5%，乡村为 29.3%，乡村男性周饮酒率低于城镇男性；若以年龄群组论，则 30~39 岁群组饮酒率为 33.8%，40~49 岁群组为 37.6%，50~59 岁群组为 34.7%，60~69 岁群组为 27.7%，70~79 岁群组为 23.2%，40~49 岁群组的周饮酒率最高，随着年龄的增长，饮酒率开始下降；从受教育程度来看，没有接受正规学校教育男性的周饮酒率为 31.9%，接受小学教育的男性群体的周饮酒率为 33.7%，接受初高中教育的男性群体的周饮酒率为 33.0%，接受过大学本专科及以上教育群体的周饮酒率为 29.9%，接受高等教育者周饮酒率较低；从家庭年均收入方面看，年收入小于 1 万元者周饮酒率为 30.8%，1 万~2 万元者为 33.1%，2 万~3.5 万元者为 34.0%，3.5 万元以上者为 37.5%，表明周饮酒率与收入呈正相关，但一周内摄入的酒精量，却与收入呈负相关，说明收入较低群体单次酒精摄入更多；从职业方面看，从事农业者周饮酒率为 32.6%，工人为 35.1%，白领阶层为 35.0%，退休及其他为 29.1%，周酒精摄入量则以农民为最高，退休及其他者次之，工人周饮酒率与白领阶层相当，但酒精摄入量却远超工薪阶层。

在接受调查的 302669 名女性中，从不饮酒者所占比例高达 63.6%，农村为 65.4%，城镇为 60.9%，这与城镇女性有较多机会接触酒精饮料有关；无论是乡村还是城镇，女性周饮酒率皆为 2.1%，但乡村女性周酒精摄入量是城镇女性的 2.2 倍以上；以年龄论，30~39 岁女性群体周饮酒率为 1.5%，40~49 岁及 50~59 岁群体均为 2.1%，60~69 岁群体为 2.4%，70~79 岁群体为 2.6%，与男性年龄群组形成有趣的对比，随着年龄的增长，女性周饮酒率不断上升，这与酒的保健价值密切相关，同时，40~49 岁群体周酒精摄入量最高，其后随着年龄增长渐次降低；在受教育程度方面，没有接受过正规教育女性的周饮酒率为 2.3%，其次是接受高等教育者，达 2.1%，接受初高中教育者为 2.0%，接受小学教育者为 1.8%，在接受正规教育者中，周饮酒率与受教育程度呈正相关；家庭收入方面，年均收入小于 1 万元的女性周饮酒率为 1.9%，1 万~2 万元为 1.8%，2 万~3.5 万

---

❶ 周饮酒率，即在接受调查的一周内饮酒者的比率，与月饮酒率、年饮酒率一并构成衡量饮酒者比率的重要指标。

元者为2.0%，3.5万元以上者为2.7%，收入水平越高，周饮酒率越高，而从周酒精摄入情况来看，则与收入水平呈负相关；从职业来看，从事工农业的女性周饮酒率均为2.1%，白领女性为2.7%，退休及其他者为1.7%，女性白领阶层周饮酒率及酒精摄入量均较高，这与她们的职业及对生活的追求有关。

在酒类选择上，46.8%的男性选择高度白酒，22.8%选择低度白酒，两者合计高达69.6%，表明白酒是男性饮酒者的首选，且以高度白酒为主；但选择白酒也存在城乡差别，乡村男性选择白酒者高达87.2%，而城镇男性则只有52.3%选择白酒，表明城镇酒品选择更为多样化；18.2%的男性选择啤酒，城镇为29.7%，乡村为6.4%，表明啤酒在城镇男性中更有市场；11.3%的男性选择黄酒，其中城镇为16.6%，乡村为6.2%；0.9%的男性选择果酒，城镇为1.5%，乡村为0.3%；这一组数据表明，城镇男性拥有较多选择，而农村男性的酒品消费较为单一，以白酒为主，而在城镇地区，啤酒、黄酒和果酒不能与白酒并驾齐驱。在女性饮酒者中，有49.1%的选择高度白酒，存在着明显的城乡区别，农村女性饮酒者有75.9%选择高度白酒，而城镇仅16.0%；选择低度白酒的女性饮酒者为12.7%，城镇为13.3%，乡村为12.8%，城镇女性饮酒者较之乡村女性饮酒者更接受低度白酒；有22.2%的女性饮酒者选择啤酒，城镇为40.7%，乡村为4.8%；有6.2%的女性饮酒者选择黄酒，城镇为8.2%，乡村为5.1%；有9.8%的女性选择葡萄酒，城镇为21.7%，乡村为1.4%；总体言之，有61.8%的女性饮酒者选择白酒，农村高达88.7%，而城镇则仅为29.3%，选择白酒的城镇女性饮酒者不及1/3；啤酒、果酒是城镇女性的重要消费酒品，在乡村，无论男性还是女性都主要饮用白酒，这与酒类市场状况及饮酒习惯有关。

总之，中国目前的酒类消费结构，主要呈现以下五个特征。

第一，白酒是我国民众酒类消费的重要来源。这由我国酒类生产结构所决定，也是白酒拥有较长的历史和深厚的文化背景相关。即便是在市场低迷的时候，白酒仍是我国酒类消费中的重要品种。

第二，啤酒消费较为普遍，目前已经稳定在一定水平。在1949年以前，由于生产技术条件的限制，加上市场容量有限，啤酒在国人酒类消费中可以忽略不计。改革开放以来特别是21世纪以来，我国啤酒产能迅速扩张。2005年，我国啤酒产量突破3000万千升，其后逐年增长，到2008年突破4000万千升，2011年后增速放缓，2012年几乎无增长，2013年产量5061.5万千升，仅增长3.25%。2014年产量4967.13万千升，开始进入负增长阶段。2015年中国啤酒行业产量4715.72万千升，下降5.06%，减产251.41万千升，创近5年最低。这一方面由于啤酒产能扩张之后，消费市场进入饱和阶段；另一方面也由于进口啤酒的强烈冲击。

第三，黄酒消费稍有增长，但呈现出明显的区域性，不具有全国性的意义。传统黄酒的消费区域，主要集中在江、浙、沪、皖及山东部分地区（北派黄酒代表）、福建、广东及两湖部分地区。年产量虽能达到百余万吨，但区域的局限导致其消费不具有全国性。且在多数地区，黄酒只是作为调味用品存在，消费者很难将其与饮料酒联想到一起。

第四，葡萄酒消费渐次普及，但总量有限。21世纪以来，我国葡萄酒产量从几十万千升增长到了百余万千升。以2004年为例，当年实现葡萄酒产量36.76万千升，到2010年突破百万千升，达108.88万千升，2012年达到顶峰后迅速回落。这一方面由于国内葡萄酒消费市场不成熟，葡萄酒接受程度不高。同时，葡萄酒生产厂家大肆扩充产能，葡萄种植未能跟上，严重影响了消费者对葡萄酒的消费信心。另一方面，随着关税降低和零关税时代的到来，进口葡萄酒对国产葡萄酒的冲击也是显而易见的。进口葡萄酒消费上升，则是近年出现的一种新现象。

第五，进口酒在国内市场随处可见，强烈影响着消费者的消费选择。无论是啤酒，还是葡萄酒、蒸馏酒，在国内市场均随处可见。在通都大邑，乃至穷乡僻壤，都有国外酒品的身影。跨国酒业集团通过合资、控股等手段直接介入国内酒业市场。更重要的是，借助关税走低、世界市场一体化的趋势，跨国酒业集团以其品牌、品质、资本及管理等方面的优势，不断形塑国内酒类消费市场。

三、中国白酒市场的十大特征

近年来，随着宏观经济环境的变化和市场行情的变换，白酒市场也发生了相应的变化，呈现出一系列典型的特征。

（一）"互联网+"与白酒产业融合，电子商务快速崛起

在天猫、京东、苏宁易购等庞大电商网络平台上，都有白酒产品销售。专业酒水电商如酒仙网等快速崛起，在年轻群体中迅速引领消费潮流。酒业大佬如茅台、洋河、泸州老窖等都不断试水电商领域，力图在传统销售渠道之外，寻求新的发展模式。洋河更是开发了"洋河1号APP客家端"，消费者只需轻动手指就可以在线下单，购买洋河、双沟名酒品牌的三大类11种产品，并体验30分钟货到付款的购物方式。其他诸如E酒批之类的移动互联平台，也开始出现在市场

上。E酒批是快消品移动互联平台商,平台将包含所有快消品,这样就是所有快消品企业直接对E酒批平台,不需要多个经销商,E酒批所有产品一站式配送到烟酒店终端。

(二) 高端白酒仍是白酒行业的主要利润来源

2012年以来,高端白酒消费一度受挫,泸州老窖国窖1573甚至长时间未能包装生产,郎酒红花郎也曾面临同样的情况。一些经营中低端白酒的上市公司,市场表现良好,如青青稞酒、衡水老白干等,但随着市场的深入调整,长期从事高端白酒市场的白酒品牌显示出了其品牌张力。茅台实现稳健增长,市场价格虽与市场最高点相比下滑不少,但仍是中国白酒第一品牌,营收、上缴税金和利润均实现正增长;五粮液也同样逐渐走出泥潭,市场价格开始走高,渠道通路更为合理。根据2015年业绩报告,茅台、洋河、五粮液等上市公司均取得不俗的业绩,占据白酒行业总利润的相当份额,这说明高端白酒仍是白酒行业的利润来源。

(三) 区域性白酒品牌在区域市场仍占据绝对优势

就目前中国白酒市场表现来说,只有茅台、五粮液才真正说得上是全国性的白酒品牌。但因其主要注重高端白酒生产,市场开拓能力有限,给众多区域白酒品牌留下了极大的生存空间。如古井贡酒、种子酒、迎驾贡酒、皖酒在安徽,洋河、今世缘在江苏,习酒在贵州,汾酒在山西,西凤酒在陕西,杜康在河南,衡水老白干在河北,青青稞酒在青海甘肃,无论其产品体系还是营销渠道,都在当地枝繁叶茂、根深蒂固。区域性白酒品牌在本地立足,精准定位,精耕细作,仍然大有可为。同时,区域性白酒品牌在条件不成熟时推进的全国性发展战略,在市场快速发展时期尚无大的问题。然而在行业调整时期,只得全面撤退,完全仰赖于区域市场的支撑才得以生存和发展。

(四) 价格体系受到震荡,回归理性

"黄金十年"期间白酒行业的非理性发展,主要表现在市场上白酒产品价格体系的虚高与紊乱。一些本身并没有文化底蕴、产品质量一般的白酒品牌,也不断推出各种高价位产品。借白酒市场看涨的东风,也在市场上掘金不少。如洛阳杜康推出的酒祖杜康系列,因其产权纷争等因素,市场上多年未见杜康产品。借助此次东风,杜康推出市场价数千元一瓶的"酒祖杜康"。另有一些白酒企业,

违背市场规律和基本常识，推出号称陈酿若干年的产品，企业有无生产车间暂且不说，企业的历史都没有产品陈酿的时间长。这些拙劣的伎俩，将白酒市场价位哄抬到超过人们常识的高度。一些知名白酒和非知名白酒，都通过涨价的方式来提高自己的身价。一夜之间，白酒市场价格高得吓人，严重损害了消费者利益。进入调整期后，白酒市场价格大部回落，回归到理性水平。短期内毫无疑问会影响到白酒企业的经营和盈利水平，但从长期来看，却可为白酒业的健康发展优化环境。

（五）食品安全问题是白酒产品必须思考的重要问题

2012年11月19日，中国高端白酒品牌酒鬼酒由上海天祥质量技术服务有限公司查出塑化剂超标2.6倍。酒鬼酒公司针对此事快速反应，认为检测不够权威，甚至怀疑被检测的酒是否出自酒鬼酒公司。广州市质监局表示，白酒检测标准中没有塑化剂项目的检测要求。但事件持续发酵，引起了行业协会、政府监管机构、广大消费者、新闻舆论甚至学者、科学研究者的广泛关注。一些大型白酒企业也被卷入，白酒类上市公司遭遇资金打压，股票一度暴跌。受此影响，消费者白酒消费信心严重受挫。这一事件充分暴露出白酒企业、行业协会和政府相关机构危机公关的失败，也让消费者对白酒食品安全的关注达到顶峰。另外，大量低端白酒以散装的形式发售，其质量管理与监督均存在一定程度的困难。各级监管部门虽不时展开治理活动，但由于这样那样的原因，其效果并不显著，时常有中毒事件发生，也严重影响了白酒产品的整体形象。据国家食品药品监督管理总局通报，2015年1月初，四川省叙永县发生一起村民食用散装白酒中毒事故，造成2人死亡。由此，国家食品药品监督管理总局专门发布《关于进一步加强白酒小作坊和散装白酒生产经营监督管理的通知》，加强对白酒小作坊和散装白酒经营单位的监督管理工作。一系列的食品安全事故，应当引起白酒业的严肃思考。

（六）市场竞争将更趋激烈化

白酒市场的竞争，目前主要还是产品的竞争，主要体现在对市场份额的争夺。有实力在全国市场展开竞争的白酒企业，不外乎茅台、五粮液、洋河、泸州老窖等少数几家，其他企业要么从事中低端产品开发与销售，要么集中区域市场。一方面，近年来，高端白酒消费受挫，以往从事高端白酒生产的大型白酒企业，逐渐将业务类型扩展到中低端产品，依仗资金、技术、品牌等方面的优势，对原本从事中低端产品的企业施加了巨大的压力,从而形成一种多层次的竞争。另一方面,大型白酒企业的全国性战略,又不可避免地要侵占区域性品牌的市场。区域性品牌对当地消费情况更为熟悉,长时间精耕细作,也顽强抵抗大型酒企的市场入侵。同时,国内白酒企业还共同面临着洋酒的竞争,人头马、帝亚吉欧、保乐力加等跨国烈酒巨头活跃在中国烈酒消费市场,给中国白酒企业带来新的压力,市场竞争将更趋激烈化。

(七)渠道重构压力重重

就目前中国白酒企业的渠道模式来看,多是金字塔形的层级模式。厂家站在金字塔的顶端,其下是区域经销商,下面是一级批发商、二级批发商、零售商。厂家多数都自建销售公司,掌控整个企业和品牌的市场营销活动与销售渠道。这种层级结构,经过多年发展,已经较为稳定,无论是各自的渠道分销,还是利益分配格局,一时间都很难被打破。厂家也尝试自建营销渠道,如茅台之开设自营专卖店、建立电商茅台商城等。但一方面渠道体系的建设需要较长的时间,对人力资源等的要求也较高。另一方面还可能面临传统经销渠道的反弹。传统的经销渠道,其弱点在于层级太多,每一层级都要保有一定的利润,这导致产品从出厂到消费者手中,差价较大,消费者利益和厂家利益都不同程度受损。但其优势是结构稳定,覆盖面广,对分销渠道和终端的掌控能力较强,具有很强的谈判能力。故厂家在渠道重构时,不得不加以慎重考虑。一些厂家对电商渠道采取漠视、敌视的态度,甚至采取抵制行为,与其说是电商渠道的低价格冲击了其市场营销和价格体系,毋宁说是对传统营销渠道的一种表态。就算是在传统营销渠道内部,厂方想要进行系列的调整,也往往会因利益关系的复杂而难以贯彻实行。总之,白酒行业因其发展特性,形成了较为固定的营销渠道和利益分配格局,渠道重构困难重重。

(八)职业经理人开始出现,成为白酒营销行业一道亮丽的风景线

20世纪八九十年代白酒行业市场化以来,涌现出了一批风云人物,如邹开良、季克良、王国春、唐桥、杨廷栋等。但严格意义上的白酒业职业经理人尚未出现,他们多是以政府代理人的角色出面执掌酒业大权。21世纪以来,特别是随着中西交流的深入发展,白酒业职业经理人开始出现。一方面,是业外资本涌入白酒行业,需要专门的人才担任相当的职位。如联想控股旗下的丰联酒业,是联想跨界进入白酒行业的典型代表。自成立后,迅速展开了一系列并购重组业

务。2011年7月，其通过增资实现对湖南武陵酒公司的控股；2011年10月，全资收购河北承德乾隆醉酒业公司；2012年9月，全资收购山东孔府家酒业有限公司；同年，丰联酒业全资控股安徽文王酿酒股份有限公司。作为跨界资本运作，联想控股所依赖的便是诸如路通等白酒职业经理人。而徐可强离开五粮液后，先后执掌酒鬼酒、西凤酒，也可看作白酒职业经理人活跃在白酒行业的典型代表。另外，茅台集团习酒公司原副总经理、习酒销售公司总经理胡波2016年2月出掌珍酒。职业经理人的出现和活跃，将为白酒行业带来不一样的景致，对白酒市场将会产生持久而深远的影响。

（九）注重白酒健康价值

无论古今中外，饮酒与健康都是医学界关注的话题。古代医籍《黄帝内经》中就有"上古圣人作汤液醪醴"以治病的记载，《汉书》所载王莽诏书云酒为"百药之长"。且简化之前的"医"字本作"醫"，《说文》云："治病工也……得酒而使，故从酉。……酒所以治病也。"段玉裁说"醫者多爱酒"，"醫亦酒类"，"醫本酒名"。这既是古人智慧的结晶，也是我们正确认识酒的功效的出发点。但在其后的发展过程中，人们对酒之功用的辩证认识也得到发展。特别是近代医学科学的发展，揭示了酒对人体健康负面意义的作用机理。根据世界卫生组织的报告，饮酒能直接诱导多种疾病，成为重要的致病因素。加上人们生活理念的变化，健康饮酒、饮健康酒成为消费者的诉求。前些年白酒行业提出的低度化、低醉度等，已经远不能满足消费者需求。白酒作为一种烈性酒，其对人体健康损害较大是医学界和科学界的共识。近年来，白酒行业和酿酒科技研究界也开始关注白酒健康价值，但与医学界的互动还较少，缺乏医学和流行病学方面的相关证据。社会各界和消费者对白酒健康价值的关注，需要行业重新审视，将会引起白酒市场的重大变化。

（十）白酒产品种类更加丰富

随着市场容量的饱和，竞争进一步加剧，市场上白酒新品层出不穷。从度数上言，有高、中、低各种度数；从香型上言，特色香型、兼香型白酒更多种多样；从饮用方式上言，诸如适合纯饮者，预调酒、鸡尾酒等都在市场上广泛出现。2016年3月，由中国酒业协会主办"青酌奖"酒类新品评选活动，评审委员来自行业、市场和消费的各个层面，包括品酒专家、经销商、媒体和消费者代表，评选出了2015年上市的高、中、低度白酒新品各10种。其酒精度从38度到 66 度，主要有 38 度、40~43 度、45 度、46 度、48 度、50 度、52 度、53 度、66 度等；香型种类丰富，包括浓香型、酱香型、清香型、兼香型、凤香型、老白干香型、绵柔型、米香型等各种香型。而早先茅台、洋河、古井等白酒行业巨头试水预调酒领域，也是拓展白酒产品系列的尝试。

第二节　酱香型白酒的市场特征

酱香型白酒是中国白酒中的一大香型，也是最为重要的一大类别。其市场特征与整个中国酒业市场结构特征和中国白酒市场特征紧密相连，但也具有自己独特的市场特点。在明确中国酒类消费结构及中国白酒市场特征之后，我们将会对中国酱香型白酒的市场特征进行分析，并结合酱香型白酒的成功市场营销案例来加以说明。在此基础上，再提出中国酱香型白酒应该采取的市场营销策略，从而对酱香型白酒产业的发展提供助力。

酱香型白酒是白酒香型中命名较早的酒品，但在早期发展历程中，受到各种因素的制约，市场影响力有限。进入 21 世纪以来，茅台、习酒、郎酒等酱香型白酒品牌的不懈努力，在市场上具有极大的影响力。总体而言，中国酱香型白酒市场具有以下基本特征。

（一）酱香型白酒所占市场份额有限，提升空间极大

酱香型白酒在整个中国白酒市场中，只占有极少数的份额。在 2005 年前后，酱香型白酒只占 5% 左右的市场份额。"十二五"期间，酱香型白酒的市场份额增加到了大约 10%。整体上看，酱香型白酒所占市场份额仍然极小，白酒市场还是以浓香型、清香型白酒为主。作为最知名的白酒香型，酱香型白酒还存在极大的市场开拓空间。一方面，这需要酱香型白酒产业继续做出努力；另一方面，又是酱香型白酒的市场机会。酱香型白酒市场占有率的增长，表明其具有极大的市场发展潜力。只要采取正确的策略，就能够占据更多的白酒市场份额。

（二）酱香型白酒的生产工艺特点决定了其价格普遍较高

酱香型白酒独特的酿造技术，决定了其生产周期较长，成本较高，从而导致酱香型白酒产品市场价格较高。虽有较高的产品品质，但高价格也不利于大众市场的推广。液态法、固液法白酒乃至大多数白酒都能以其生产周期短、工艺简

单、出厂较快、成本较低,市场价格也较低,在大众市场上独占鳌头。与它们相比,酱香型白酒需要最少一年的生产周期,原料出酒率低,陈酿时间久,资金占用多,单位产品价格较高。酱香型白酒附加价值也较高,但高价格在市场推广和大众市场上,确实是一个较为不利的问题。如何在不改变产品品质的前提下,通过工艺改良、人工催熟老化等措施,降低生产成本,是酱香型白酒需要注意的一个问题。

(三)酱香型白酒仍然存在香型接受障碍

长时期饮用酱香型白酒的消费者,往往会对其他香型白酒产生抵触。酱香型白酒较高的价格和较低的市场普及率,导致了消费者的接触成本较高,对酱香型白酒的风味特征和口感缺乏正确的认识,一些长期消费其他香型白酒的消费者很少或根本没有接触酱香型白酒。消费者在多大程度上愿意改变消费习惯,接受酱香型白酒,目前尚缺乏相关调查数据。但在很多案例中,酱香型白酒毫无例外都以其卓越的品质、醇厚的口感、极高的舒适度而受到消费者的普遍赞誉。但整体上对酱香型白酒的不了解,导致接受障碍,相信经过一定时期的市场培育和文化宣传,酱香型白酒的消费群体将得到进一步的扩大。

(四)市场上酱香型白酒良莠不齐,严重损害了酱香型白酒的整体声誉

在白酒市场上,前些年风行的各种赖茅酒,就是一个典型的例证。有的确实是在仁怀或是别的地方生产的酱香型白酒,有的是采用串蒸串烧工艺烤出,也略微带有酱香风格,一些是用部分酱香型白酒加入食用酒精勾兑的,更有甚者,直接用食用酒精加香精香料勾兑冒充酱香型白酒。撇开商标争议不说,这些质量低劣的产品,借助酱香型白酒的美名,在市场上大行其道,严重损害了酱香型白酒的整体声誉。而各地的酱香型白酒,所依据的标准并不一致,且风格特征相差较大。仁怀赤水河河谷是中国酱香型白酒的发源地,也是中国酱香型白酒最为集中的产区,其质量首屈一指。但在多年的发展实践中,也有部分不法厂家、小作坊生产的大量产品流向市场,对正规酱香型白酒形成了一定的冲击。

(五)酱香型白酒消费具有典型的区域特征

在众多酱香型白酒品牌中,除了茅台和郎酒具有全国性特点之外,其他酱香型白酒企业多偏居一隅。近年来,贵州仁怀着力整体推出仁怀酱香酒,在全国范

围内营造酱香型白酒的声势,但仍有较长的路要走。习酒、郎酒、白金酱酒等产品,都在着力走向全国市场。但随着2012年之后的行业调整,一些酱香型白酒品牌的全国化步伐受阻,再次转而在区域市场精耕细作。这是企业的应对之道,但也是不得已而为之。酱香型白酒要想真正走向全国市场,道阻且长。

第三节 酱香型白酒营销策略分析

一、注重产品品质,确保食品安全

面对食品安全事件频发的形势,消费者对食品安全的关注超过以往任何时候。假白酒、毒白酒、塑化剂等都严重伤害了白酒的声誉。白酒企业应该严格质量管理,确保酒类食品安全。首先,应该严格执行操作规程,加强卫生与质量检测,确保酿造出高质量的酒品。其次,要建立质量管理体系、食品安全管理体系、原粮管理体系等。实行关键点控制管理,从原料选购、酿造用水、生产工具、与酒接触的材料、包装、储运等环节加强管理,确保质量安全。

二、优化产品结构,回归理性发展

每一轮白酒产能的扩张,政府相关规划和政策都是重要的推手。白酒产能严重过剩,从政府方面言之,应该严格控制规划目标产量及其增长速度。将白酒产量的发展作为一个动态过程加以监控,而不仅追求规划目标中的数字。政府还应当转变思维模式,减少行业投资,严格相关政策的制定与施行,将对行业的管理从简单的监督转移到服务上来,切实为行业为企业服务。不是仅仅立足于产业短期发展所带来的产值、税收和利润,应该着力培植产业的长远健康发展。从企业方面言之,应该认识到白酒产业的复杂性,它不是一个简单的制造业,而是一个涉及原料采购、设计、包装、仓储、运输、销售及服务等环节的产业。转变单纯以量的增加带动企业发展的增长模式,在稳定生产的同时,还应该在上述诸环节多着力,寻找白酒新的增长点。只有产量稳定,白酒产业才能恢复理性,实现健康有序和长远发展。

三、精准定位,走独特发展道路

白酒行业产品众多,但定位相当模糊,特别是中小企业和地产品牌,更是缺乏自己的特色。首先应该做到准确定位，找准自己的细分市场。白酒具有显著的地域特征，每个地区都有自己的区域品牌和消费习惯，这为白酒实现多元发展提供了可能。白酒应该走出自己独特的发展道路，不能别的企业在做高端，自己也蜂拥而上，根本不顾及企业的生产能力和市场情况，这样只会让企业在行业调整时期受到伤害。近几年的乱象极为明显，一些企业推出了所谓的年份酒，甚至有号称几十年珍藏的。但在这之前，就连这个企业本身是否存在都存疑，哪里来的几十年的珍藏酒？个中缘由，值得深思。

四、加强品牌文化建设，彰显核心价值

品牌核心价值是品牌的独特主张，它让消费者清晰地识别和记住品牌的利益与个性。白酒业品牌核心价值的提炼应该以高度差异化和鲜明个性为目标，并以此来指导企业的市场营销和传播活动，一切行为均以此为核心，建立强势品牌。杰克·特劳特从选择的严酷性、品类竞争中的货品化及独特销售主张等方面阐述了差异化的重要性，指出质量和顾客导向很少成为差异化概念，广告创意、价格及齐全的产品种类都难以成为差异化。要实现差异化，首先应该在行业环境中具有合理性，然后找到差异化概念并拥有值得信赖的理由，再动用最大的资源多渠道多方式的传播它，从而在消费者心目中占据有利的位置（杰克·特劳特，史蒂夫·里夫金，2011）。差异化产生于人们的心智中，这就提出了更高的要求。成为第一、拥有特性、领导地位、经典、市场专长、最受青睐、制造方法、新一代产品及热销都能制造出不同于竞争对手的差异化。此外，差异化还需要舍弃、需要在不同的地方实施差异化，并且要长久保持差异化的特征，制造热点话题，也是差异化的一大方法。在差异化的过程中，企业领导往往具有决定性的作用，他们必须全程参与并力促实行，否则一切皆有可能失败。白酒企业只能提炼出自己品牌核心价值，与众多竞争对手实现差异化，才能在市场占据一席之地。

五、建设专业酱香酒营销平台

（一）搭建宣传推介平台

扎实推进"全国酱香型白酒酿造产业知名品牌创建示范区"建设，打造全国优质酱香型白酒核心产区，培育仁怀酱香酒地域品牌。有效整合省、市资源，制订整体宣传推介活动方案，对重点酒企进行集中宣传推介。创新"仁怀酱香酒中国行"推介模式，而不能是"你方唱罢我登场"，让企业被动参与，不胜其烦，

却又产生不了真正的收益。积极争取设立贵州酒博会仁怀馆、在仁怀设立分会场等，让企业找到更多"主场"的感觉。同时，积极扩大新媒体、新渠道宣传力度，联合权威机构等自主举办"酱香酒产业峰会""酱香先生"评选。健全产业新闻发布机制，确立产业新闻发言人制度，积极主动应对媒体关注，借力打力，促进"事件营销"。

（二）搭建公共交易平台

升级酱香酒公司，组建仁怀酱香酒集团公司。作为平台公司，前期通过基酒收储帮助企业缓解资金压力；用好用活"仁怀酱香酒"品牌，将其打造成为服务产业的五大平台：推广品牌的宣传平台、带动产业的融资平台、推进产业金融化的服务平台、扩大营销的销售平台和促进产业规范的发展平台。加快酒类大宗商品交易所建设，支持大中华白酒交易中心、国酒城白酒展示中心等项目建设，搭建营销转型升级平台。通过3~5年的努力，力争把两个项目建成集市场交易、期货交易、现代物流、电子商务、品鉴体验、总部经验等功能齐全的酒类交易中心。

（三）推动企业建设平台

借助市场之手，鼓励白酒企业通过兼并重组延伸产业链，组成战略联盟。在残酷的市场竞争倒逼之下，一部分企业开始主动抱团应对市场需要。政府放弃主导意识，要因势利导发挥企业积极性，通过引进战略投资者激发"鲶鱼效应"，逐步改变目前地方白酒散、小、乱发展的局面。强力实施中小企业"战略重组计划"，推动产业链横向和纵向发展，今年整合形成规模以上企业20家。同时发挥政府有形之手作用，进一步具体化行业准入门槛，支持那些有规模、有潜力、管理良好、可持续发展的企业，逐步让散、小、乱、杂的作坊被兼并、被淘汰，避免与降低仁怀天然酿酒资源的浪费和有限市场份额的掠夺。引导促进白酒企业集群化、规范化发展，实现扶优扶强，推动产业转型升级。

六、着力构建互联网平台

在"互联网+"大热的背景下，酱酒企业还缺乏落地操作的实践与成果。在采取措施加强对电商渠道可能的质量风险控制基础上，通过组织高层次培训学习，提升企业对互联网的认知水平和掌控能力；摸清酒企电子商务平台情况，出台政策遴选一批影响大、知名度高、促销力强的电子商务平台，支持酒企深入推进"互联网+白酒"运营模式；帮助建立仁怀酱香酒电子商务平台，将其作为产业电商平台建设试点和示范点；鼓励销售渠道整合交叉持股做成联销体，加强职业经理人建设特别是互联网营销人才培育，支持企业培养专业营销团队；整合现有交易平台、仓储物流等资源，建立有全国影响力的酱香酒品牌推广、电子商务销售平台，打造具有全国影响力的行业垂直电商平台；探索与第三方平台合作建立酱香型白酒产业品牌电子商务线上专区；鼓励有条件的企业开展全网营销，依托天猫、京东等第三方平台开设"酱香型白酒品牌网络旗舰店"等，加强产业聚集区电子商务平台建设，开拓现代电商新渠道，开拓酱酒新市场。

七、优化流通渠道体系

由于起步于传统作坊和家族式企业，大多数企业营销整体水平不高，没有形成全国性的营销渠道和网络，现代信息化、网络化、物联化的新模式单一，导致多数企业渠道单一、传统，现代营销理念不强、创新手段不多，高端营销策划人才匮乏，应对市场变化和立足市场竞争的能力不强。依托酒类产品交易中心建设，构建实体资本与虚拟资本、产业资本与金融资本相连接，制造与销售相结合的酒类产品交易平台，建设酒类原粮、基酒、包装材料和成品酒交易、展示大型综合平台和最完善、最成熟的酒类市场渠道体系。

八、跳出广告万能思维，实现整合营销传播

随着社会文化的急剧变迁，信息来源也更为广泛，消费者不再是听之信之被动接收信息，单纯以广告树品牌的模式受到前所未有的挑战。整合营销传播（Integrated Marketing Communications）由美国西北大学唐·舒尔茨教授最先提出，是当代营销理论和实践的重大变革。整合营销传播与以往将营销和传播相分离的认识不同，他认为这二者是一个同时的过程；营销也是传播的过程，而不是传播的结果；它重视与消费者的双向交流与互动，与传统广告模式显然有别（卫军英，2006）。白酒业应该通过线上拉动与线下推动的模式，实现在传播过程中营销，在营销过程中更好地传播。

九、从生产型厂商向服务型和营销型厂商转变

酱香型白酒业是一个劳动密集型产业，但在消费习惯、消费文化急剧变迁的时代，生产固然重要，服务和营销更是消费者所需要的。作为行业龙头的茅台，拥有扎实的品牌基础，品牌张力极强，产品质量优异，市场稳定，经营的核心是

组织生产和品牌形象维护。其特征是生产人员占员工大多数,服务和营销人员占比极小。其优点在于品质过硬,其缺点在于对服务和营销的相对忽视,不能完全了解市场和消费者的真正需求。2015 年,贵州茅台在职员工 21115 人,其中生产人员 17271 人,占 81.80%,销售人员 642 人,占 3.04%。在其他香型白酒行业如泸州老窖、洋河股份等,往往具有鲜明的经营特色和完善的服务体系,重视服务和营销,在市场竞争中脱颖而出。2014 年洋河股份在职员工 12629 人,生产人员 4948 人,占 39.18%,其中销售人员 3834 人,占 30.36%。泸州老窖在职员工 1909 人,其中生产人员 736 人,占 39%,销售人员 386 人,占 20%。青青稞酒在职员工 1841 人,其中生产人员 959 人,占 52.09%,销售人员 452 人,占 24.55%。老白干酒在职员工 2505 人,其中生产人员 1135 人,占 45.31%,销售人员 769 人,占 30.70%。同年贵州茅台股份在职员工 17487 人,其中生产人员 13801 人,占 78.92%,销售人员 628 人,占 3.60%。整体上,从白酒业上市公司生产人员和销售人员的占比来看,生产人员占到员工人数的绝大多数,销售人员占比都较小。洋河股份、泸州老窖、老白干酒、青青稞酒等公司销售人员占员工人数比重都在 20% 以上,茅台营销人员占比最少,仅为 3.04%(2014 年)。生产人员众多是由白酒业劳动密集型特征所决定的,这样可以保证产品的优良品质。但在这个营销为王,以消费者为中心的时代,白酒业营销人员的占比也说明了整个行业尚未将焦点从生产转向服务和营销。业界认为营销创新才是白酒企业发展的关键,而这也需要在人力资源方面加大投入。白酒企业应当从生产导向型向服务与营销型转变,将生产、服务和营销有机结合起来,才是持续发展的科学道路。

十、将国际化提高到战略高度,步入国际主流烈酒市场

中国酱香型白酒要取得长远的发展,国际化是不可避免的难题,任重而道远。第一,是切实将国际化上升到企业和行业发展的战略高度。中国酱香型白酒要在牢牢占据国内市场的同时,制订出切实可行的战略与规划,在国际市场上与其他烈酒品牌展开竞争。主动加入国际市场的角逐,夺取市场,培育新的营收及利润增长点,为中国白酒的发展开辟一片新的天地。第二,正确认识国外酒类消费现状与趋势。第三,深入研究中国白酒文化,寻找与国外酒文化的契合点。我们必须深入研究中国酒文化,尤其是研究中国白酒文化,总结出中国白酒文化在世界酒文化中的地位与作用,探索其在人类社会中的意义与价值。然后采取一些切实可行的措施,寻找与国外酒文化的契合点,加大传播力度,沟通中

外酒文化，让外国人认识、了解进而接受中国白酒文化。第四，借鉴洋酒品牌在国内及国际市场上的成功经验。在国际国内市场大风行的马爹利、人头马、轩尼诗、罗曼尼·康帝、百加得朗姆酒、尊尼获加、百龄坛、杰克·丹尼等威士忌品牌，都是值得中国酱香型白酒行业尊敬与学习的。特别是蜚声世界酒林的两个伏特加品牌（ABSOLUT 和 Smirnoff），最值得我们借鉴与学习。俄罗斯作为伏特加的故乡，Smirnoff（皇冠伏特加）的原产地也在俄罗斯，但俄罗斯却没有一个伏特加品牌能够在世界酒林中立足。ABSOLUT 产自瑞典，Smirnoff 也是地道的美国货，这也说明中国酱香酒业可以借鉴这两个伏特加品牌国际化运作的成功经验。

第六章　贵州茅台发展状况研究

茅台酒是中国白酒中的顶级品牌，从品类上属于酱香型白酒，也是酱香型白酒的王者。茅台酒起源于西汉说自不可信，但其为中国白酒品牌中具有较为厚重之历史与文化者，却是毫无疑义的。据现有资料记载，在明清时期，茅台地区便有了酿酒作坊。及至清末，茅台一地的酿酒业极为发达，酿制技术也趋于定型和成熟。民国时期，形成了"成义""荣和""恒兴"三足鼎立的发展态势。中华人民共和国成立后，政府将3家烧坊组建为地方国营贵州茅台酒厂，经过多年的积累和发展，茅台酒已然成为中国白酒行业的"领头羊"，更引领了一个白酒品类的迅猛发展。本章首先阐述茅台酒的地理人文环境和发展简史，在此基础上对茅台酒国际国内市场情况进行剖析，以便为仁怀市酱香型白酒产业的发展提供一个有价值的个案。

第一节　茅台酒发展简史

国际酒类知名品牌大多具有上百年的历史。翻开名酒创牌编年史，可以发现一个有趣的现象，即今天国际酒业舞台上的顶尖品牌都毫无例外拥有悠久的发展历史和独特的文化。

在酒客耳熟能详的国际品牌中，罗曼尼·康帝（La Romanee Conti）创牌于11世纪，玛歌红酒（Margaux）约1590年，拉图堡红酒（Latour）约1675年，拉斐堡红酒（Lafite）约1675年，马爹利（Martell）1715年，人头马（Rémy Martin）1724年，酩悦香槟（Moet & Chandon）和泰廷爵香槟（Taittinger）1743年，轩尼诗（Hennessy）1765年，凯歌香槟（Veuve Clicquot Ponsardin）1772年，库瓦西耶（Courvoisier）1790年，芝华士（Chivas）1801年，尊尼获加（Johnnie Walker）1820年，麦卡伦威士忌（Macallan）1824年，百龄坛（Ballantine）1827年，库克香槟（Krug）1843年，木桐堡红酒（Mouton Rothschild）1853年，百

加得朗姆酒（Bacardi）1862年，卡慕干邑（Camus）1863年，杰克·丹尼（Jack Daniel's）1866年，绝对伏特加（ABSOLUT Vodka）1879年，格兰菲迪苏格兰威士忌（Glenfiddich）1887年，帕图斯红酒（Petrus）1925年（李鹏，2007）。

上述国际知名酒类品牌，创始于17世纪及以前的有4个，18世纪的有7个，19世纪的有11个，20世纪仅1个（帕图斯）。可见18~19世纪是酒类品牌集中涌现的历史时期，经过上百年的市场洗礼，至今仍是国际酒业舞台上极为活跃的品牌。酒类品牌不但需要正确的市场方针，还需要历史的陶冶与文化的积淀。

在关于茅台酒起源的叙事中，有一种观点认为，早在2100年前的西汉时期，今仁怀一带就已经开始酿制一种名叫"蒟酱"的果酒，是为茅台酒之先声（徐文仲，1989）。这一观点的倡导者徐文仲先生是仁怀本地人，多有关于地方风物文史的文章发表。茅台酒源头为"蒟酱"的说法，早在其描述茅台酒发展的文章中已表述出来。此说依据是《史记·西南夷列传》中"南越食蒙蜀蒟酱"的一段记载，唐蒙是汉武帝的使者。但在关于《史记》的诸家注解中，都没有指认"蒟酱"为酒精饮料的。

徐文仲提出这一观点后，自然遭到各方人士的质疑（柴中，2004）。有人认为"蒟酱"是一种具有不平凡历史的风味食品（田晓岫，1995），或认为"蒟酱"是一种调味食品（唐建德，1988）。但其初制方法及发展脉络均不甚明了。更有人著文称将"蒟酱"指认为含有酒精的饮料是十分荒谬的（唐建，2003）。在这场争论中，论者不仅有文献考证，还有实地调查，提供了多方面的资料以为佐证。大多认为"蒟酱"仅仅是一种已然不存在的食品，发展脉络不清，今人所知甚少。从材质选择到保藏期限方面看，都可以断定"蒟酱"绝不会是酒精饮料。在西汉时期，酒精饮料的保质期非常之短。经年累月不坏的酒精饮料，是酒度较高的酒品出现之后的事情。然而将"蒟酱"视为茅台酒先声的观点仍在普遍流传，在有关茅台酒的新闻报道中屡见不鲜，茅台酒官方也津津乐道于这一想象出来的景象。将酿酒历史上推数十个世纪，是没有历史依据的。

实际上，茅台酒出现于何时，确实是一个难以缕清的问题。现存关于早期茅台酒发展历程的资料严重匮乏，或许历史上的茅台并不如今日一般风光，人们更少关注到它。一方面是现存资料不足；另一方面各种记载又显得自相矛盾，让人无所适从。加上厂方和经营者、媒体的反复宣传，其真相如何，已经难以考辨。

在民国时期，有人认为茅台酒的起源与山、陕、秦、晋有关。留美归国的经济学家张肖梅在1939年出版的《贵州经济》一书中写道："在清朝咸丰以前，有山西盐商某，来茅台地方，仿照汾酒制法，用小麦为曲药，以高粱为原料，酿造一种烧酒。后经陕西盐商宋某毛某,先后改良制法,以茅台为名,特称曰茅台酒。其最初创办,究系何年何人,虽无可考。然于杨柳湾侧有一化字炉,建造于前清嘉庆八年,其捐款姓名中,有一'大和烧坊'字样,故知其在嘉庆年间已有酿酒之烧坊无疑。"(张肖梅,1939)张肖梅认为,茅台酒最先是由山西人首先在茅台地方仿照汾酒制作,后经陕西盐商改进。同时,她也认识到其最初创办者为何时何人,均"无可考"。但在茅台杨柳湾附近出土的一座建造于嘉庆八年(1803年)的化字炉上,捐款名单中有"大和烧坊"字样,故可推知早在19世纪之初茅台地方便有烧坊无疑。

1959年《人民日报》的一篇文章提道:"二百五十年前,茅台只不过是一个仅有寥寥几家人家的渔村。青葱的山,碧绿的水,丰盛的茅草和夹岸的芦花,把它打扮得像一个睡美人,朴素而又美丽。1704年,陕西凤翔府岐山县有一姓郭的盐商经商到了此地,见这小小渔村依山傍水,风光明媚,便定居下来,并且在这里招雇工人开了个小作坊,仿照山西杏花村的汾酒和陕西凤翔的西凤酒的酿造方法,制成了茅酒。"(何世红,1958)以今日之眼光来看,这篇文章只是一种文学性的叙述,其中知识性错误满布全篇。文章断定茅台起源年代为1704年。虽然作者没有提供任何佐证,但凭借《人民日报》的强大影响力,这一说法传布之广,仍可想见。

这一观点的流传,引起了本土学者的焦虑与反驳。如曹丁就详细对比了茅台酒与汾酒、西凤酒酿造方法的不同之处,他指出无论是香型、酒精度数、制曲原料、制曲温度、酿酒原料、粮曲比,还是发酵场地与发酵特征,茅台酒都与汾酒、西凤酒迥然不同。他猛烈抨击茅台酒起源于山、陕、秦、晋的说法,认为茅台酒的酿造方法"是商周酎酒、东汉九酝春酒,及稍后记载的炉酒的升华"(曹丁,1980)。曹丁的问题在于,他只是比较了其所处时代的3种酒类的不同,且有矫枉过正之嫌。要论证茅台酒是起源于当地,是独立发展起来的独特酿造技术,又要将其技术追溯到商周时期,其内在逻辑是矛盾的。

与曹丁注重文献与酿酒技艺的结合来讨论不同,徐文仲主要是考辨各种资料,强烈质疑茅台酒起源于山、陕、秦、晋的说法,力图证明茅台酒的本地起源。其结论早在清乾隆十年(1745年)以前,世居茅台的人们根据贵州祖传小曲酒酿制方法,结合当地水质、土壤、气候等条件,不断改进,逐步提高,创制了茅台酒。赤水河通航后,盐商带来了山陕一带的帮工,其中可能也有曾酿制过汾酒、西凤酒的工人,参与了茅台酒的酿制,根据自身经验做过局部的改进,使得茅台酒酿制方法更趋完美(徐文仲,1981)。一方面,徐文仲要坚持茅台酒是由本地起源发展而来；另一方面，又无法否认秦晋盐商在茅台区域历史文化发展中所占据的地位和所做出的贡献。所以做了折中的处理，强调茅台酒起源于贵州当地的小曲酒酿制法（显然，历史上的茅台酒一直是大曲酒，认为其酿制方法起源于小曲酒制造法仍然无法解决其内在逻辑矛盾），又承认山、陕、秦、晋一带到茅台的人中有精于酿酒者，参与和改进了茅台酒的酿造方法。从中国酒史发展的角度言之，各个地区都有其独特的酒品，这固然是由于古人交流和通信的不便，造成了各自独立发展的局面。

实际上，茅台酒的起源如何，确如张肖梅所说，已然全无可考。而斤斤计较于这一问题，显然没有多大的意义。实际上，关于茅台酒的起源，还是要将其放入茅台区域的自然环境和历史文化的发展脉络中加以考察，方能得出令人信服的结论。

茅台镇位于仁怀城西13千米处的赤水河东岸，在寒婆岭下马鞍山斜坡上，依山傍水。海拔400米左右，面积约8平方千米。根据地方文献的描述，茅台地区的地理环境具有以下几个特点。

一是特殊的紫色砂页岩的地质构造，有利于水源的渗透过滤和溶解红壤层中的有益成分。地质调查资料表明，茅台地区的地质，整体上属侵蚀构造类型，其地层由寒武系、侏罗系、二叠系、第四系等组成。岩层主要为砂岩和页岩，沿赤水河呈环带状。由于岩石质地比较松软，易受外力的风化、流水作用，常常形成坡陡谷深的坡地峡谷地貌，主要为低中山和丘陵河谷。其紫色砂页岩、砾岩形成时间在7000万年以上，紫色砂页岩由砂岩夹黏土岩组成，上部夹紫红色的砂质黏土岩，局部含赤铁矿和稀少的菱铁矿结核（杨登华，1945）。

茅台一地土壤主要受海拔高度和岩石风化后成土母质的影响，土壤分布与地貌关系紧密。因而茅台镇广泛发育紫色土和紫色田。土层较厚，一般在50厘米左右，酸碱适度，有机质1.5%左右，多粒状结构。土体中砂质和砾石含量高，土体松散、孔隙度大，具有良好的渗透性。由于这种由南向北沿赤水河的紫色土壤渗透性强，因而无论是地面水还是地下水都通过两岸的红壤层流入赤水河中，既溶解了红层中的有益成分，又经过层层渗透过滤，滤出了纯洁无毒、香甜可口的清泉水。

二是茅台地区冬暖夏热雨量少，适宜酿酒微生物生成与繁衍。茅台镇地处地势低矮的赤水河峡谷地带，两山对峙，因而形成特殊的小气候，冬暖夏热少雨。年均温度达17.4℃，1月均温6.9℃，7月均温27.9℃；最高气温达39.9℃，最低气温2.7℃。气温年差较大，干热少雨，年降雨量仅800~1000毫米。日照丰富，年照可达1400小时，这种夏热冬暖少雨的特殊气候，最适宜酿酒微生物的生成与繁衍。

三是水资源质量特别好。流经茅台的赤水河发源于云南省，为长江上游的一级支流。经云南威信，四川叙永、古蔺，贵州毕节、金沙、仁怀、赤水，至四川合江注入长江。全长500多千米，全流域面积20440平方千米，其中贵州域内11357平方千米。河上滩滩相持，湍急异常，两岸崇山峻岭，逶迤起伏，景色秀丽。赤水河水质优良，无色透明，无臭无味，微甜爽口，含有多种有益成分，酸碱适度（pH为7.2~7.8），钙镁离子含量均符合要求，硬度为8.46~7.80。特别是河水自古至今未被污染，不但符合饮用卫生标准，更是酿造用水的自然水源（茅台酒厂，1991）。

如果说地理环境是我们所无法选择或是被动接受的，那么茅台区域的历史文化发展脉络，则为我们理解茅台酒的起源提供某些有意义和价值的佐证。首先是建制变更。仁怀建县，始在宋大观三年（1109年），县治在武都城（今习水县土城镇）。今仁怀大部分地区，属同时设置的承流县，少数地区属播州。当时仁怀县所辖地域，大致相当于今赤水市、习水县地域。到了宣和三年（1121年），以仁怀为堡，承流县并入仁怀堡。其后建制历经多次变迁，方形成今日地域。其最大之变化为清雍正六年（1728年）仁怀县随遵义府由四川省划归贵州省管辖，延续至今（徐文仲，1985）。仁怀随遵义从四川划归贵州管辖后，赤水河大部分河段归属贵州地界，成为当时贵州通往长江不可多得的战略水路。乾隆十年（1745年），贵州以京铅外运和川盐入黔需要为由，奏请清廷准予开凿赤水河，从而把茅台推向了川黔水陆转运枢纽码头的重要历史舞台，进而发展成为清代黔北地区重要的新兴市镇（黄萍，2010）。

赤水河的开凿对贵州而言，意义重大。贵州一向不产盐，人民的食盐主要来自四川。然而交通不便，运输困难，盐价高昂，人民饱受淡食之苦。赤水河航道疏浚后，茅台始通舟楫。川盐由此入黔，称为仁岸，为川盐入黔四大口岸之一。据历史记载，贵州不产盐，民众所需食盐大部分来自四川。川盐入黔，自清乾隆初年（1736年）以来，便实行口岸认销制度，直至中华人民共和国成立前并未有大的变更。规定四川食盐只能经永（永宁）、仁（仁怀）、綦（綦江）、涪（涪陵）4个口岸进入贵州，并划定4个口岸各自在贵州的行销地区。永、仁、綦、涪即川盐入黔四大口岸，茅台便是仁岸之渡口。

咸丰以后，盐务混乱，商贩所经之处，关卡林立，税收较重，加上官吏苛派，土豪地痞勒索，耗费繁多，盐价增高，民众无力食用，盐商也经常亏损。产盐地四川食盐外销困难，收入大受影响。光绪三年（1877年），四川总督丁宝桢深知黔民食盐困难，且为增加朝廷收入，奏派遵义人唐炯为四川道员，督办盐政，施行新法，改商运商销为官运商销，设立官运局，招商认购认销，供应黔民食盐。盐税当场征收，每年由四川给贵州协饷银40万两，贵州不再增加任何捐税，禁止沿途关卡收税和地痞勒索。是故盐运畅通，川盐畅销，盐价稳定。当时盐价，四川每斤30文，贵州每斤60~80文。仁岸由永隆裕、永发祥、协兴隆、义盛隆4家盐号销售，按地区人口每人每日食盐3钱配额，每月销售22载，每载600包，每包原重180斤，共计237.6万斤。在指定销售区域内沿途设立运销网点，赤水设总店，茅台、鸭溪、金沙等地设立分店和转运站、趸销店，负责转运、缉私、销售等任务。并成立盐防军负责护运，设立江河维护局负责河道修理。由盐商出钱在遵义、赤水等地购置恒产，每年收租达200多石，由官运局掌管，用于盐道维修。

为了使各口岸互不侵犯，盐场将食盐熬制为不同花色，以示区别。仁岸为草白色，綦岸为花腰，涪岸为炭巴，永岸为高粱色。为了适应贵州境内复杂的地理环境情况，减少途中损耗，便于搬运和改装转运，将盐熬制成块状，称为"巴盐"。水分少，含氯化钠高达98%以上，腌制菜品不生花，便于携带，符合贵州人民食用的理想（袁廷尧，1992）。盐运的繁荣，为茅台的发展带来了新的契机，也为酒业的发展注入了新的动力。

商业的发展和经济的繁荣，使得仁怀境内居民人数不断增长。根据历史记载，仁怀县康熙二十一年（1682年），人丁575，原额家口5489家。乾隆二十三年（1758年），家12927，男女大小67626人。乾隆四十年（1775年），家口人丁13116，至乾隆四十九年（1784年）新增家口3342家，共16458家。嘉庆二十五年（1820年），家30367，男女大小159795人。道光元年（1821年）30375家，男女大小159887人。道光五年（1825年）30426家，160028人。道光十年（1830年）30458家，160260人。道光十五年（1835年）29921家，161461人。道光十九年（1839年）30965家，152833人（郑珍，莫友芝，1968）。仁怀人口的增长或有清中期赋税政策变化的影响，从1682年的5489家增加到1820年的3万家左右，及至1840年前后都稳定在这一水平。人口的增长给当地的社会和经济的变化带来新的因素。

同时，外来人员对当地历史文化的影响，亦不可忽视。在当时流传下来的诗句中，记述了外地人在茅台一带的活动。张国华是清代中叶贵州颇有名气的学者，道光六年（1826年）途经茅台时曾写下《茅台村竹枝词》两首，其一云："一座茅台旧有村，糟邱无数结为邻；使君休怨曲生醉，利锁名缰更醉人！"其二云："于今好酒在茅台，滇黔川湖客到来；贩去千里市上卖，谁不称奇亦罕哉！"这两首竹枝词记述了当时茅台地区烧房众多，各省客商在茅台活跃的身影。

稍后，曾任仁怀直隶厅同知的浙江义乌人陈熙晋，在1840—1842年任期内，曾专程到过茅台村一游，写下了《茅台村》一诗："村店人声沸，茅台一宿过；家唯储酒卖，船只载盐多；蠢蠢青杠树，潺潺赤水河；明朝具舟楫，孤梦已烟波。"由其诗句可知当时茅台商业的繁荣景象，以及酿酒业之发展与盐运的互生关系。在其组诗《之溪棹歌》中有一首云："茅台村酒合江柑，小阁疏帘兴易酣；独有葫芦溪上笋，一冬风味舌头甘。"可见其本人对茅台所产的酒、合江的楂柑和葫芦溪冬笋等风物的喜好程度。陈熙晋最为人所知名的，要算是其关于"蒟酱"的诗句了："尤物移人付酒杯，荔枝滩上瘴烟开；汉家'蒟酱'知何物，赚得唐蒙习部来。"他认为"蒟酱"便是出产于赤水河流域的一种美酒，后来诸多指认"蒟酱"为茅台酒之先声的论者，多将陈之诗句作为重要的证据。

清道光二十三年（1843年），遵义沙滩文化的重要代表人物、文学家、诗人郑珍，由遵义赴仁怀厅访其友平翰，途经茅台村时，写下了一首五律《茅台村》："远游临郡裔，古聚缀坡陀；酒冠黔人国，盐登赤虺河；迎秋巴雨暗，对岸蜀山多；上水无舟到，羁愁两日过。"郑珍的诗句，除了褒奖"酒冠黔人国"之外，更提示我们，茅台酒的发展与盐（盐商、盐运）的关系密切。其《吴公岩》一诗也有"蜀盐走贵州，秦商聚茅台"二句，可见陕西商人在茅台盐运中的重要作用。其后，同治年间遵义府学痒生、贵州仁怀冠英乡人卢郁芷，写有《仁怀风景竹枝词》6首，其中一首是写茅台酒的："茅台香酿酽如油，三五呼朋买小舟；醉倒绿波人不觉，老渔唤醒月斜钩。"他主要是从茅台酒的饮用体验方面留下记述，但也是早期茅台酒发展不可多得的文献资料（徐文仲，2000）。

从上述诗句可知，茅台酒的发展与盐运有密切的关系。无论是张国华、陈熙晋还是郑珍，都强调茅台地区酒业的发展与商业繁荣、盐运发展之间的某种联系，他们诗句中的记载是可信的。

1869年，华联辉创设烧房，茅台酒生产得以延续恢复。到民国年间，形成了成义、荣和、恒兴3家烧房鼎足而立的发展态势。华氏家族所设酒房原无固定名称，后名"成裕"，民国年间改为"成义"，出品名"回沙茅酒"。酒房起初规模不大，只有窖坑两个，所产的酒均交由华氏所有的"永隆裕"盐号发售。1936年后，曾运往重庆、成都、上海、长沙、广州等地文通书局各分局推销。

但因产量有限,加之运输不便,以致供不应求。1879年,仁怀县大地主石荣霄与孙全太、王立夫合股开设烧房,定名为"荣太和"烧房。后孙全太退股,更名为"荣和烧房"。生产能力一度达到1.2万千克以上,但由于管理落后,常年产量只有5000千克左右。1929年,周秉衡在茅台开办"衡昌烧房",建有17个大窖池,经过两年的筹备和基础建设方才正式投产。但投产不久,周经营的"天福公"商号破产倒闭,将酒房流动资金挪用抵债,被迫解雇工人,只留下酒师和帮工一人勉强维持生产,年产量很低。1938年,周以酒房作价入股,与民族资本家赖永初合伙组成"大兴实业公司"。1941年赖永初接手后,改名为"恒兴烧房",扩大经营,年产最高达到9万余斤,平常年份可产酒4万余斤。3家酒厂的年产量,合计不超过12万斤(约60吨)。恒兴产量最多,成义、荣和次之;论酒的质量,以成义为最好,荣和次之,恒兴又次之。

1949年11月27日,茅台酒的生产和销售开始纳入国家管理。到1953年,通过赎买、接管和没收改造等方式,华茅、王茅和赖茅三家烧房合并,原来分散的资源得以重新组合。至此,茅台酒的生产完全集中到了地方国营贵州茅台酒厂一家,茅台酒也从此开启了一段全新的征程。20世纪50年代,茅台酒在技术方面,除了保留原来老酒师队伍外,还从厂外调进多名专业技术极强的工人,逐步形成茅台酒的核心技术团队,成为茅台酒质量优异的保证。

以茅台为代表的酱香型白酒,无色或微黄透明,无悬浮物,无沉淀,酱香突出、幽雅细腻,空杯留香幽雅持久,入口柔绵醇厚,回味悠长,风格突出。经过多年的市场培育和行业发展,酱香型白酒已经成为中国白酒香型中特征最为明显、单位附加值最高,也为消费者越来越接受的白酒香型。但"酱香型"的命名,却是在酱香型白酒出现很多年之后的事。1965年下半年,轻工业部在山西召开的茅台酒试点论证会上,正式肯定了茅台酒3种典型体的确立和酱香型的命名。酱香、窖底、醇甜被命名为酱香型白酒的3种典型体。后经周恒刚等酒界研究者的悉心研究,1979年全国白酒评酒会上明确了中国白酒划分为5种香型:酱香型、浓香型、清香型、米香型、其他香型。之后,这场中国白酒业掀起的技术革新热潮继续深入发展,香型更加丰富。

20世纪80年代以来,随着国民经济的发展和社会的进步,酱香型白酒的酿造开始打破国家垄断的藩篱,走上了一条快速发展的道路,一大批民营企业破土而出,如怀庄、茅河窖、黔台酒等。21世纪以来,国台等酱香型白酒品牌风行全国。酱香型白酒以不足全国白酒产量的5%,占有白酒市场销售收入的10%和行业利润的30%以上,不断创造奇迹。

1999年11月20日，根据贵州省人民政府黔府函〔1999〕291号文《关于同意设立贵州茅台酒股份有限公司的批复》，贵州茅台酒股份有限公司成立。由中国贵州茅台酒厂有限责任公司（原中国贵州茅台酒厂（集团）有限责任公司）作为主发起人，联合贵州茅台酒厂技术开发公司、贵州省轻纺集体工业联社、深圳清华大学研究院、中国食品发酵工业研究所、北京市糖业烟酒公司、江苏省糖烟酒总公司、上海捷强烟草糖酒（集团）有限公司共同发起设立的股份有限公司，成立时注册资本为人民币18500万元。

经中国证监会证监发行字〔2001〕41号文核准并按照财政部财企便函〔2001〕56文件的批复，此公司于2001年7月31日采用上网定价发行方式向社会公开发7150万股（其中国有股存量发行650万股）、每股面值1.00元的人民币普通股，发行价格31.39元/股。本次发行后公司总股本为25000万股。2001年8月20日，公司向贵州省工商行政管理局办理了公司登记变更手续。公司主营业务范围包括贵州茅台酒系列产品的生产与销售；饮料、食品、包装材料的生产与销售；防伪技术开发；信息产业相关产品的研制、开发。经上海证券交易所上证上字〔2001〕126号文批准，此公司公开发行的7150万元人民币普通股股票于2001年8月27日在上海证券交易所挂牌交易，股票简称"贵州茅台"，股票代码600519。至此，茅台酒的发展迈上了一个全新的台阶，开始了新的征程。截至2001年年度报告期末公司股东总数为46194家，其主要股东持股情况见表6-1。

表6-1 2001年贵州茅台酒股份有限公司主要股东情况

序号	股东名称	期末持股数	持股比例（%）	股份性质
1	中国贵州茅台酒厂有限责任公司	161706052	64.68	国有法人股
2	贵州茅台酒厂技术开发公司	10000000	4.00	国有法人股
3	贵州省轻纺集体工业联社	1500000	0.60	法人股
4	深圳清华大学研究院	1443804	0.58	国有法人股
5	裕阳基金	1286000	0.51	流通股
6	任广芬	983830	0.39	流通股
7	江苏省糖烟酒总公司	962536	0.39	国有法人股
8	上海捷强烟草糖酒（集团）有限公司	962536	0.39	国有法人股
9	北京市糖业烟酒公司	962536	0.39	国有法人股
10	中国食品发酵工业研究所	962536	0.39	国有法人股

截至2016年报告期末，贵州茅台有股东52048家，其主要持股股东见表6-2。其主要持股股东和股东家数有所变化。但茅台集团的控股地位并未改变，至今贵州茅台的实际控制情况：贵州省人民政府国有资产监督管理委员会→中国贵州茅台酒厂有限责任公司→贵州茅台酒股份有限公司。

表6-2 2016年贵州茅台酒股份有限公司主要股东情况

序号	股东名称	期末持股数	持股比例（%）	股份性质
1	中国贵州茅台酒厂（集团）有限责任公司	778771955	61.99	国有法人
2	香港中央结算有限公司	79916895	6.36	其他
3	中国证券金融股份有限公司	29481258	2.35	其他
4	贵州茅台酒厂集团技术开发公司	27812088	2.21	其他
5	易方达资产管理（香港）有限公司-客家资金（交易所）	12567568	1.00	其他
6	中央汇金资产管理有限责任公司	10787300	0.86	其他
7	奥本海默基金公司-中国基金	6690000	0.53	其他
8	泰康人寿保险股份有限公司-分红-个人分红-019L-FH002沪	5380401	0.43	其他
9	全国社保基金一零一组合	5120434	0.41	其他
10	GICPRIVATELIMITED	5021483	0.40	其他

第二节 贵州茅台酒发展情况分析

一、品牌价值建设情况

从步入市场化发展阶段以来，贵州茅台十分重视品牌建设和市场营销战略的总结。在品牌建设上，贵州茅台拥有独特的优势。茅台拥有其他白酒品牌无法比拟的品牌知名度。1915年，美国旧金山巴拿马万国博览会，一举夺得金奖，从此跻身世界三大名酒之列。1935年遵义会议前后，工农红军四渡赤水，茅台酒就与中国革命有了不解之缘。1949年开国大典上，周恩来总理确定茅台酒为开国大典国宴用酒，从此每年国庆招待会，均指定用茅台酒。在日内瓦会议、中美建交、中日建交等历史性事件中，茅台酒都成为融化历史坚冰的特殊媒介。从此茅台有了"国酒""政治酒""军事酒""外交酒"之誉。历次全国名酒评比，茅台酒都荣登榜首；20世纪80年代，评为首批中国驰名商标第一名。2000年茅台酒作为历史见证与文化象征被中国历史博览馆收藏。厚重的历史沧桑感和品牌知名度连为一体，为茅台的发展扩张，提供了强有力的保证。优秀的经营业绩和丰厚的销售利润，高居中国白酒行业榜首，为贵州茅台品牌的进一步发展，提供了强有力的支撑。在产品技术上，贵州茅台是唯一荣获"绿色食品"称号的白酒生产企业，茅台酒已被国家质量技术监督局认定为原产地域保护产品。贵州茅台拥有国家经贸委批准的国家级技术中心，在产品研制上拥有过硬的研究班子。特别是作为酱香型白酒的鼻祖来说，对于酱香型产品的研发，茅台的实力是无人能及的。

20世纪90年代中期以来，中国进入品牌竞争时代。市场形态已从卖方市场转变为买方市场，市场竞争态势已由买方竞争转变为卖方竞争。随着人均国民收入水平的提高，消费者的消费行为主要不是为了满足其安全和生理的需要，而是趋向于获得尊重、自我实现等高层次的需要。国内市场也日益与国际市场融为一体。2001年12月11日，中国加入WTO，标志着中国的市场已是国际品牌逐鹿的舞台，国际品牌国内化和国内品牌国际化，促使民族品牌面临愈加激烈和残酷的竞争，企业面临的将是更为艰巨的挑战。贵州茅台也面临着全新的发展环境。首先，从品牌的生命周期来看，茅台属于成长品牌后期。最大的标志在于其品牌产品的销量还在稳健增长，新的消费群体也在不断地增加。此时为实现品牌的壮大，到达品牌成熟期就必须实施扩张战略，以此增强品牌活力；同时也能有效地抓住更大的市场，带来更为可观的销售利润。其次，白酒行业竞争激烈。从1998年起，川酒的崛起特别是五粮液的迅速发展，给茅台带来了巨大的挑战。面对如此强硬的竞争对手，茅台必须迅速拓展市场，适度的实施品牌延伸等扩张性战略才能有效地发展自己。从企业的长期发展来看，当品牌走向成熟以后，单一的品牌产品已无法创造更多的利润，无法永无止境地占领市场，因为每个品牌都有它的衰退期。此时的品牌需求量相对稳定，原品牌已无发展活力，面对的将会是市场对它的淘汰。因此，对即将进入成熟期的茅台品牌来说，如不实施品牌延伸及多元化经营的扩张战略，企业面临的将是再无新的竞争力填充，品牌将提前进入衰退期。

作为中国白酒行业第一品牌，茅台一方面要稳固自己长期以来在其品牌市场的有利地位；另一方面，还要应对白酒行业中诸多势力雄厚的竞争对手所发起的挑战。因此，品牌扩张就显得很有必要。茅台本着打造"有机茅台、人文茅台、科技茅台"的思想，以"走新型工业化道路，做好酒的文章，走出酒的天地"的行动方针逐步实施品牌扩张战略。茅台集团本着创新的作风,大力促进了品牌的延伸、多元化经营、市场拓展、品牌国际化。茅台凭借自身强大的品牌效应,先后向浓香型、中端酱香型、保健类、啤酒类、葡萄酒类实施延伸,以此扩张品牌范围,致力于占有其细分市场大部分份额,不仅自身能得到一定程度发展,还能有效地抑制竞争对手的品牌发展空间。

为将品牌扩张战略行动方针与茅台的实际情况相结合,茅台将品牌经营分为白酒、啤酒、葡萄酒三大战线,针对市场需求,对不同战线实施不同战略,以"一品为主,多品发展"的战略模式,大力冲击中国酒类市场,从中寻求企业长期发展的途径。茅台集团品牌建设的目标,是充分借助原品牌的支撑,进一步打造和提升已有良好市场基础的习酒品牌,不断开发新的产品,在浓香型白酒市场占有一定份额。达到酱(香)浓(香)组合,双剑合璧。同时延伸至葡萄酒业、啤酒业,把酒的文化做好、做全面,以此开辟新的经济增长点,实现企业可持续发展。以国内市场为基础构建"有机茅台、人文茅台、科技茅台,走新型工业化建设,做好酒的文章,走出酒的天地",打造具有中国特色的白酒文化国际知名品牌。

贵州茅台品牌价值建设,主要集中在以下几个方面。第一,规模化生产战略。作为高档白酒的象征,茅台集团历来十分重视产品质量,而按照茅台酒特殊的工艺要求,稳定产品质量的重要物质条件,就是必须拥有足够数量的老酒。由于受产量的限制,现存老酒数量还不能满足大量生产陈年茅台酒的需要,茅台必须继续扩大生产规模,增加库存,为企业长期发展做准备。2003年茅台酒的产量突破10000吨,目前年度产能接近4万吨,但仍不能完全满足市场的需求。第二,市场拓展战略。茅台集团曾经运作的国酒祭国魂、中国历史博物馆收藏茅台酒、汉帝茅台酒在香港大拍卖等动作都堪称经典的品牌营销案例,很有品牌高度。茅台借鉴国外高档洋酒的经验,成功地营造了"年份酒"概念,既巧妙地绕过了数百元的刚性价位线,又为其高档品牌增加了厚度。在销售渠道整合方面,茅台将强化对市场和终端的控制力度,原则上不再增加经销商。致力于专供酒的个性化营销,大力面对终端市场。第三,进行多元化经营。茅台酒单一酒度及包装的格局被打破,开发了43度、38度、33度3种低度茅台酒,包装也分为1680毫升、1000毫升、500毫升、250毫升、50毫升、二套装、三套装、礼盒等;同时,推出15年、30年、50年、80年等陈酿茅台酒,实行普通茅台酒"年份制",出厂年份不同,价值也不同。同时,开发"茅台王子酒""茅台迎宾酒",与茅台酒共同形成高、中、低档齐全的系列产品。进军大众化口味的浓香型白酒市场,努力将习酒公司打造为"茅台浓香白酒基地",星级习酒及集团下属技术开发公司、附属酒厂等开发的茅台醇、茅乡春等产品代表了"黔派浓香"新形象。最后，产品链向其他酒类领域延伸，以高端市场为目标的茅台干红、每天鸡尾酒，以及保健类的茅台不老酒、茅台女王酒、茅台威士忌等先后上市。在酒类业务之外，每天也扩展到了置业、财务、地产、机场建设等其他行业领域。第四，并购战略。1998年起，茅台集团确立一品为主、多品开发、多种经营的发展战略，先后兼并贵州名酒习酒、怀酒，收购河北昌黎葡萄酒厂，参股交通银行、南方证券等。其并购战略为企业本身实施多元化经营提供了物质前提。通过并购，茅台在节约投资成本的情况下，实现了向中端浓香型白酒、啤酒、葡萄酒等领域的延伸。此外，茅台还着力国际化发展战略，力图在国际市场上占有一席之地。

在茅台品牌建设的过程中，也存在着一些制约因素。其一，走高端市场带来的限制。从茅台被誉为"国酒"开始，就注定其走高端市场的命运。然而随着市场经济的迅速发展，单一的高端市场已不能满足一个品牌的成长和发展。品牌想要拥有更为宽广的发展空间，就必须通过品牌的延伸走向不同的市场。茅台在高端市场上努力打拼之时，中端市场也经过血的洗礼，存活下来的都是一些过硬的白酒品牌。白酒的中端市场逐步趋于相对稳定，对外来竞争者形成很强的壁垒。茅台若要踏入中端市场，难度是很大的。其二，生产环境及传统工艺带来的劣势。茅台酒传统独特的酿造工艺，是百余年来历代酒师长期生产实践的结晶。其酿造工艺的独特之处：高温制曲、高温堆积、高温馏酒、两次投料、7次蒸馏、8次发酵、9次蒸煮、长期陈酿、精心勾兑。由于茅台酒生产受产地特殊的地域、水源、气候、温度、湿度、风向等自然条件的影响，形成有利于茅台酒生产的微生物群，使茅台酒酱香突出，风格独特，他处难以仿造。但这也限制了茅台酒生产在空间上的拓展。其三，主打香型带来的限制。一直以来，酱香是茅台的主打香型，这也正是其不同于其他白酒品牌的特征之一。然而从整个白酒市场来看，浓香型白酒的需求仍然占有大部分。换句话说，至少80%的消费者所认同的还是浓香型白酒。因此，茅台浓香型白酒是否能够与市场上的老品牌竞争，从而在浓香市场上占有一席之地；在消费者心里是否会对一贯以酱香为主的茅台走浓香之路提出质疑；是否给予接受还未定论。其四，茅台企业本身存在的问题。作为国有企业，其运作机制缺乏灵活、机动、大胆的决策能力，因而形成了茅台稳步、渐进的发展思路。然而品牌的创新和延伸都要求企业具备大胆与创新的素养。茅台的稳健发展同时给了竞争者以喘息的机会，造成了竞争对手的迅速发展和市场竞争力的提升，对茅台品牌的发展来说是不利的。在子品牌的延伸上，五粮液占有先机，提前延伸子品牌，很大程度上抑制了茅台的延伸发展空间。

但贵州茅台的品牌建设，成绩是十分显著的。拥有较为完整的产品线，无论是茅台酒还是系列酒，都有覆盖不同价格领域、涵盖不同消费者的产品。品牌价值也逐步提升，国际国内的各种品牌价值排行榜，贵州茅台都榜上有名，并高居酒类品牌价值排行榜榜首。以"华樽杯"为例，可见茅台品牌价值增长之快。由中国酒类流通协会、中国品牌战略研究院共同开发的"华樽杯"酒类品牌价值排行榜，从2009年起每年发布200强榜单。2009年，贵州茅台品牌价值495.6亿元，2016年高达1285.85亿元（详见图6-1）。

图6-1 茅台品牌价值变化情况

二、贵州茅台经营情况

（一）贵州茅台基本经营情况

为了数据获取的方便，我们主要对贵州茅台酒股份有限公司上市后的相关数据进行分析。根据历年年报，我们整理出表6-3。

表6-3 贵州茅台上市以来经营情况

年份	营业收入（元）	同期增减（%）	上市公司股东净利润（元）	同期增减（%）
2000	1114000813.26	—	251103580.63	—
2001	1618046660.31	45.25	328290723.14	30.74
2002	1834898294.90	13.40	376798521.36	14.78
2003	2401017934.93	30.85	586747838.27	55.72

续表

年份	营业收入（元）	同期增减（%）	上市公司股东净利润（元）	同期增减（%）
2004	3009793519.92	25.35	820553997.19	39.85
2005	3930515237.61	30.59	1118541629.37	36.32
2006	4896186901.21	24.57	1504116840.49	34.47
2007	7237430747.12	47.60	2830831594.36	83.25
2008	8241685564.11	13.88	3799480558.51	34.22
2009	9669999065.39	17.33	4312446124.73	13.50
2010	11633283740.18	20.30	5051194218.26	17.13
2011	18402355207.30	58.19	8763145910.23	73.49
2012	26455335152.99	43.76	13308079612.88	51.86
2013	30921801316.60	16.88	15136639784.35	13.74
2014	31573928530.94	2.11	15349804322.27	1.41
2015	32659583725.28	3.44	15503090276.38	1.00
2016	38862189993.84	18.99	16718362734.16	7.84

从图6-2可以看出，贵州茅台无论是营业收入还是归属于上市公司股东的净利润（以下简称利润），均呈现逐年增加的趋势。

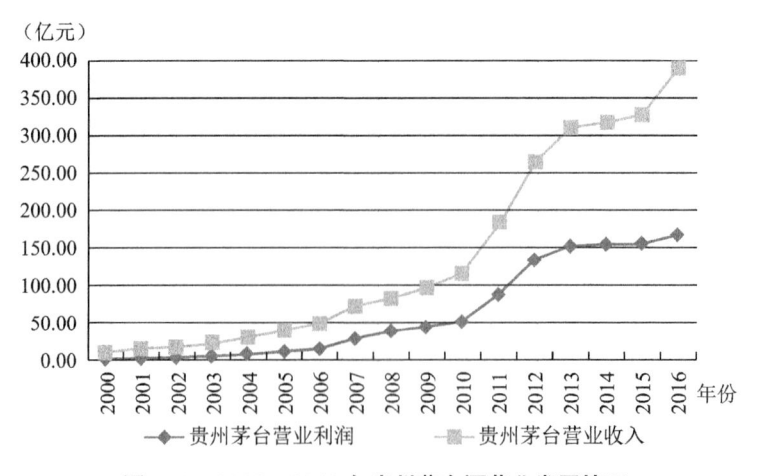

图6-2 2000—2016年贵州茅台酒营业发展情况

由表6-3可知，从营收来看，2000年，贵州茅台营业收入11.14亿元，上市第一年大增45.25%，营收超过16亿元。但直到2010年，才跨入百亿规模，营收达到116.33亿元。其后快速增加，2013年营收高达309.22亿元。随着行业深度调整期的到来，贵州茅台也有两年的徘徊期，仅实现2.11%（2014年）和3.44%（2015年）的增长。2016年步入恢复期，增长18.99%，营收388.62亿元。10余年间，茅台营收增长35倍，不得不说是一个奇迹。

由表6-3可知，从利润来看，2000年贵州茅台利润仅2.51亿元。次年因股票上市，大增30.74%至3.28亿元。2005年利润突破10亿元。至2012年突破百亿至133.08亿元，其后徘徊在150亿元左右。2016年度微增7.84%至167.18亿元。多年来稳居白酒业榜首，以2016年为例，中国白酒行业实现利润797.15亿元，茅台一家便占去20.97%，约1/5强。

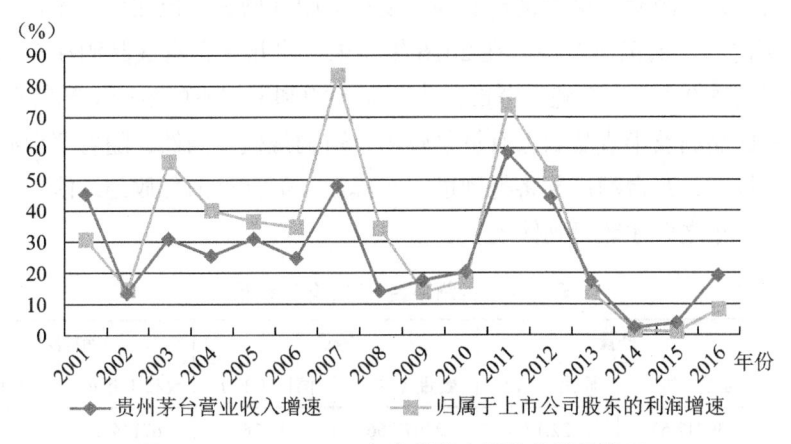

图6-3　2001—2016年贵州茅台酒营业增长情况

从增长速度来看，如图6-3所示，贵州茅台利润与营业收入二者增长速度变化趋势几乎一致。上市当年营收和利润均实现大幅度增长，但2002年下降，2003年回升，其后要到2007年才形成新的波峰。当年营收增长47.60%，利润大增83.25%。2011年再次形成一个波峰，营收增长58.19%，利润增长73.49%。2012年营收和利润均实现了不俗的增长，但2013年和2014年进入调整期，增长速度极缓。2016年情况开始好转，营收增长18.99%，利润增长7.84%。几个波峰的形成，几乎均与茅台酒的出厂价格有关。2001年，茅台酒出厂价格调至218元，2003年再调高至258元。2006年2月调至308元，2007年3月调至358元。2008年调至438元，2010年调至499元。2011年调至618元，2012年调至819元。即便是在公司年报中，也认为营收和利润的大幅度增加，是销量增加和产品调价所致。

（二）贵州茅台产销情况

如表6-4所示，2016年10月，1232吨茅台酒基酒设计产能投产，其产能在2017年释放。2016年贵州茅台实现产量59887.97吨，其中，贵州茅台酒39312.53吨，占65.64%，较之上年增长22.17%，是由于中华片区生产车间产能逐步释放的原因；茅台王子酒、茅台迎宾酒、赖茅酒等系列酒实现产量20575.44吨，占34.36%，贵州茅台的产能设计以生产高端产品"贵州茅台酒"为主。2016公司实现销售36944.36吨，其中，贵州茅台酒22917.66吨，较之上年增长15.76%，占总销量的62.03%；实现销售收入3671441.33万元，占酒类业务收入的94.52%，因贵州茅台出厂价格近年无变化，故其销售量和销售额增长的幅度几乎一致。系列酒销售量和销售额均呈现较大幅度增长，但在贵州茅台主营业务收入中所占的比重仍然较小。在2016年年末，贵州茅台有成品酒库存16168.33吨，半成品酒236337.83吨。考虑到贵州茅台酒和系列酒的生产工艺特点，25万吨以上的成品酒及半成品酒保有量是较为合适的规模。当然，随着茅台酒厂中华片区建成投产，茅台酒产能将得到进一步释放。但其目前释放的产能，销量的增加要最少5年之后才能得到体现。

表6-4　贵州茅台2016年产销情况

类别	产量 数量（吨）	产量 同比（%）	销量 数量（吨）	销量 同比（%）	销售收入 数额（万元）	销售收入 同比（%）
茅台酒	39312.53	22.17	22917.66	15.76	3671441.33	16.39
系列酒	20575.44	10.78	14026.70	81.69	212656.13	91.86

（三）贵州茅台销售网络布局

据贵州茅台2016年年度报告，报告期末有国内经销商2331家，较之上年增加131家，国外经销商85家，较之上年增加9家。而根据贵州茅台官网所列"茅台酒国内营销网络图"显示（见表6-5），茅台酒有国内经销商网点2818家，其中以贵州为最多，达430家。其次为广东（215家）、河南（191家）、山东（172家）、四川（164家）、北京（154家）、江苏（132家）、浙江（122家）、湖北（102家）。经销商网点分布较少的则以西藏（13家）、青海（12家）等省区为著。因无法获取贵州茅台在各省区的销售情况，但从经销商网点数量分布情形来看，与其主要销售在国内市场完成的情况相符。而在国内市场上，广东、江浙等经济发达地区以及北京等区域是极为重要的区域市场。从营销网络布局来看，贵州茅台也确实实现了全国性的布局。但在建设过程中，也仍存在着一些问题。如在某些区域覆盖面仍略显薄弱、系列酒经销网点虽多但市场表现仍需发力等。以青海为例，其12个经销网点中，有系列酒经销商2家、特约经销商1家、43度茅台酒经销商1家、新自营店1家，其余7家为专卖店，开拓更多的经销商，恐是贵州茅台该着力的地方之一。

表6-5 贵州茅台酒营销网络分布

省区	北京	天津	河北	山东	辽宁	吉林	黑龙江	山西
经销商网点数	154	45	81	172	63	36	43	33
省区	陕西	宁夏	甘肃	河南	安徽	江苏	上海	浙江
经销商网点数	43	18	56	191	70	132	72	122
省区	重庆	四川	云南	广西	贵州	湖南	江西	广东
经销商网点数	92	164	75	73	430	72	57	215
省区	海南	新疆	青海	西藏	内蒙古	湖北	福建	合计
经销商网点数	44	38	12	13	31	102	69	2818

（四）贵州茅台的销售模式

贵州茅台以扁平化的区域经销为主，以公司直销为辅（见表6-6）。2016年贵州茅台批发代理渠道实现销售34961.16吨，占94.63%；销售收入3535607.87万元，占91.03%。公司直销1983.20吨，较之上年翻了一番，自销渠道实现销售收入19.68亿元，也有超过77%的增长，但总体上仍以批发代理为主。近年来，贵州茅台为了加强对渠道的掌控能力和对产品流通的监管能力，加快直营店面建设。特别是在上一轮白酒涨价潮中，加强直营店建设，可以更加贴近市场，为市场提供合理价格的产品。当然，直营店也为提振消费者信心做出了较大的贡献。在假货充斥的渠道市场，直营店不啻为一种创新的营销方式。一方面能以较优的价格向消费者提供产品；另一方面也能以高于出厂价格向市场发售，缩短流通环节，成为价格掌控和打造利润增长点的一种全新手段。但从具体的市场表现来看，公司直接销售的比重较低，仍以批发代理为主。这种营销模式的好处在于能够调动经销商的积极性，实现大面积的市场区域覆盖和布局。但也带来了营销链条较长，价格易于失控，渠道掌控不力导致假货充斥、影响消费者购买信心等问题。

表6-6 贵州茅台2016年销售渠道

渠道类型	2016年销售量（吨）	2015年销售量（吨）	2016年增长（%）	2016年销售额（万元）	2015年销售额（万元）	2016年增长（%）
直销	1983.20	961.41	106.28	348489.59	196802.71	77.08
批发代理	34961.16	26555.92	31.65	3535607.87	3068601.97	15.22

（五）贵州茅台的人力资源构成

贵州茅台既是中国白酒行业的领头企业，也是仁怀市酱香型白酒产业中最为重要的企业。其人力资源的构成，基本能够体现仁怀市酱香型白酒产业的人力资源情况。以2016年为例，贵州茅台共有在册员工21237人，其中母公司在职员工20627人，主要子公司在职员工610人，这也与贵州茅台的主要业务集中于母公司的情况一致。母公司及主要子公司需承担费用的离退休职工人数为1019人，表明贵州茅台仍处于成长阶段，离退休职工人数较少。在各类别人员构成中，以生产人员为最多，占职工总数的82%左右。其次为财务人员（7.02%）和行政人员（5.24%）。销售人员682人，仅占3.21%；技术人员444人，仅占2.09%（见图6-4）。这一人员构成表明，贵州茅台是一家以生产为导向的企业，且属于传统的劳动密集型企业。

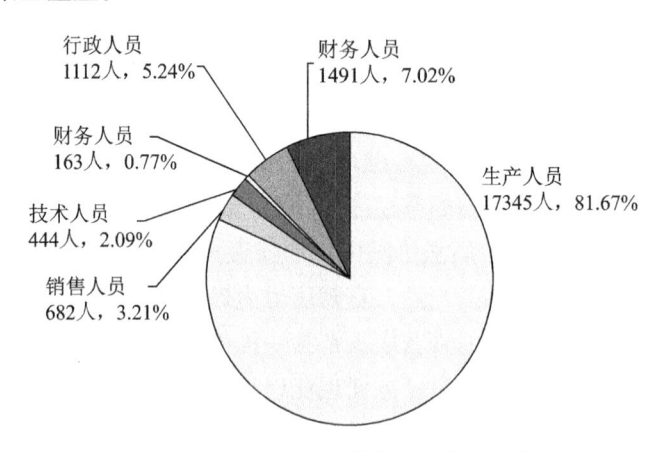

图6-4 2016年贵州茅台员工专业构成

- 行政人员 1112人，5.24%
- 财务人员 1491人，7.02%
- 财务人员 163人，0.77%
- 技术人员 444人，2.09%
- 销售人员 682人，3.21%
- 生产人员 17345人，81.67%

有鉴于此，我们来看看两家川酒上市公司的人员构成情况。泸州老窖股份有限公司 2006 年有职工 2009 人，其中生产人员 778 人，占 38.73%；销售人员 378 人，占 18.82%；技术人员 417 人，占 20.76%；财务人员和其他人员占 21.70%。泸州老窖销售人员和技术人员占比远超贵州茅台，而生产人员占比则远低于茅台。五粮液股份有限公司 2016 年有职工 25402 人，其中生产人员 17815 人，占 70.13%；销售人员 447 人，占 1.76%；技术人员 6110 人，占 24.05%；财务人员和行政人员合计 1030 人，占 4.05%。五粮液的人员构成与茅台略微相似，但其技术人员比例远高于贵州茅台。

洋河股份 2016 年有职工 14913 人，其中生产人员 5791 人，占 38.83%；销售人员 5000 人，占 33.53%；技术人员 1799 人，占 12.06%；财务人员 228 人，占 1.53%；行政人员 1652 人，占 11.08%；内退人员 443 人，占 2.97%。洋河股份较为突出的一点是，其销售人员构成，无论是规模还是占比，都是其他几个上市公司无可比拟的。另外，洋河股份技术人员的规模与占比，也远非其他几家上市公司可比。这可能有统计源数据的不同，也可能是洋河股份发展战略不同所致。作为注重产品创新和市场营销的公司，洋河股份与泸州老窖代表了与贵州茅台和五粮液不太一样的发展道路。这一方面表明茅台和五粮液只需对生产进行掌控，便能对市场进行引导，不像泸州老窖和洋河股份需要不断地追求创新与开拓市场。但同时也提示茅台和五粮液这两家企业，需要注重技术创新和市场推广。

从员工学历构成来看，贵州茅台用研究生及以上学历者 134 人，仅占员工总数的 0.63%。不得不说这是一个非常微小的比例。员工中本科学历者 2978 人，占 14.02%；大学专科 2205 人，占 10.38%（如图 6-5 所示）。大专及以上学历约占员工总数的 25%，在茅台这样技术实力雄厚的公司，高层次人才数量明显不足。这与茅台属于生产导向型企业的属性一致，在遵循传统酿造技术的茅台，机械化程度极低，整个生产流程几乎都用纯手工或半机械化生产，占用劳动力较多。同时，贵州茅台在发展的过程中，很大一部分征地农民进入企业，其中也普遍存在学历较低的情况。故一线员工中，学历水平较低。近年来，贵州茅台通过学历提升及招聘大学生、引进高层次人才进入企业，员工学历水平得到一定程度的改善，但高中及以下学历者约占 74.97%。员工学历水平较低，对企业长远发展可能带来一些不利的影响。

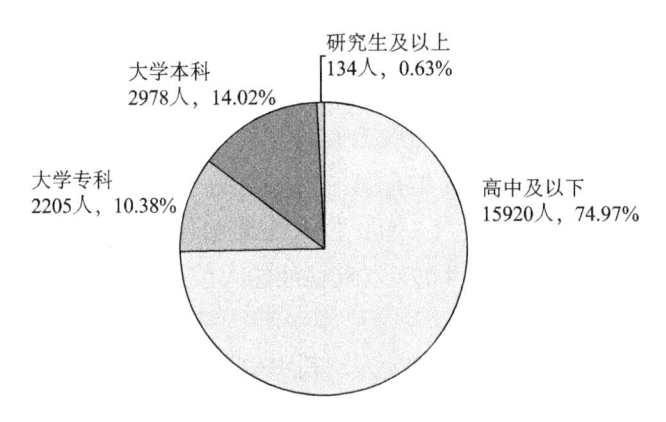

图 6-5　2016 年贵州茅台员工学历构成分布

以江苏洋河为例，2016 年洋河股份有博士 2 人，硕士 209 人，其员工总数远少于贵州茅台，但硕士及以上学历者却远多于茅台。本科 3324 人，占 22.29%；大学专科 3884 人，占 26.04%。大专及以上学历占员工总数的 48.33%，也就是说，洋河约有一半的员工拥有大专以上学历，而茅台仅为 1/4。同年泸州老窖有博士 6 人，硕士 124 人，共占 6.47%；本科 697 人，占 34.69%；大学专科 580 人，占 28.87%；其大专及以上学历者共 1407 人，占员工总数的 70%。2016 年五粮液拥有大专及以上学历者 4289 人，占 16.88%，从某种程度上讲其员工学历构成与茅台类似。但仍远低于洋河股份和贵州茅台。如果仅以洋河为例，可考虑其处于教育文化发达的东部地区，故其员工学历水平较高。但考虑到泸州老窖处于大西南腹地，但仍保有如此高的高学历比，不得不引起进一步的思考。

如前所述，洋河与泸州老窖员工总数中，销售人员规模庞大，人员占比较高。因销售工作的专门化，对学历等条件有一定要求。另外，对产品创新等方面的重视，也是形成员工学历构成特征的条件之一。但从从业人员这一方面来讲，对贵州茅台乃至整个酱香型白酒产业而言，其启发可能在于以下几个方面。第一个是要重视营销。无论是洋河还是泸州老窖，实际上包括其他很多白酒上市企业，其销售人员在员工总数中占比是较多的。这与一些白酒企业品牌张力不够，需要大量营销人员从事销售工作，才能打开市场和销路有关。但对白酒这样的传统品类，营销人员的比重体现了品牌的市场影响力，同时也体现企业对市场营销的重视程度。第二个是要重视技术人员的培养，这与员工学历构成的改善密切相关。虽说酱香型白酒是传统的劳动密集型产业，但若要取得长远的发展，技术的总结与提升不可或缺。而这又与员工学历构成有着一定的关系。在科学技术迅猛发展的今天，对仪器的操作和实验步骤的把握、实验结果的分析等，都需要有接受过专门训练的高学历技术人员才能胜任。通过改善员工学历构成，特别是引进较高层次的、具有高学历的专门人才，重视技术研究和创新，是酱香型白酒企业所应当注意的。

当然，贵州茅台非常重视这些工作，茅台学院的筹建就是一个最为有力的证明。茅台集团还举办各种培训，以便员工能力提升与企业同步发展。如2016年年报披露，为满足公司战略发展对人力资源的要求，为员工职业生涯规划提供智力支持，提高公司核心竞争力，2017年贵州茅台计划举办培训532期，培训应达到以下目标：一是继续加强传统工艺培训力度，以实际操作培训为重点，使生产一线员工技术、技能得以进一步提高；二是加大酿酒、勾酒、品酒等专业技术人员培训力度，提升专业技术人员技术水平；三是加强生产工艺和生产数据分析人员培训力度，确保制酒生产稳中向好；四是加强营销人员培训，深度践行"九个营销"，不断激发市场新活力；五是开展一般管理人员办公和管理技能业务培训，提升一般管理人员理论水平和专业技能；六是满足公司精细化管理的要求，广泛地开展精细化管理培训，不断提高执行力；七是广泛开展信息化、NC系统培训，进一步提升公司办公自动化水平；八是组织开展综治、安全、消防、应急救援知识及技能培训，确保全年生产安全，实现"双百双零三低"。但在培训之外，引进外力以求改善，也应该是着力点之一。

第三节　贵州茅台国际化发展情况

贵州茅台酒一直重视国际市场的开发与拓展，在国际市场享有较高的知名度和品牌美誉度。2011年，贵州省委、省政府提出了"一看三打造"的战略目标，提出用10年左右的时间，将茅台酒打造成"世界蒸馏酒第一品牌"。这一战略目标与贵州茅台立足国际竞争、重视国际市场开发的目标相结合，共同指引茅台酒参与国际市场竞争，拓展新的市场领域。将茅台酒纳入国际烈酒市场和中国白酒国际化背景下进行考量，分析茅台酒近年来在国际市场的发展状况和战略思路，对于茅台酒国际市场的进一步拓展乃至理解中国特色产品国际市场营销，均有一定的积极意义。

一、茅台酒国际市场发展现状

中国白酒国际化，一直是行业产业颇为关注的问题。近年来，诸如贵州茅台、五粮液、古井贡等知名白酒企业，都高举国际化的旗帜，采取推广宣传、广告策略、多组合营销等不同的市场营销手段，力求在国际烈酒市场上占据有利的地位。但中国白酒的国际业务收入和国际市场营销，整体上呈现不容乐观的局势。2012年是中国白酒行业发展的一个拐点，从此进入了一个较为长期的调整阶段，至今仍未结束。当年中国白酒行业实现产量1153万千升，收入4466亿元。根据当年海关出口数据，累计实现出口12603878升，约占总产量的1.09‰；出口额347229559美元，按照当时汇率计算，折合人民币约22亿元，占行业主营业务收入的4.93‰（黄筱鹂，黄永光，2015）。2016年，中国白酒实现出口16070021升，仅占总产量（1358.36万千升）的1.19‰；出口总额468776746美元，按照2016年12月31日汇率（1美元=6.6711元人民币）计算，约合31.27亿元人民币，占行业总收入（6125.74亿元）的5.10‰。无论是从出口的量还是从出口值来讲，都只占据白酒行业的极小部分，且几年间并无太大的变化，增长速度极其有限。

贵州茅台酒一直极为重视国际市场的开拓，但因数据获取的困难，我们主要依据2001年公司上市后的年报进行分析。表6-7列出了历年贵州茅台酒国际业务收入情况。因2002年度数据无前年度的参照数据，故增幅栏暂缺。

表6-7 贵州茅台酒类国际业务情况

年度（年）	酒类营业收入（元）	增幅（%）	国际业务营收（元）	增幅（%）	占主营业务收入比（%）
2002	1834898294.90	—	109542800.00	—	5.97
2003	2401017934.93	30.85	124064500.00	13.26	5.17
2004	3009793519.92	25.35	124682000.00	0.50	4.14
2005	3930515237.61	30.59	76724539.10	−38.46	1.95
2006	4896186901.21	24.57	110246442.53	43.69	2.25
2007	7237302489.18	47.60	102675762.56	−6.87	1.42
2008	8241631163.54	13.88	292835903.94	185.20	3.55
2009	9669670009.59	17.33	292596909.98	−0.08	3.03
2010	11632417331.90	20.30	408813479.53	39.72	3.51
2011	18402055500.21	58.20	640573926.24	56.69	3.48
2012	26455251445.86	43.76	1015117971.11	58.47	3.84

续表

年度（年）	酒类营业 收入（元）	增幅（%）	国际业务 营收（元）	增幅（%）	占主营业务收入比（%）
2013	30921391282.59	16.88	1100503549.65	8.41	3.56
2014	31572875951.45	2.11	1203794916.31	9.39	3.81
2015	32654046822.87	3.44	1608491544.86	33.62	4.93
2016	38840974605.54	18.95	2058690468.61	27.99	5.30

资料来源：据贵州茅台酒股份有限公司历年年度报告整理。

根据所掌握的数据情况，我们大致可以得出以下信息。

第一，从贵州茅台的国际业务收入来看，从2002年的约1.1亿元上升到了2016年的20.59亿元，增长幅度较大，呈现出阶段性特征。为了形象说明，我们绘制了图6-6。从2002年到2007年，茅台酒的国际业务收入都在1亿元左右徘徊，2005年仅有约7672万元。从2008年到2011年，是茅台酒国际业务快速扩张时期。这一时期，从约3亿元上升到超过6亿元，增长幅度较大。从2012年至今，是茅台酒国际业务的发展期。2012年，茅台酒国际业务营收超过10亿元，2015年更有超过16亿元入账，2016年茅台酒海外营收更是超过20亿元，表明这一阶段茅台酒国际化战略真正初显成效。

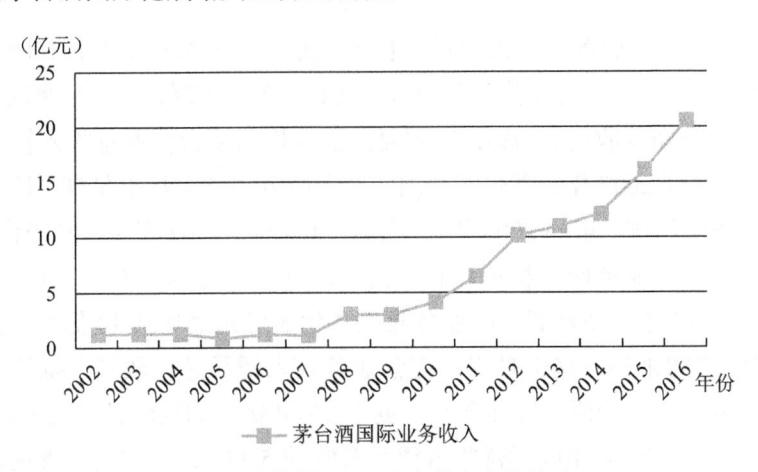

图6-6 茅台酒国际业务收入变化情况

第二，从增长速度来看，2009年以前呈现出不规则的特征，2010年后茅台酒国际业务收入与酒类主营业务收入增长趋势大致相同而稍高（如图6-7所示）。

从2003—2009年这一阶段，茅台酒国际业务收入增幅极其不规则。既有高达185.20%（2008年）的增幅，也有高达38.46%（2005年）的负增长，更有约0.5%（2004年）和-0.08%（2009年）的徘徊。从2010年起，茅台酒国际营收都实现了不俗的增长。2010—2012年3个年度增长速度极快，茅台国际营收从不到3亿元迅速突破10亿元大关。2013年和2014年受白酒整体行业发展的影响与制约，茅台酒国际营收增长速度下降，但较之主营业务收入的增长速度，也可谓是不错的成绩。2015年，茅台酒国际营收大增，实现33.62%的增长。2016年增幅较之前一年度有所减缓，但仍然有27.99%的增长。

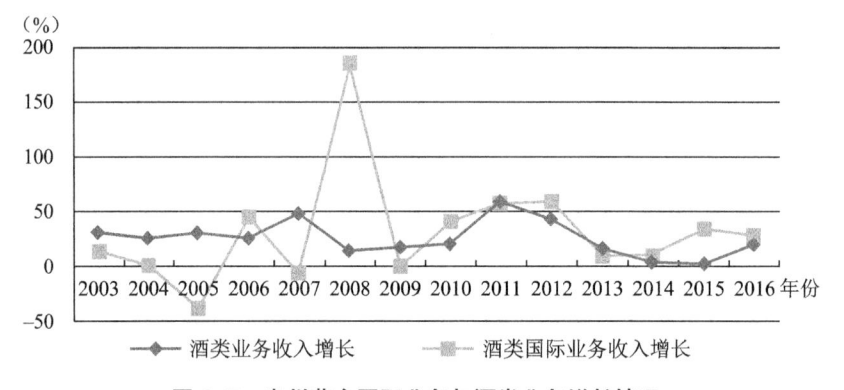

图6-7 贵州茅台国际业务与酒类业务增长情况

第三，从国际业务收入占贵州茅台主营业务收入情形来看，其所占比重较小（如图6-8所示），可知其并非公司的核心业务。国际营收占比最高的年份是2002年，占公司营收的5.97%，这主要是因为贵州茅台营业总收入较低（18.35亿元）。一直到2007年，贵州茅台国际业务收入占比总体上呈现下降趋势，从占比超过5%（2002年和2003年）下降到1.42%（2007年），但变化不规则。这主要是由主营业务收入快速增长，而国际营收业务却没有明显增长所导致。从2008—2014年，茅台酒国际业务收入从约3亿元增加到12亿元，但占比都在3%~4%之间徘徊。这也是因为主营业务收入增长速度较快，抵消了国际业务增长。2015年茅台酒国际业务收入创下16.08亿元的高峰，占比（4.93%）也接近历史高位。2016年国际营收占酒类营收的5.30%，整体上呈现逐渐增高的趋势。

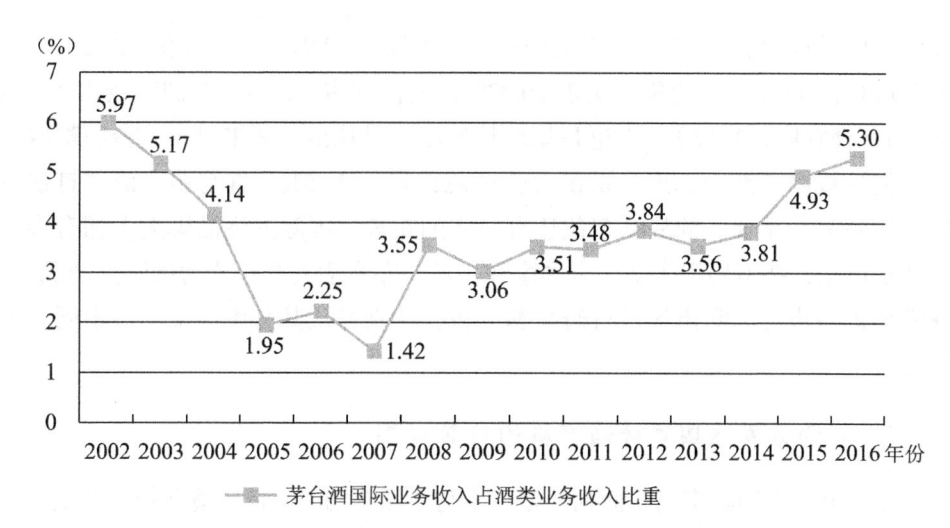

图6-8 茅台酒国际业务收入占酒类业务收入比重变化

从总体上看,茅台酒国际业务收入扩张迅速,10余年间从1亿元左右快速增长到20亿元。但与贵州茅台主营业务收入扩张相比,增长速度略显缓慢。茅台酒国际业务收入占公司营收比重较小。具体来说,只有极少数年份接近或超过5%,多数年份在3%~4%之间。

但若将视角转移到中国白酒出口的整体情形,则茅台酒国际业务不可小觑。2012年中国白酒出口值约22亿元,茅台酒国际业务收入约10亿元,占中国白酒出口业务的45.45%。2015年中国白酒出口值449277190美元,按照当年年底汇率(1美元=6.4914元人民币)计算合2916437951.17元人民币。当年茅台酒国际业务收入1608491544.86元,占55.15%。2016年茅台酒出口约占整个中国白酒行业出口总额的66%。其间或有因统计口径不一而造成的误差,但我们大致仍可以断定茅台酒出口业务占据中国白酒出口业务的半壁江山。无论国际业务在公司营业收入中的比重如何微小,茅台酒在中国白酒出口业务中的地位却极其重要。

二、茅台酒国际市场开拓策略面临的难题

据2016年10月在广州召开的茅台海外经销商大会透露,2016年前三季度出口茅台酒和系列酒1418.70吨,增长48.75%,占公司白酒总销量的2.75%。其中普通茅台酒1411.17吨,同比增长49.66%;茅台年份酒1.15吨,系列酒6.38吨。出口额2.56亿美元,增长49.69%,约合16.92亿元人民币,占中国白酒行

业出口总额的74.2%。在出口市场中,亚洲市场占47.97%,欧洲市场占25.36%,美洲市场占11.31%,免税市场占10.33%,大洋洲占3.67%,非洲市场占1.35%(国酒茅台官网,2017)。无论是从增长速度还是从出口额来讲,茅台酒都取得了不俗的成绩。然而,出口量仅占公司总销量的2.75%,这与茅台酒"打造世界蒸馏酒第一品牌"的战略定位还有一定的距离。国际烈酒品牌大多拥有多元的消费市场,并不局限于某一个国家和地区。茅台酒要真正成为国际烈酒品牌,就需要进一步对国际市场进行研究和分析,特别是从其与中国市场的不同之处着眼。

(一)西方发达国家普遍严格的监管规制

茅台酒进入国际市场,面临的是一个与中国有别的法律环境和技术环境。在美国,根据相关法律规定,酒类质量安全、理化成分等方面由美国食品药品管理局(Food and Drug Administration,FDA)及其下属机构负责。酒精浓度在7%以上的酒类消费税、标签检查、广告宣传及市场营销行为规制,由财政部下辖的烟酒税收贸易局(TTB)管辖。在酒类饮料标签规则、食品添加剂种类及使用限量、酒类包装接触材料等方面,都有详细的规定,很多地方与国内并不一致(程铁辕,刘彬,李明春,等,2012a)。在欧盟,其完善的食品监管体系是全球最严谨、最为高效的监管体系之一。在确保成员国酒业利益的同时,有着完善的法律体系和极高的技术标准体系,客观上构成了中国白酒进入欧盟市场的技术壁垒。欧盟在酒类食品基本法律法规、烈酒中使用的食品添加剂种类与限量、污染物及其限量、烈酒的定义及相关规定、酒类食品标签要求、包装材质与接触材料等方面,与国内通行法规和技术标准有着很大的不同(程铁辕,刘彬,李明春,等,2012b)。对国际酒类规制体系的不了解和相关法规执行上产生的隔膜,往往导致不必要的贸易纠纷。2003—2012年,仅因标签不合格,就有4个批次的出口酒类产品被美国食品药品管理局扣留。其他如产品中含有不安全色素、没有提供生产加工资料等也是遭扣留的主要原因,这充分说明了中国酒界对国外监管体系及法律法规不太了解,从而造成出口贸易不必要的损失(程铁辕,刘彬,李明春,等,2013)。又如在北欧国家挪威,政府对酒精饮料征收较高的消费税,并征收包装物环境税,对酒类售卖征收高达25%的增值税,对偷逃酒类税收者进行严厉处罚。在酒类批发、零售等领域均实行严格的许可证制度,全面禁止酒精浓度在2.5%以上的酒类饮料广告(刘晓凤,2011)。从总体上看,发达国家大多拥有较为完善的酒类法律体系,管理机构相对健全,管理制度完善,对酒类生产和市场推广、销售乃至消费的时间、地点等有着诸多限制（阎壶荣，2012）。这对中国白酒出口而言，法律法规、监管体制、市场营销行为规制、技术标准体系等方面的差异，对包括茅台在内的中国白酒乃至所有酒类饮料进入其市场造成了极大的壁垒。

（二）中外酒类消费习惯和消费文化具有重大差异

根据世界卫生组织发布的 *Global status report on alcohol and health 2014* 报告，成年中国人年均饮用纯酒精6.7升，呈现逐年上升趋势。在recorded alcohol（注：指从合法渠道获得并饮用的酒类）中，白酒占69%，啤酒占28%，葡萄酒占3%，表明白酒是中国人酒精摄入的重要来源。在澳大利亚，人均酒精摄入量高达12.2升，以啤酒为最多，占44%；其次是葡萄酒，占37%；蒸馏酒仅占12%，只略多于其他酒类的7%。在瑞典，人均酒精摄入量有所下降，为9.2升，其中47%来自葡萄酒，37%来自啤酒，蒸馏酒仅占15%，其他酒类占1%。在俄罗斯，人均纯酒精摄入15.1升，其中51%来自蒸馏酒，其占比也远低于中国；38%来自啤酒，11%来自葡萄酒。在加拿大，居民年均酒精摄入10.2升，51%来自啤酒，22%来自葡萄酒，27%来自蒸馏酒。美国人均纯酒精摄入量为9.2升，其中50%来自啤酒，17%来自葡萄酒，33%来自蒸馏酒。在法国、希腊、格鲁吉亚、意大利、葡萄牙等葡萄酒产区，居民酒精摄入来源主要是葡萄酒。而在非洲及捷克等啤酒产区，居民酒精摄入以啤酒为主（WHO，2014）。在中国，无论城乡，也无论男女，主要饮用酒类都是白酒。根据马冠生等的调查，中国饮酒者中有50.3%经常饮用白酒，有27.5%的经常饮用啤酒和白酒。男性饮酒者中有58.2%的人平均每次饮用白酒量在2~3两（100~150克），女性饮酒者中有77.3%的人平均每次饮用白酒量1~2两（50~100克）。（马冠生，朱丹红，胡小琪，等，2005）无论是酒类摄入量还是从经常饮用酒类来看，白酒在中国酒类消费中都占据绝对的位置。但在很多国家，蒸馏酒却难以取得如此的位置。只有俄罗斯、日本等不多的国家与中国酒类消费模式接近，也以蒸馏酒为主。

即以西方国家而论，因着不同的历史发展和文化精神，形成了与中国有着显著区别的酒文化（乐扬，李雪婷，张宇池，2010）。这些不同的社会文化背景，乃至思维方式和宗教信仰，导致中西方在饮酒诉求、饮酒种类及饮用方式等方面的差异（梁勇，邓显洁，2014）。比如在宴会场合，中国一般都会准备高度白酒，高档者如茅台、五粮液、国窖1573、习酒窖藏1988之类，中低端者也大多会选择知名厂家的系列品牌和区域特色品牌白酒。葡萄酒、啤酒等种类，顶多只是作为陪衬，很难作为主要酒品。而在西方较为正式的场合，各色果酒、香槟、各种浓度的加强型葡萄酒，才是宴会的主角。即便是以烈酒为酒基的鸡尾酒，也多加入各色葡萄酒及其他果酒之类（杜莉，2004）。酒类消费习惯和酒文化上的差异，为茅台酒国际市场的拓展带来了一定的局限。

（三）国际烈酒市场竞争激烈

在国际烈酒市场，中国白酒一方面要与国际烈酒品牌展开竞争；另一方面还要与国际烈酒品牌一样，面临着各种替代品的竞争。国际烈酒市场上的威士忌、白兰地、伏特加、朗姆酒、金酒等，经过多年的发展，已经有很多品牌深得各地区各层次消费者的喜爱。如轩尼诗（白兰地品牌）、尊尼获加（苏格兰威士忌品牌）、杰克·丹尼（美国威士忌品牌）、百加得（朗姆酒品牌）、斯米诺夫（Smirnoff）和ABSOLUT（伏特加品牌）等，都是国际烈酒市场上的佼佼者。国际市场上也形成了一些拥有极强市场竞争力的国际烈酒集团，如帝亚吉欧（Diageo）公司、百加得公司、保乐力加集团等，都拥有巨大的份额和优势。以帝亚吉欧公司为例，全球20大烈酒品牌其独占8个，在国际烈酒市场拥有绝对的优势。据帝亚吉欧公司2017年1月发布的2016年下半年度报告，公司半年内实现销售96.15亿英镑，总利润39.56亿英镑。其旗下的苏格兰威士忌占据公司销售额的27%，伏特加占12%，美国威士忌占9%，朗姆酒占7%，印度威士忌占5%，利口酒占6%，金酒占3%，龙舌兰酒占2%，可以说其囊括了几乎所有的烈酒种类，形成了完善的产品品类体系和覆盖全球各个地区的品牌体系。其知名威士忌品牌Johnnie Walker在全球范围内的销售实现了6%的增长，在欧洲地区高达12%，拉丁美洲和加勒比海地区高达8%，在美国也实现了8%的增长，在中国更实现了19%的高增长。其伏特加品牌Smirnoff、威士忌品牌Captain Morgan等都实现了不俗的增长。在中国市场，帝亚吉欧公司产品在大部分城市的商超、夜场都有销售。甚至直接收购中国白酒企业，涉足中国白酒市场。严格来说，白酒国际化包括中国白酒国际市场开拓和中国白酒市场面向国际开放两个方面。帝亚吉欧公司对水井坊的收购，就是后一种国际化方式。一方面，帝亚吉欧试图通过收购水井坊，从而在巨大的中国白酒市场分一杯羹。另一方面，水井坊也能借助帝亚吉欧的渠道进入国际市场，为中国白酒国际化探索出一条新路。当然，收购后的水井坊并没有达成双方的预期，但却在很大程度上促使中国白酒市场竞争格局发生转变。全球烈酒市场竞争的激烈和竞争格局的变化，是中国白酒走出国门之后面临的严峻问题。

（四）贵州茅台国际市场覆盖有限

根据贵州茅台官网发布的国际经销商网络图（数据截至2016年），我们大致可以看出其国际市场的分布。在东南亚地区，印度尼西亚有经销商1家、新加坡3家、马来西亚3家、菲律宾2家、越南2家、老挝1家、泰国3家、缅甸2家。在日本仅有1家，韩国有2家经销商。在中国澳门有2家经销商，在香港则有多达16家经销商。在美洲，茅台酒的销售经销商分布在加拿大、美国、墨西哥、巴拿马、巴西、智利6国，共有7家经销商，美国和加拿大有2家经销商，智利有2家，其他各国皆只有1家经销商。在非洲，仅仅在南非和纳米比亚各有1家经销商。在欧洲，主要国家英国、荷兰、比利时、德国、爱尔兰、法国、西班牙、葡萄牙、意大利、俄罗斯10个国家有经销商分布，仅英国、德国、俄罗斯拥有2家经销商，其他国家均只有1家。在澳大利亚和新西兰各有1家经销商。在中亚，仅有哈萨克斯坦有1家经销商，在中东的阿联酋和南亚的印度各有2家经销商。和贵州茅台完善的国内经销商体系（如贵州就有416家，各重要省区市场茅台的经销商普遍在100家左右，分布最少的省区如青海、西藏等也有10家以上）相比，国际市场区域还存在市场大量空白，总体上呈现以下几个特点。首先，仅有33个国家有经销商，大部分国家存在市场空白，这是贵州茅台需要努力拓展的新领域。其次，现有经销商分布的国家，多数也只有1~2家经销商，其市场能力是否能够覆盖其所在国市场，是一个值得重视的问题。也就是说，在已有经销商分布的国家，存在着进一步拓展的空间。再次，东南亚是茅台酒经销商分布较多的区域。这可能与这一地区拥有大量华侨华人有关，对这一市场区域的开拓，也需要做出更大的努力。最后，中国香港拥有16家经销商，是一个较为特殊的市场领域。长期以来，香港都是中国对外开放的重要窗口，也是国际自由都市和自由贸易城市。其人口流动及区域经济中心、金融中心的位置，决定了其在国际经贸往来中的作用。对香港市场进行研究，推广其有利的运作模式，似乎也是值得贵州茅台去做的。

三、茅台酒国际市场开拓的对策建议

(一)进一步加强对国际酒业规制的研究

在各主要发达资本主义国家,对酒类的规制较为严厉。仅在流通领域,其规制就包括了对销售对象的规定(如不向未成年人售酒、不许未成年人饮酒及针对特殊人群相关规定),对销售网点的规制(如在学校、医院、交通设施、公共建筑等禁止售酒和饮酒的规定),对价格的规制(对价格的严厉控制,对酒类税收的严格收取,对违反者的重处等),对营销手段的规制(对广告内容、广告载体,广告形式,广告发布的时间,地点等方面的限制,对促销手段的限制如禁止折扣、返现等)(周清杰,孙珊,2015)。在酒类相关法律法规和技术标准体系、食品安全监测体系、标签标示规定等方面,各个国家和地区与中国有着较大的区别。这就要求包括茅台在内的白酒企业拓展国际市场时,要加强对国际酒业政府规制的研究和了解,以避免因法律差异、文化隔阂和规制不同而导致的损失。

(二)进行文化引领,弥合中外酒类消费文化的差异

文化软实力的实质是"一个国家、民族或地区文化的影响力、凝聚力和感召力。它本质上是与一个国家、民族、地区的强盛和自信相伴随的"。要提高国家文化软实力,就要更多地去挖掘中华文化中富有国际竞争力的部分,让中华文化彰显出其本身所具有的魅力和价值(刘莲香,2008)。白酒的本质是一种文化的载体,是以文化为导向的。走国际化必然会有一种文化的碰撞,用一种文化去征服或影响另一种文化需要很长的时间,这需要和国家战略相结合(衣大鹏,2012)。同理,要实现中国白酒的国际化,就需要挖掘中国白酒富有竞争力的可与国外酒文化接轨的部分,参与国际竞争。中国酒文化本身就是一个不断演变,也不断受到外来酒文化影响的过程。近代以来,中国传统酒种就受到了诸如外来的啤酒、葡萄酒及洋酒的冲击与影响。中国酒文化的流变证明,酒文化是可以交互影响与融合的。而国外酒文化也不是一成不变的,受到各种因素的影响与制约。这要求我们必须深入研究中国酒文化,研究中国白酒文化,总结出中国白酒文化在世界酒文化中的地位与作用,探索其在人类社会中的意义与价值。然后采取一些切实可行的措施,寻找与国外酒文化的契合点,加大传播力度,沟通中外酒文化,让外国人认识、了解进而接受中国白酒文化。

（三）借鉴洋酒品牌的成功经验

无论是在国际国内市场大行其道的法国干邑马爹利（Martell）、人头马（Rémy Martin）、轩尼诗（Hennessy）、库瓦西耶（Courvoisier）、罗曼尼·康帝（La Romanee-Conti），还是库克香槟（Krug）、凯歌香槟（Veuve Clicquot Ponsardin），还是百加得（Bacardi）朗姆酒，还是尊尼获加（Johnnie Walker）、百龄坛（Ballantine）、杰克·丹尼（Jack Daniel's）、格兰菲迪（Glenfiddich）、芝华士（Chivas）等威士忌品牌，还是保乐力加的 Ricard 茴香酒，以及绝对伏特加（ABSOLUT Vodka）、皇冠伏特加（Smirnoff Vodka），都是值得中国白酒行业尊敬与学习的。特别是蜚声世界酒林的两个伏特加品牌（ABSOLUT 和 Smirnoff），最值得我们借鉴与学习。俄罗斯作为伏特加的故乡，而皇冠伏特加的原产地也在俄罗斯，但俄罗斯却没有一个伏特加品牌能够在世界酒林中立足。ABSOLUT 产自瑞典，Smirnoff 也是地道的美国货，这也说明中国白酒业可以借鉴这些品牌国际化运作的成功经验。

（四）将国际市场提高到战略的高度，加大市场拓展力度

国际市场开拓不是一句空洞的口号，它需要企业切实将国际化上升到企业发展战略的高度。在牢牢占据国内市场的同时，制定出切实可行的战略与规划，在国际市场上与其他烈酒品牌展开竞争。而整个行业也需要有清醒的认识，不但要在国内市场上与洋酒品牌展开竞争，还要主动加入国际市场的角逐，夺取市场，培育新的营收及利润增长点，为中国白酒的发展开辟出一片新的天地。近年来，茅台酒进出口公司采取营销组合策略，加大国际市场营销力度，加大对美国、日本等重点市场的支持培育力度，严厉打击出口产品再进口。同时采取多种措施、开展多种活动、采用多种传播渠道，力图融入当地主流社区，进入主流消费群体。但还是存在着经销商队伍散乱、市场开拓意愿不强等情形。茅台集团提出，2017 年要成为东亚和东南亚的主流烈酒品牌，在西欧、北美、俄罗斯及大洋洲成为具有一定销售规模的主流烈酒品牌，在其他地区成为华人社区具有一定影响力的烈酒品牌。

通过对茅台酒出口序列数据的分析，大致能够了解茅台酒国际市场的基本情况。茅台酒国际业务总体上呈现出良好的发展势头，无论是出口额还是增长速度，都是中国白酒国际市场上最为耀眼的明星。然而，茅台酒出口额在公司主营业务收入中所占比重极小（多数年份都在 5% 以下），很难从实质上影响公司的

战略决策。在茅台酒国际市场开拓的过程中，还面临着国内外酒类管理与规制的差异、中外酒类消费与酒文化的差异、国际烈酒市场竞争激烈、国际市场开拓能力有待提升等问题。近年来，茅台酒公司根据省委省政府提出的"打造世界蒸馏酒第一品牌"的战略目标，加大国际市场开拓力度，取得了良好的效果。相信在茅台酒公司的努力下，借助中国国际影响的扩大和中国国力的提升，茅台酒国际市场也将会迎来更大的发展。

第七章 中国白酒重要产区产业发展概况

第一节 泸州：科学规划和龙头企业引领白酒产业发展

泸州市位于四川省东南川滇黔渝接合部，东邻重庆市、贵州省，南界贵州省、云南省，西连宜宾市、自贡市，北接重庆市、内江市。数百年来沿用的泸州老窖池使得产出的泸州酒浓郁醇香、清洌甘爽，饮之回味无穷，其诸多的产品中以国窖1573最为著名；郎酒虽没有历史悠久的老窖池，但其考究的酿酒工艺和得天独厚的自然资源，使得郎酒有着酱香型白酒的某些品质。在四川省、泸州市及各级政府的支持下，在泸州老窖、郎酒等知名品牌的引领下，泸州市白酒产业在全国白酒产业版图中占据重要的位置。

一、科学规划力促白酒产业发展

从2007年开始，泸州市连续6年出台关于加快酒业发展的意见，充分体现了泸州加快发展酒业的决心。2012年3月8日，泸州市印发2012年1号文件《关于加速推进千亿白酒产业发展的意见》。2016年8月5日，印发了《泸州市加快建成千亿白酒产业的意见》（以下简称《意见》），标志着指导"十三五"期间酒业发展的纲领性文件正式出台。《意见》是在2012年出台的《关于加速推进千亿白酒产业发展的意见》的基础上制定的。《意见》明确提出，发挥原产地优势、提升泸酒品质、确保泸酒质量是泸州酒业发展的关键。"十三五"期间，全市酒业发展要坚持"创新、协调、绿色、开放、共享"的发展理念，主动把握、引领经济发展新常态，按"坚守与变革并重，传承与创新并举"的原则，突出企业上档、园区升级、质量管理、品牌打造、市场开拓、人才培养六大工作重点。《意见》指出，要加大财力支持酒业发展的力度，制定酒业发展专项资金管理办法和年度资金使用计划；要大力鼓励纯粮固态酿造、支持企业重组融资，对实施并购重组的企业按政策给予补助；要加大金融信贷支持，优化借新还旧担保贷款流程、开展循环贷和仓单质押等业务，对符合条件的企业给予贷款贴息；要制定升规企业奖励，鼓励企业上档升级；要健全质量安全体系，推动溯源体系建设；要加大品牌塑造，提升泸州产区品牌形象；要强化市场拓展，支持企业扩大出口；要注重专业人才培训，抢占酒业人才高地。

2016年8月29日，泸州市人民政府印发《中国制造2025泸州行动方案》。方案指出，白酒产业方面，泸州是四川中国白酒金三角核心腹地，拥有泸州老窖、郎酒两大中国白酒名酒品牌之花，全市规模以上白酒企业146家。2015年，全市白酒产量、销售收入分别占全国的10.10%、12.86%。泸州老窖集团、四川郎酒集团和泸天化被列入四川省大企业大集团制造业100强培育名单。中国白酒金三角酒业园区总规划面积82平方千米，按照酒类供应链节点要求，重点打造基础酒酿造储存、高端酒类生产灌装、包装材料供应、仓储物流、农业观光旅游等五大产业。酒类产业方面，突出内涵式、创新型发展，注重产品结构调整、产品质量提升。坚持固态酿造传统技艺同现代科技结合，提升工艺技术和装备水平，推广定制化生产和可感知化监管，探索酒类产品全生命周期管理。坚持丰富内涵和扩展外延并举，主动应对新兴市场需求，开发多类酒产品与涉酒文创产业，扩展国内外社交、养生、保健等领域全新受众，创建新型营销模式。推进成品酒产区分级，强化行业标准建设和"泸州酿"区域品牌建设，探索认证认可服务，巩固"中国白酒金三角核心腹地"。加快酒类供应链金融体系建设与发展，用好酒类产业基金、专项基金等现代化金融手段，创新产业盈利模式。力争到2020年，全市酒类产量占全省50%以上，建设中国白酒第一园，建成西南名优特新消费品精深加工基地，中国优质白酒核心产能区、国家酒类产业综合服务平台，全市酒类产业主营业务收入达1000亿元。力争到2025年，建成中国白酒生态文明示范区、世界著名白酒历史文化圣地，全市酒类产业主营业务收入达1500亿元。

二、从集中发展区到白酒产业园区

2007年，泸州酒业集中发展区正式"起航"。泸州酒业集中发展区位于泸州市江阳区黄舣镇，是中国第一个白酒加工配套产业集群、四川省"工业强省"重点项目、四川省培育成长型超100亿元特色产业园区、四川省八大高新技术产业园区之一、四川省生态工业园区。总占地1万亩，计划总投资150亿元，是以泸州老窖为主体，以白酒生产加工为枢纽、连接上下游产品配套产业的产业集群。在酒业集中发展区，泸州老窖就像是"总业主"，将公司内外的上下游玻璃瓶、制盖、包装材料和物流企业集中于园区，形成一条共创财富的产业链。发展区总规划用地10000亩，投资额逾150亿元。按白酒产业供应链节点设置要求，构建六大主题园区：20万吨基础酒酿造园区、100万吨灌装生产园区、150万吨配套包材供应园区、100万吨物流配送园区、20万吨基酒储存园区和30万吨有机原粮种植基地；构建一个国家级酒检中心和一个国家级酒类产品交易中心。集中发展区全面建成后，将达到50万吨以上的白酒综合加工配套能力，年产值和服务性收入500亿元以上，新增就业岗位3万个，带动周边农民增收3亿~5亿元，成为中国最大的白酒综合配套加工基地、西南最大的包装材料供应地和川南最大的物流中心。

2015年6月11日，泸州市人民政府印发《关于成立泸州白酒产业园区的通知》。该通知指出，根据泸州市白酒产业转型升级发展的需要，经市政府研究决定，整合泸州酒业集中发展区江阳区黄舣成品基地、纳溪区大渡酿酒基地等白酒产业集中连片发展、具有一定规模的特色区域，成立泸州白酒产业园区；泸州白酒产业园区按照"集聚集优、多点支撑、产城一体"发展理念和"一区两园"空间布局，总规划面积82平方千米。"一区"，即泸州白酒产业园区；"两园"，即江阳区黄舣成品基地和纳溪区大渡酿酒基地2个核心板块。其中，江阳区黄舣成品基地面积约15平方千米，纳溪区大渡酿酒基地面积约67平方千米，主要发展原料种植、固态酿造、生产加工、研发体验、质量检测、电子商务、交易会展、旅游文化等白酒高端产业。

根据《泸州市产业园区体系规划（2016—2020）》，中国白酒金三角酒业园区将作为国家级经济开发区、国家级产城融合示范区、国家级酒文化集中展示区和国家级酒文化旅游目的地，以一线品牌泸州老窖和郎酒为龙头，以白酒相关产业为主导，集聚白酒生产全产业链，实现从原粮种植、传统酿造、包材生产、成品灌装、物流配送、现代化交易到教培研发等公共服务平台建设的完整融合和耦合式发展。2015年，泸州白酒产业园区全年实现产值和服务性收入360.3亿元、增长20.1%，规模以上工业增加值65.2亿元、增长20.2%，入库税收7.1亿元、增长20.1%，企业利润18.1亿元、增长20.2%，完成基础设施投资6亿元、增长40%，招商引资项目32个、实际到位资金33.1亿元。"互联网＋白酒"模式不仅激发了泸州白酒产业园区的发展，同时也推动了泸州市白酒产业实现突破发展。"十三五"期间，泸州白酒产业园区将坚定不移壮大酒业支柱，用好国家固态酿造工程技术研究中心等四大国家级功能平台，再造一个白酒产业园区，努力实现"两个第一"的目标：即建成区面积达到15平方公里，产值和服务性收入突破1000亿元，入驻企业500家，解决就业人数5万人，创建成为国家级经济开发区、全国第一白酒产业园区、川南第一个千亿级专业园区。泸州市的白酒产业也将加快转型升级步伐，提升产业核心竞争力，不断优化白酒产品结构，实施原酒战略，打造"泸州酿"品牌。

三、以泸州老窖等龙头企业为引领

泸州老窖是白酒行业知名企业品牌，也是泸州市白酒产业发展的重要支柱和引领。经过多年的发展，国窖 1573 和泸州老窖成为中国白酒品牌中极具价值和发展潜力的品牌，对泸州乃至中国白酒产业均具有重要意义。2012 年，泸州老窖实现营收 115.56 亿元，同比增长 37%，实现利润 43.90 亿元，同比增长 51%。随着行业拐点的到来，泸州老窖也与中国白酒行业一道经历了严酷的寒冬。2013 年营收下滑 9.74 个百分点至 104.31 亿元，利润下滑 21.69 个百分点至 34.38 亿元。2014 年更是持续下滑，营收仅 53.53 亿元，近乎腰斩，利润仅 8.80 亿元，仅及前一年度的约 1/4。到 2015 年，行业领头企业逐步走出"严冬"，当年泸州老窖实现营收 69 亿元，较之上年有所回升，利润大幅增加至 14.73 亿元。2016 年前三季度，泸州老窖实现营收 58.81 亿元，利润 15.06 亿元。2016 年度全年报告尚未发布，但可以预测泸州老窖当年度经营业绩较之上年有较大幅度的提升。虽从总体上尚未恢复历史最高点，但也表明了逐步上升的趋势。

纵观泸州老窖近来的市场动作，可为我们提供一些借鉴与参考。根据泸州老窖 2016 年三季年报，泸州老窖坚持竞争导向，狠抓市场营销。

在销售组织体系上，根据竞争型市场的特点，加快构建"四总三线一中心"营销组织体系，努力实现营销管理由"垂直型"向"蜂窝状扁平化"方向转变，启动了北京、上海、广州等全国七大营销服务中心设立工作，大力推动行政、人资、财务、企划、市场监管、KA 等后勤服务职能前移。

在品牌策略上，坚持国窖 1573、泸州老窖"双品牌"的定位，加快构建"三线五大超级单品"品牌体系，即由国窖 1573、窖龄酒和泸州老窖（特曲、头曲和二曲）的三大产品线和由国窖 1573、窖龄酒、特曲、头曲和二曲构成的五大超级单品。结合品牌体系构建，深入进行品牌清理，坚决实施品牌瘦身，泸州老窖品牌形象和品牌价值得到提升。国窖 1573 源自全国重点文物保护单位——中国建造最早（始建于 1573 年）、连续使用时间最长、保护最完整的 1573 国宝窖池群，并经由入选首批国家级非物质文化遗产的泸州老窖酒传统酿制技艺纯手工酿造。泸州老窖特曲是泸州老窖公司的双品牌之一，1952 年在全国首届评酒会上与茅台、西凤、汾酒一道被评为中国四大名酒，并确定为浓香型白酒的典型代表。

在价格策略上,通过价格物流治理、市场库存清理、终端动销促进和统一计划内外价格等举措,实施了中高端产品的市场定位恢复与品牌提升工作,稳定了渠道利润,同时,对国窖1573实行按年份定价,成为行业内第一家出台年份酒标价的企业,顺应了老酒价值回归的消费趋势,提升了国窖1573的品牌影响力。

在市场布局上,实施"聚焦资源、分区推进"的策略,集中资源,重点打造全国多个核心市场,通过核心市场辐射,影响带动周边市场。

在广宣策略上,积极实施高低搭配、线上线下整合战略。根据全国各市场区域情况以及重点核心市场打造,采取针对性的广宣策略和费用投入方式;充分利用微博、微信和网络视频等新媒体,增强广宣工作的精准度和覆盖面;结合线下促销活动开展精准宣传,加强与消费者的互动与联系,取得良好效果。

同时,加大对费用和政策执行的稽核力度,建立了常态化的促销费用和政策事前、事中、事后稽核机制,在七大重点区域开展了专项市场稽核行动,推动了促销政策和费用落地。

在文化遗产方面,泸州老窖文化遗产"双国宝"成为行业酒文化的先行者。始建于明代万历年间的1573国宝窖池群,1996年12月经国务院批准成为行业首家"全国重点文物保护单位"。2013年3月,泸州老窖1619口百年以上酿酒窖池、16个酿酒古作坊及三大天然藏酒洞,再次入选"全国重点文物保护单位",成为行业规模最大、品种最多、保护最完整、连续使用至今的"酿酒活态文物"。2006年、2012年相继入选《中国世界文化遗产预备名单》。另外,传承至今的"泸州老窖酒传统酿制技艺"于2006年5月入选首批"国家级非物质文化遗产名录"。泸州老窖成为行业最早拥有"双国宝"文化遗产的企业。

第二节 宜宾:多举措打造名优白酒产业基地

宜宾市是"中国白酒之都""中国白酒金三角"核心区,"五粮液"长期保持全国白酒企业销售收入第一,宜宾市白酒产业在四川乃至全国都占有举足轻重的地位。按照四川省委、省政府打造"中国白酒金三角",打造千亿川酒产业集群的总体部署和要求,宜宾市主动作为、系统谋划、创新驱动、拓展市场,采取了一系列稳增长措施,加快白酒产业转型升级。

为了促进白酒产业持续、健康发展,宜宾先后编制了《宜宾名优白酒产业发展基地规划（2013—2020）》《五粮液集团"十三五"战略发展规划》，出台了《推进宜宾名优白酒基地发展建设的近期工作方案》《关于推进宜宾名优白酒产业持续健康发展的意见》《关于切实做好金融支持宜宾白酒产业发展有关工作的通知》等一系列政策文件，引导、扶持企业发展。

宜宾白酒产业在四川乃至全国都占有举足轻重的地位，为此，宜宾市委市政府将白酒产业作为"一号产业"，打造中国名优白酒基地。据报道，宜宾发展白酒产业具有五大优势，分别是独特的地理区位优势、不可复制的生态环境优势、酿酒资源优势、发展名优白酒产业优势、发展白酒产业的人才优势。借助这些优势，宜宾市还采取多举措促进白酒产业基地建设与发展。首先是科学合理规划，确保名优白酒产业健康有序发展。制定名优白酒产业发展基地建设规划，实施点轴拓展发展战略，构建沿金沙江、岷江和长江两岸的白酒产业带及长宁河流域和南广河流域两大白酒生产区块。引导白酒企业进入产业发展园区，实现白酒产业集约集群集聚发展。以五粮液为龙头，将五粮液打造为世界级名酒，以此带动宜宾市白酒产业的发展；巩固五粮液的品牌地位，积极打造"五粮春""五粮醇""金潭玉液""叙府""红楼梦""华夏春"等品牌，形成合理的品牌发展梯队。鼓励企业进行营销改革，以现代营销观念进行市场营销，提高市场占有率。坚持传统工艺和关键技术的传承与发展，提升产品质量，多方利用资源实现人才集聚和科研成果转化。坚持多粮浓香型白酒酿造工艺，着力发展纯粮固态发酵，规范操作规程，确保产品质量符合各级各类标准。加强白酒监管检测能力，强化过程监管、原材料监管，构建产品检测过程体系，规范流通秩序，确保白酒食品质量安全。加强白酒产业人才培养力度，引进高端人才，在技术人才、管理人才、营销人才等各方面实现量的增长和质的突破，打造行业人才高地。加强酒文化建设，加强科学研究和文化传播，以宜宾特色白酒文化引领酿酒产业的健康发展。加强生态环境保护，保护好水体、土壤、气候、微生物群落等酿酒生态资源，鼓励企业采用新技术、新材料，进行绿色生产、低碳生产，实现资源综合利用，确保白酒产业持续健康发展（严为远，2013）。

宜宾市积极开展"原酒质押贷款""窖池抵押贷款"等融资模式，帮助企业解决调整期的融资困难。创新设立了"宜宾市白酒企业互助资金"，截至2016年10月底，为白酒企业累计发放贷款13.29亿元；在调整结构、拓展市场方面，宜宾鼓励和引导企业调整产品结构，组织企业参加全国春季、秋季糖酒交易会、西博会等展会。组织企业与阿里巴巴农村淘宝、酒仙网等电商平台对接，拓展电子商务市场领域；在整合资源、抱团发展方面，宜宾引导叙府酒业、国美酒业等

28家企业出资2.45亿元,组建宜宾酒股份有限公司,抱团发展,集中打造"宜宾酒"地理标志保护产品和"宜宾酒"地理标志集体商标,将宜宾原酒优势转变为瓶装酒优势,提升宜宾酒的附加值。

据统计,2015年,宜宾市62家规模以上白酒企业产量57.33万千升,同比增长6.81%;实现主营业务收入835.45亿元、利润总额112.91亿元、利税总额180.09亿元。主营业务收入、利润总额、利税总额分别占全市规模以上工业的41.4%、57.13%、57.1%,占全省白酒行业的43.96%、61.06%、50.98%,占全国白酒行业的15.03%、15.53%、14.07%。2016年1月至10月,宜宾纳入统计的64家规模以上白酒企业主营业务收入756.5亿元,同比增长14.27%;利润总额91.66亿元,同比增长13.80%。主营业务收入、利润总额分别占宜宾市工业比重为41.47%和58.94%,比上年同期占比分别提高0.31个百分点和4.1个百分点。

第三节 宿迁:洋河、双沟强强联合助推白酒产业发展

江苏省北部的宿迁市一带,酒文化底蕴尤为深厚,洋河大曲、双沟大曲久负盛名,均位居中国名酒之列。因其白酒产业为地方经济支柱产业,在全国亦有较为广泛的影响。2012年8月,中国轻工业联合会和中国酒业协会授予宿迁"中国白酒之都"的称号。

"三沟一河"是苏酒的集中代表,包括产于灌南县汤沟镇的汤沟酒、产于泗洪县双沟镇的双沟酒、产于涟水县高沟镇的高沟酒和产于泗阳县洋河镇的洋河酒。原本"三沟一河"都属于苏北淮阴市(现为淮安市),在1996年苏北行政区划变动,原属淮阴市的灌南、灌云两县划归连云港;原宿迁、沭阳、泗阳、泗洪4县从老淮阴市划出,组建地级宿迁市。经过调整后,宿迁拥有洋河和双沟两大"中国名酒",在苏酒中所占的比重要高于江苏其他地区。1998年,江苏省提出了"振兴苏酒"的战略决策,给宿迁白酒产业发展提供了难得的机遇。

"十二五"期间,宿迁市紧紧围绕"振兴苏酒"战略,主动应对白酒市场激烈竞争,强力推动企业改革,"洋河股份""双沟股份"强强联合,成立苏酒集团,为宿迁白酒产业发展带来新机遇,白酒产业实现低谷隆起、跨越发展。为规范酒类市场秩序,近年来,宿迁市出台了《市政府关于进一步加强酒类流通管理的意见》等文件,成立打击侵犯酒类知识产权工作领导小组,开展多类专项整治

行动，形成了以加强酒类流通管理为重点，以做好整顿和规范酒类市场秩序工作为重心的酒类管理思路，有效营造健康和谐的酒业发展环境。

2011年，宿迁市规模以上白酒企业实现产值180亿元，占宿迁规模以上工业总产值的12.9%；实现利润58亿元，占全市规模以上工业利润的38.4%；实现税收44亿元，占全市财政总收入的15.93%。2012年10月底，宿迁市规模以上白酒企业实现产值196.35亿元，占全市规模以上工业总产值的12%；实现利润68.23亿元，占全市规模以上工业利润的44.34%；实现税收45.35亿元，占全市财政总收入的16%。截至2016年年初，宿迁全市有近300家白酒生产企业，约55%的企业分布在洋河镇，35%的企业分布在双沟镇。规模以上白酒企业48家，销售过亿元的有3家，白酒行业拥有9个省级名牌产品，洋河、双沟2个中华老字号，6件驰名商标，14件省著名商标。

洋河改制是宿迁市白酒产业发展的重要转折。2006年，洋河拿出国有股权挂牌出售外，11月维维集团也宣布以8000万元成功竞买双沟酒业股份有限公司38.27%的股权，成为双沟酒业的第一大股东。2009年，就在洋河股份IPO获批半个多月后，宿迁市政府以3.98亿元的代价回购了双沟酒业40.59%的股权。2010年4月8日，由洋河、双沟组建而成的苏酒集团宣告成立。整合之后的苏酒集团对内实现优势资源互补，由竞争转为竞合，对外形成巨型体量优势，增强了苏酒板块的竞争实力，实现东部白酒产业的进一步崛起。这次整合还拓展了中国白酒产业的发展视野，为日后其他白酒板块的竞合提供了参考意义。2011年苏酒集团实现销售收入127.41亿元，跃居白酒行业三甲。

洋河股份是宿迁市白酒企业的重头，从上市起便实现了不俗的增长。2013年开始，洋河营收与利润均有所下滑，当年实现营收150.24亿元，下滑13.01%，利润50.02亿元，下滑18.72%；2014年下滑幅度减少，2015年出现回升，实现营收160.52亿元，增长9.41%，利润53.65亿元，增长19.03%。2016年洋河股份实现营业收入171.83亿元，同比增长7.04%，归属上市公司股东净利润58.27亿元，同比增长8.61%。在洋河的支撑下，白酒产业经过多年的发展，位居宿迁市四大百亿产业之首。

"厂城共建"是宿迁市委市政府的又一个重要决策，"洋河新城的成立结合了洋河镇强镇扩权改革，更有利于洋河的发展。从行政体制上，不再局限于一个镇，而是以一个县级单位来更好地为企业解决问题，创造更好的发展环境"。强镇扩权改革伴随着城市化的快速推进，一些经济发达镇经济快速发展。经济发达镇行政管理往往面临权力与责任不对称、财力与事权不相配、机构设置难以满足服务提升的需求等问题。洋河新城的产业结构包括酿酒产业、酒类配套产业和木材加工产业。除了洋河之外，新城还加大了对其他白酒企业的支持和培育。对年销售收入在5000万元以上的，列为"小巨人"企业进行培育，1000万元以上者列入后备培育队伍，以形成合理的发展梯队。在配套产业发展方面，洋河新城有彩印、包装、玻璃、瓶盖较为完善的白酒配套业态，45家酒类包装配套企业，约能满足当地酿酒产业需求的30%（魏琳，2012）。

2013年6月，在原洋河新城的基础上组建洋河新区。新区充分发挥"互联网+"作用，帮助企业发展销售网络，推动洋河白酒行业不断前行。一是通过第三方平台组织销售。酒加壹电子商务有限公司已进驻苏宁平台销售白酒，五星酒厂已进驻淘宝进行销售，乾天酒业已经进入京东、天猫销售，营业额达80万元。二是探索第三方运营结构，对企业进行全方位托管。苏洋酒厂与浙江微一案有限公司签订合同，将开发6个品种白酒和定制酒，在自建商城进行销售。三是自建网络平台销售，如蓝之蓝有限公司设立电商部门，目前月营业额达200万元。

除此之外，宿迁市还出台相关政策，对当地白酒产业发展和供给侧改革进行扶持。设立酒业发展专项资金，围绕白酒企业设备改进、技术提升、管理信息化及营销战略进行引导支持；加大技术开发和人才引进的支持力度，降低企业研发成本，推进白酒业可持续发展；开展洋河酒厂和双沟酒业老字号创新发展项目、智能化包装物流智能配送车间项目、一站式在线购物平台项目，强化重点项目支持力度，降低企业物流成本；建设国际级白酒检验平台，为白酒质量检验提供检测服务，降低质量监控成本；投入财政资金建设酒类流通电子追溯体系试点项目，加强知识产权保护，打击侵权行为；依托洋河和双沟品牌，投入资金进行文化景观建设、游客中心改造，大力发展工业旅游，降低生态建设成本。

第四节　汾阳：托起清香型白酒产业复兴之梦

汾阳位于山西省腹地偏西，是著名的酒城，闻名遐迩的汾酒、竹叶青产地。汾酒历史源远流长，南北朝时期，就有以"汾清"为名的酒名流传下来。生活于清乾隆年间的大才子袁枚，对汾酒就有以下品评："既吃烧酒，以狠为佳。汾酒乃烧酒之至狠者。余谓烧酒者，人中之光棍，县中之酷吏也。打擂台，非光棍不可；除盗贼，非酷吏不可；驱风寒、消积滞，非烧酒不可。汾酒之下，山东膏粱烧次之，能藏至十年，则酒色变绿，上口转甜，亦犹光棍做久，便无火气，殊可交也。尝见童二树家泡烧酒十斤，用枸杞四两、苍术二两、巴戟天一两，开瓮甚香。如吃羊尾、'跳神肉'之类，非烧酒不可。亦各有所宜也。"（袁枚，2005：286）可见汾酒名头之响。民国年间，汾酒更是风行江北各地，成为普遍消费的酒品。中华人民共和国成立后，人民政府对汾阳白酒工业的发展极为重视，1952年在全国首届评酒会上与茅台、西凤、泸州曲酒荣获中国四大名酒。近年来，各级政府对汾阳白酒产业的发展尤为重视，汾酒重振中国名酒风范，汾阳也逐步发展为中国知名的白酒产区之一。

一、汾阳白酒产业发展概况

汾阳是清香型白酒之乡，酿酒历史悠久，酒文化底蕴深厚，在汾酒集团的带动下，白酒技术和产销量都有了长足发展，涌现出了汾阳王酒业、神泉酒业、汾杏酒业、汾阳市酒厂有限公司、千年古韵酒业、招福酒业、杏花酒业等一批地方名优白酒生产企业。截至2010年，全市持有合法生产许可证的白酒酿造企业共有27家（不含汾酒集团），年设计原白酒生产能力约10万吨，实际生产能力约3万吨。

2010年1月22日，汾阳市政府与汾酒集团公司签订了战略合作协议。双方确定以汾酒集团为核心，建设杏花村酒业集中发展园区，着力打造中化名酒第一村——杏花白酒工业园。依托汾酒、竹叶青等产品品牌和杏花村文化品牌，着力打造种植、酿造、储藏、灌装、物流、展销、质检、包装材料生产、旅游和休闲度假为一体的汾酒园区。到2015年，杏花村实现150亿元销售收入，安排5万人就业，带动10万农民致富，吸引一批煤焦企业进驻杏花村转型发展，真正成为转型发展的典范区。

汾阳白酒产业在发展中，也存在一些问题和困难。首先，白酒知名品牌少，缺乏竞争力，除汾阳王酒业正在申报中国驰名商标外，其他品牌仅局限于山西省级名优。全市27家合法白酒生产企业仅汾阳王酒业、神泉酒业、古井酒业、汾州酒业、招福酒业、汾泉酒业、汾杏酒业、千年古韵酒业等几家企业有自己的主打品牌，产品基本上自产自销，其他多数企业均以开发商开发销售为主，缺乏自我创新品牌和长远发展眼光，急需加以引导和规范，加快整合步伐，鼓励企业争创名优品牌。其次，白酒市场竞争激烈，受文水、祁县等周边仿冒白酒品种的冲击，汾阳白酒的品牌和价格受到严重影响，进而直接影响企业的生产和销售。最后，受国际金融危机影响，企业资金周转困难，加之企业有酒无牌，特别是没有品牌、名牌，使企业适应市场的思路少、招数少、竞争力不强、发展后劲不足。

此外，人才的缺乏也制约了汾阳市白酒产业的进一步发展。

面对此种情况，汾阳市商业局和相关部门出台相关政策，力促汾阳白酒产业的发展。第一，以汾酒集团为核心，整合白酒行业资源，全力建设好杏花村酒业集中发展园区，利用汾酒集团拥有的杏花村、竹叶青两件知名商标，支持汾酒集团做大做强，引导和鼓励汾酒集团对中小白酒生产企业进行市场化整合，汾酒厂可采用租赁厂房、分包加工、联合采购、贴牌生产、协同开发市场、技术指导等多种形式整合优势较强的白酒企业，对白酒生产进行质量把关，提高白酒行业的竞争力。第二，加强技术创新和新产品的系列开发。按照"优质、低度、多品牌、低消耗、高效益、无污染"的原则，研制开发白酒新产品。加强产品的系列开发，着力推进品牌系列化发展。第三，以白酒为依托，初步形成种植—酿造—饲料—乳业—旅游业产业链，加快引进酿造上下游企业，延伸、拉长酿造产业链，加快高粱酿酒基地建设，大力发展啤酒、酒精、易拉罐、酒瓶、纸箱、瓶盖、彩印等相关配套产业和白酒储藏、物流、会展、旅游等支持产业。通过产业链的延伸和企业的集聚，打造白酒酿造产业集群。重点要以汾酒为主导，通过杏花村白酒业集中发展园区的建设和上下游产业链的延伸，带动酒瓶、瓶盖、彩印等配套制造业、农业（种植业和养殖业）和服务业（物流业、会展业、旅游业等）的发展，形成工业、农业和服务业相互融合、相互促进的发展格局（汾阳市经济局，2010）。

二、以汾酒引领酒业集中发展区

2012年全国春季糖酒会上，山西汾阳代表团由包括汾阳市市长在内的6位县级领导亲自助阵，由当地政府5个部门、24家酒类企业及200多名营销人员组成，展出产品千余种。其完全体现了汾阳立足长远的战略布局：建成"中国一流、世界驰名"的酒文化旅游基地和最大的清香型白酒基地。从2008年起，汾阳就已开始由市委市政府牵头组织当地酒类企业参加全国糖酒会，进行组团宣传、组团营销。2010年全国糖酒会的展团，由吕梁市副市长张中生带队，汾阳市四大班子和吕梁市一批从煤焦行业退出的民营企业家组成。这一次参展活动促成了一项关乎汾阳、吕梁乃至山西转型发展的重大项目——杏花村酒业集中发展园区建设工程。

中华人民共和国成立后的很长时期内，以汾酒为主导的清香型白酒占据着国内名白酒市场70%的份额。直到改革开放初期，汾酒一直走在全国白酒行业的前列，汾阳县（现为汾阳市）酿酒工业也在全国屈指可数。但由于盲目扩张、管理滞后，1998年山西文水假酒案后，汾阳市白酒业最终在多、小、散、乱的产业格局中走向衰退。中国白酒的诸多香型，都是从浓香型、清香型、酱香型三大主体香型上演变发展而来的。汾酒是清香型白酒的至尊代表，随着其地位逐步下滑，清香型白酒也步入了由盛转衰的历史进程，浓香型白酒占据了国内市场主导地位。2008年，汾阳提出了建设"酒都汾阳"的总体思路：依托汾酒和杏花村品牌，以增加总量、提升质量为目标，以品牌创优为核心，以汾酒集团为龙头，推进汾阳市白酒产业整合和产业升级，全面提升杏花村酿酒产业的核心竞争力和市场占有率。汾阳市白酒工业复兴之路由此开启。

针对酒文化旅游基地建设，汾阳市首先与汾酒集团合作，保护性开发了杏花村新石器遗址、杏花村汾酒作坊等景区，致力于挖掘历史悠久的酒文化；现代意义上的酒文化建设方面，他们以休闲消费为特色，建成了名酒汇集的酒文化风情一条街和酒吧一条街；同时要打造世界级的酒文化中心，建设世界酒文化博物馆，把汾阳白酒推向世界。

就清香型白酒基地建设而言，汾阳主要在建设全国最大的清香型白酒生产基地、山西省最大的白酒服务业基地、全国品质最好的酿酒原料基地、全国水平最高的白酒研发基地、经销商总部基地及全国经销商总部基地六大基地。六大基地中，最大清香型白酒生产基地的角色无疑至关重要，承担这一重要角色的载体正是杏花村酒业集中发展园区建设工程——从2010年至2012年，新建5平方千米园区，投资50亿元，新增酒产量10万吨，增加销售收入100亿元。该项目投资者全部为吕梁市退出煤焦行业的民营企业家，并且是吕梁市转型发展的一号工程。

与汾阳市政府推进清香型白酒工业发展的全方位努力交相呼应，汾酒集团也力图实现跨越式发展。汾酒集团不但一举从行业地位一退再退的困境中突围，而且还创造了史上发展规模最大、发展速度最快、发展质量最优、经济效益最好、职工收入最高的黄金时期。可以期待，在中国白酒国际化发展渐成大势的今天，最便于与国际接轨的清香型白酒复兴终有时，酒都汾阳再创辉煌终有时。（曹英，张琴琴，2012）

但是整个杏花村酒业集中发展园区项目未能如期按照规划完成。到2013年10月，已投资65亿元，建设工程大约完成七成，25个酿酒车间中有12个具备投产条件，有5个酿酒车间投入使用。但2013年后，白酒行业进入深度调整期，要想在产能过剩严重的市场环境中胜出，无疑需要更为深度的战略调整和大力创新。

虽然有着这样或那样的问题，山西省政府的大力支持，为汾阳白酒产业的发展提供了充足的动力。早在《山西省食品工业"十二五"规划》中，山西就明确提出，"加快推进省内白酒资源整合，集中力量推进杏花村酒业集中发展园区建设，确保清香型白酒在国内白酒市场的品牌地位"。山西《全省食醋行业酿酒行业乳制品行业调整振兴实施方案》中要求，"培育壮大白酒集群，进一步提高清香型白酒原酒产量，确保清香型白酒全国最大生产基地的地位"。中汾酒业作为杏花村酒业集中发展园区的核心项目，挑起的是山西省白酒资源整合和壮大白酒产业集群的任务。2015年，山西再度推出《山西省食品产业三年推进计划》，重点提出推动杏花村酒业集中发展园区建设，加速产业集聚化发展。山西省发改委曾批准由山西中汾酒业投资有限公司承担杏花村酒业集中发展园区10万吨白酒资源整合项目，积极鼓励和支持酒产业向集约化、规模化方向发展，这都决定了汾阳白酒产业未来的发展空间（曹英，张琴琴，2016）。

第五节　亳州：支撑安徽白酒产业发展的重要基地

亳州市位于安徽省西北部，北部与河南省商丘市相接、西部接壤河南省周口市，南部接壤安徽省阜阳市、东部接壤安徽省淮北市、蚌埠市。三国时人曹操就有与亳州酒有关的文献流传至今，酿酒文化历数千年而不衰。域内出产古井贡酒，3次蝉联国家金牌，古井特液、低度曹操贡酒分获金樽奖和银樽奖，另有部优、省优产品20种。白酒产业也是亳州市重点发展产业，在全国也有一定的影响。

亳州市作为皖北地区白酒生产综合能力较强的地区，业已形成谯城区古井镇和涡阳县高炉镇两大白酒产业聚集区，分别集聚着80多家和20多家白酒企业，形成了以古井集团、双轮集团为龙头，井中集团、店小二酒业、板桥酒业、金不换酒业等一批市场占有率高、带动能力强的骨干企业为支撑的发展格局。2006年到2012年期间，亳州市规模以上白酒企业产量由7.9万千升增加至9.7万千升，年均增速为12.5%。工业总产值由25.5亿元增加至73.7亿元，年均增速为19.3%。工业增加值由11.5亿元增加至28.8亿元，年均增速为16.5%。利润总额由1.3亿元增加至10.9亿元，年均增速高达42.5%。初步形成了具有区域特色优势凸显，创新发展活力增强，品牌影响力不断增强，龙头企业影响力显著。

亳州市白酒产业发展也面临以下一些问题，相对于其他白酒产区，亳州市在当地产业发展中的地位略有下降。除了古井和双轮等少数品牌拥有较大影响力外，亳州市白酒产业整体规模较小，白酒产业的规模竞争力不强。此外，产品结构层次低，产业发展配套水平低，制约了亳州市酒业的进一步发展；新产品开发不力，生产要素保障能力亟待提高等。

根据亳州市人民政府的规划，到2020年，要初步实现培育一家销售收入过百亿的全国白酒龙头企业；打造两个特色产业聚集区，即谯城区古井镇和涡阳县高炉镇；实现产业加速发展，产业规模达到300亿元；基本建成全国具有较大影响力和知名度的白酒历史文化中心、白酒产业集聚中心、知名品牌运作中心和酿酒科技创新中心的总体目标。规模以上企业白酒产量达到25万千升，年均增长12%以上；工业总产值突破300亿元，年均增长19%以上；工业增加值达到110亿元，年均增长18%以上。到2020年，规模以上白酒企业达到50家以上，其中主营业务收入达到100亿元以上的企业1家，50亿元以上的企业1家，10亿元以上的企业3~5家；5亿元以上的企业7~10家，形成以大企业集团为主导，大、中、小型企业协调发展的白酒产业格局。到2020年，形成一批省级知名品牌和中国名牌产品，实现省级著名商标30件，中国驰名商标8件以上。加快技术进步，鼓励企业加大科技投入和企业技术中心建设力度，在制曲、发酵、蒸馏等关键技术上实现创新突破。到2020年，实现国家级企业技术中心零的突破，数量达到1~2家；省级企业技术中心达到5~7家；龙头企业建成中国区域性浓香型白酒科技研发中心和保健酒科技研发中心。到2020年，集中发展高品质有机小麦、有机高粱基地，为本市白酒企业提供优质原料；初步建成集酒文化体验与度假休闲于一体的中国白酒文化城；实现包装材料、包装印刷、玻璃制品等白酒包装材料市内配套供应量50%以上。

资源整合方面，一是大力支持古井集团、双轮集团通过投资、参股控股、兼并、重组、收购等多种方式，整合亳州市中小白酒生产企业及上下游关联产业，形成比较齐全的配套能力；二是积极引进外来资本对亳州市中小企业进行资源整合，促进亳州市中小白酒企业快速成长；三是鼓励中小企业成立产业联盟，促进中小企业抱团取暖，升级转型；四是支持大企业、企业集团之间"强强联合"，特别是组建跨地区、跨行业、跨所有制的大型白酒集团，实现优势互补、优化资源配置，降低生产成本、扩大市场占有率。

产品开发方面，适度发展高端产品，做强中低端产品，大力开发保健酒产品；产业链延伸方面，立足于资源优势和现有产业基础，将产业链由生产制造环节延伸到原料基地建设、配套产业、现代服务业、工业旅游、文化旅游等环节；

品牌提升方面，拓展白酒的文化内涵，全力打造白酒文化名城，保护和提升企业品牌；市场拓展方面，制定区别化的企业营销战略，中小白酒企业重点突破省内市场和周边市场，通过整合现有营销资源，优化、升级各类经销商、分销商和物流配送商，实现从批发环节到零售终端的主导性服务，提高区域市场占有率。鼓励和引导大中型白酒企业引进有实力的营销、策划机构，构建能够灵活应对市场需求而又充满活力的营销机制和营销网络，扩大亳州白酒在全国知名度，逐步拓展国内市场；产业链招商方面，加快制定《亳州市白酒产业招商引资目录》和招商路线图，完善招商引资政策。围绕产业链重点和薄弱环节，在酿酒副产品深加工、中药保健酒、配套产业、现代服务业等方向进行招商，延伸和完善产业链条，打造现代白酒产业体系；技术提升方面，加强技术创新，加大技术改造，提升企业的信息化水平；企业培育方面，加大对大型白酒企业的支持力度，重点支持古井集团、双轮集团做大做强，发挥大型企业在产业升级、规模壮大等方面的引领和示范作用；节能环保方面，推广资源综合利用和清洁生产，大力发展循环经济；质量控制与保障方面，建立产品质量可追溯体系，构建企业诚信体系，完善质量安全保障体系，加强原产地标记产品保护，整顿和规范市场秩序，强化白酒市场准入管理。

地方政府要完善产业支持政策，整合白酒发展资金，实施税收激励政策，落实土地能源优惠政策，积极争取中央技改扶持资金；搭建融资平台，推动企业上市融资和发行公司债券，推进信用担保体系建设；明确招商引资原则，设置科学的招商门槛，创新招商引资模式，建立招商考核机制；加强人才培养和引进，积极落实人才优惠政策；完善园区管理运行机制，对白酒产业园区企业、项目实施有效的跟踪协调、监督服务，形成统一领导、协调高效、推动有利的工作机制；强化行业监测能力，监测企业生产运营情况，监测主要原料价格，监测白酒产业发展情况。对国内外市场尤其是国内白酒市场竞争态势及政策走势进行监测，重点关注茅台、五粮液等几大白酒企业的生产信息，帮助园内白酒企业制定符合市场需求的发展战略（亳州市人民政府办公室，2014）。

第八章 研究结论

在本书中，我们首先分析了中国白酒行业发展所面临的环境和白酒产业运行的基本特征，并以此为背景，展开对仁怀市酱香型白酒产业发展路径的探讨。仁怀市酱香型白酒产业发展的历史悠久，文化底蕴深厚。2011—2015年，仁怀市白酒产量从2011年19.60万千升增加到2014年的35.08万千升，4年平均增幅为20.3%；产值从2011年的246.6亿元增加到2014年的463亿元，年平均增幅达23.4%。2015年1—8月，仁怀市白酒工业产值达324.2亿元。全市有注册白酒企业1497家、规模以上白酒企业88家。白酒销售企业869家，白酒生产企业298家，有百亿元企业1家，产值上亿元企业近30家，注册商标2606件。在品牌战略引领下，现有"中国驰名商标"6件、"贵州省著名商标"106件、"贵州省名牌产品"18个、贵州十大名酒4个。近年来，随着政策环境的变化和市场环境的突变，作为仁怀市支柱产业的白酒业面临着一系列新的问题。本书就是在此背景下展开研究的，分析仁怀市白酒产业发展的现状，为掌握仁怀市白酒产业发展提供坚实的数据；总结仁怀市白酒产业发展所面临的问题，为解决问题提供有益的思路和借鉴；运用特色产业发展理论分析仁怀市白酒产业发展状况，为进一步的发展提供方向，为仁怀市白酒产业的进一步发展提供理论指导；总结仁怀市白酒产业发展的有利条件，总结其核心竞争力；探讨新常态下仁怀市白酒产业发展的模式选择；探寻推动仁怀市白酒产业发展的战略路径。

研究发现，仁怀市白酒产业发展具有以下几个特点：白酒产能规模进一步增大，增长速度逐渐合理化；白酒业总产值逐年增加；销售收入逐年增长；白酒行业税收逐年增加；规模以上白酒企业逐年增多；商标战略和品牌建设成效显著；白酒产业园区发展迅速。仁怀市发展白酒产业发展具有以下优势：①酿酒历史悠久，文化底蕴深厚；②名酒众多，产业集聚效应凸显；③白酒配套产业体系初步完善；④各级政府大力支持白酒产业发展；⑤白酒酿造技术体系成熟，拥有熟练的技术工人。同时，仁怀市白酒产业的发展又受到以下因素的制约：①白酒行业发展进入深度调整期；②仁怀市白酒企业存在小、散、乱的状况；③茅台一家独大，未能形成合理的行业梯队；④多数企业定位模糊，品牌文化特色不明；⑤总产量较少，酱香型白酒市场占有率低。

中国经济所面临的"新常态"，对白酒产业也有重要影响。仁怀白酒业一方面要适应新常态；另一方面也要巩固和创新发展模式，实现新常态下白酒产业的持续发展。我们根据迈克尔·波特提出的五力模型，分析了仁怀市酱香型白酒产业的进入壁垒、替代品威胁、买方和卖方的议价能力、现有竞争者之间的竞争等维度。我们认为，要推进仁怀市白酒产业的发展，可从以下方面入手：①建设原料供应体系，确保优质原料供应；②加强科学研究，实现产学研一体化发展；③在恪守传统工艺的基础上实现技术革新；④进一步推进酱香酒标准化体系建设；⑤推进信息管理系统，建立产品可追溯体系；⑥革新理念，实现包装设计创新；⑦加强合作，多渠道培养行业技术人才；⑧加强生态环保建设，推进节能减排措施；⑨强化龙头企业的引领和示范作用；⑩促进行业兼并整合，实现内部管理创新；⑪吸引投资，实现行业资本优化；⑫优化税制，提供政策支持；⑬加快白酒产业与文化、旅游的融合发展；⑭充分发挥行业协会的作用。

在营销方面，仁怀市酱香型白酒也面临着一些新的机遇和挑战。我们从中国白酒消费的历史和现状出发，总结出目前中国白酒市场的十大基本特征，并分析酱香型白酒市场所面临的市场环境特征，并在此基础上提出营销对策。我们认为，必须注重产品品质，确保食品安全；优化产品结构，回归理性发展；精准定位，走独特发展道路；加强品牌文化建设，彰显核心价值；建设专业酱酒营销平台；着力构建互联网平台；优化流通渠道体系；跳出广告万能思维，实现整合营销传播；从生产型厂商向服务型和营销型厂商转变；将国际化提高到战略高度，步入国际主流烈酒市场。

为了更加深入地认识和了解仁怀市酱香型白酒产业发展的基本特征，我们以贵州茅台为例，对其历史文化进行了简单的介绍，着重分析了贵州茅台酒股份有限公司在上海证券交易所上市以来的市场表现，尤其对其品牌价值建设情况、市场发展状况、人力资源状况、产销状况、营销网络建设状况等进行研究。为了更好地理解中国白酒国际化和仁怀市酱香型白酒"走出去"的状况，我们也分析了贵州茅台酒的国际市场状况，茅台酒国际业务总体上呈现出良好的发展势头，出口额逐年增加，增长速度也较为可观，成为中国白酒国际化最为耀眼的明星，占据中国白酒出口的半壁江山。然而，茅台酒出口额在公司主营业务收入中所占比重较小，多数年份都在5%以下。在茅台酒国际市场开拓的过程中，还面临着国内外酒类管理制度的差异、中外酒类消费与酒文化的差异、国际烈酒市场竞争激烈、国际市场开拓能力不足等问题。茅台酒要真正实现"世界蒸馏酒第一品牌"的战略目标，需要做出多方面的努力才行。

　　为了对比仁怀市酱香型白酒产业发展状况，更好地理解仁怀市酱香型白酒发展的路径选择，我们对中国知名白酒集聚区和白酒产区进行了对比研究。四川泸州是泸州老窖所在地，是中国著名的酒乡，其主要以科学规划和龙头企业为引领，实现白酒产业的集聚发展。同在四川的酒城宜宾，也采取多种举措促进白酒产业的发展。而在江苏宿迁，洋河和双沟的联合发展、厂城共建发展战略对宿迁白酒产业的发展意义重大。山西汾阳，作为中国清香型白酒的重要产地，则以汾酒为核心引领集中发展区发展，但其复兴之路则较为遥远。在安徽亳州，各级政府也力图实现白酒产业的集聚发展，以古井贡酒等龙头企业为引领走出一条白酒产业发展的新路。但从总体上看，仁怀市的优势在于国酒茅台在白酒行业中的独特地位，并形成了酱香型白酒核心产区的集体认识，这是一笔宝贵的财富。无论是仁怀市酱香型白酒产业的从业者，还是关心仁怀市酱香型白酒产业发展的社会各界，都应该共同保护、维护仁怀市酱香型白酒的高贵品质和市场价值，从而推动区域经济的跨越式发展和社会文化的进步，为实现全面建成小康社会做出应有的贡献。

参考文献

一、专著

［1］ World Health Organization（WHO）.2014.Global status report on alcohol and health 2014［M］.Geneva，Switzerland：WHO.

［2］ 吴振棫.1854（清咸丰四年）.黔语［M］.刻本.

［3］ 袁枚.2005.随园食单［M］.别曦，注译.西安：三秦出版社.

［4］ 郑珍.1968.遵义府志［M］.莫友芝，纂.台北：成文出版社.

［5］ 杰克·特劳特，史蒂夫·里夫金.2011.与众不同：极度竞争时代的生存之道［M］.火华强，译.北京：机械工业出版社.

［6］ 迈克尔·波特.1989.竞争战略［M］.乔晓东，等，译.夏忠华，校译.北京：中国财政经济出版社.

［7］ 陈一君.2015.川酒发展研究论丛（第二辑）［M］.成都：西南财经大学出版社.

［8］ 陈一君.2015.川酒发展研究论丛（第三辑）［M］.北京：经济管理出版社.

［9］ 陈一君.2016.川酒发展研究论丛（第四辑）［M］.北京：经济管理出版社.

［10］ 何辑五.1947.十年来贵州经济建设［M］.南京：南京印书馆.

［11］ 李华瑞.2006.宋夏史研究［M］.天津：天津古籍出版社:105.

［12］ 李鹏.2007.顶级：红酒·威士忌·香槟·干邑［M］.北京：北京工业大学出版社.

［13］ 茅台酒厂.1991.茅台酒厂志［M］.北京：科学出版社.

［14］ 孟跃.2008.勾兑营销：中国酒类新营销策略与实战［M］.北京：北京理工大学出版社.

［15］ 唐江华.2012.白酒营销的第一本书［M］.沈阳：万卷出版公司.

［16］ 唐江华.2013.白酒经销商的第一本书［M］.北京：企业管理出版社.

［17］ 王刚.2012.酒都论酒：仁怀市"一看三打造"理论研讨会论文集［M］.成都：四川文艺出版社.

［18］徐文仲.1985.仁怀县建置沿革概述［C］//贵州省仁怀县政协文史资料征集委员会编印.仁怀县文史资料（第2辑）.贵州：仁怀县文史资料委员会.

［19］杨柳.2009.产业空间集聚与区域经济发展：基于白酒产业的分析［M］.成都：四川人民出版社.

［20］杨柳.2015.四川白酒产业发展报告（2013—2014年度）［M］.北京：中国轻工业出版社.

［21］杨永华，郭旭.2014.变局下的白酒企业重构［M］.北京：中华工商联合出版社.

［22］余以游.2010.白酒应该这样卖［M］.北京：北京大学出版社.

［23］曾绍伦.2014.川酒发展研究论丛（第一辑）［M］.成都：西南财经大学出版社.

［24］张肖梅.1939.贵州经济（第十二章"工商业调查"）［M］.上海：中国国民经济研究所.

［25］赵凤琦.2016.新常态下白酒行业发展路径选择［M］.北京：经济管理出版社.

［26］中国贵州茅台酒厂有限责任公司史志编撰委员会办公室.2011.中国贵州茅台酒厂有限责任公司志［M］.北京：方志出版社.

［27］周朝琦，侯龙文，邢红平.2002.品牌文化：商品文化意蕴、哲学理念与表现［M］.北京：经济管理出版社.

［28］朱志明.2014.区域型白酒企业营销必胜法则［M］.北京：中华工商联合出版社.

［29］朱志明.2015.10步成功运作白酒区域市场［M］.北京：中华工商联合出版社.

二、论文

［1］曹丁.1980.与茅台酒源出"山西、陕西说"商榷：《茅台酒考》选载之一［J］.贵州酿酒，（1）：2-8.

［2］柴中.2004.关于茅台酒"起源蒟酱说"的质疑［J］.贵阳师范高等专科学校学报：社会科学版，（4）：4-6，9.

［3］程铁辕，等.2012.中国酒类出口应对美国技术贸易措施研究［J］.中国酿造，31（3）：182-185.

［4］程铁辕，等.2012.欧盟烈性酒法律法规对我国白酒产业的启示［J］.食品科学，33（9）：271-276.

［5］程铁辕，等.2013.欧盟、美国和日本酒类标签技术贸易措施对我国酒类产品出

口的启示［J］.现代食品科技，29（1）：207-210.

［6］杜锦文，等.2012.遵义茅台酱香酒业科学发展的思考［J］.遵义师范学院学报，14（5）：30-32.

［7］杜莉.2004.中西酒文化比较［J］.扬州大学烹饪学报，21（1）：1-4.

［8］葛翔曦.2007.中国两大白酒企业集团品牌战略的比较与分析——论五粮液、茅台品牌战略的得失［J］.当代经济，（10s）：56-60.

［9］郭旭.2011.清末民初酒税制度因革论［J］.贵州文史丛刊，（4）：25-32.

［10］郭旭.2013.我国白酒产业现状及发展方向探讨［J］.食品工业科技，34（22）：26-29.

［11］黄宝仪.2015.论最低转售价格维持的反垄断规制——以锐邦诉强生案和茅台、五粮液案为例［J］.重庆科技学院学报：社会科学版，（5）：17-18.

［12］黄聚强.2008.仁怀市白酒工业发展的思考［J］.科学咨询，（13）：7，27.

［13］黄萍.2010.清代建制变更与赤水河开凿改写茅台区位历史［J］.西南民族大学学报：人文社会科学版，（5）：237-242.

［14］黄平，等.2012.白酒产业大省白酒发展战略分析［J］.酿酒科技，（2）：17-22.

［15］黄平，等.2017.新常态下白酒行业的发展思考［J］.酿酒科技，（1）：17-24.

［16］黄平，曾绍伦.2015.白酒产业转型发展研究综述［J］.酿酒科技，（6）：113-117.

［17］黄硕.2017.贵州茅台的"财务异象"及其解读［J］.商业会计，（3）：61-64.

［18］黄筱鹂，黄永光.2015.从黄河到布鲁塞尔——近现代中国白酒发展及国际化历程［J］.酿酒科技，（8）：142-146.

［19］Iona Y Millwood, Liming Li, Margaret Smith, et al.2013. Alcohol consumption in 0.5 million people from 10 diverse regions of China: prevalence, patterns and socio-demographic and health-related correlates［J］. International Journal of Epidemiology, 42（3）：816-827.

［20］姜莹，等.2011.贵州传统酱香白酒产业科技创新与产业集群发展研究［J］.酿酒科技，（5）：42-45.

［21］兰芬，钱箐.2015.茅台"国酒"商标注册的法律分析［J］.湖北民族学院学报：哲学社会科学版，33（4）：143-147.

［22］李德明，周祥胜.2007.中小白酒企业品牌战略规划解析［J］.华东经济管理，21（1）：134-136.

［23］李刚，梅珍珍，毕华.2009.邛崃白酒产业发展的SWOT分析［J］.中国酿造，（2）：183-186.

［24］李慧.2015.上市公司股利政策分析——基于贵州茅台的案例研究［J］.商业会计，（15）：42-44.

［25］梁勇，邓显洁.2014.基于社会学视域的中西方饮酒礼仪的比较研究［J］.酿酒科技，（8）：122-126.

［26］刘博，王磊，高利芳.2017."八项规定"与高端白酒类上市公司资本市场表现——来自贵州茅台的案例研究［J］.福建江夏学院学报，7（1）：1-7.

［27］刘莲香.2008.关于提升我国文化软实力的思考［J］.学术论坛，（12）：175-178.

［28］刘晓凤.2011.挪威酒精饮料税收制度改革及其启示［J］.当代经济管理，33（8）：85-88.

［29］马冠生，等.2005.中国居民饮酒行为现况［J］.营养学报，27（5）：362-365.

［30］马勇.2016.中国白酒三十年发展报告（上）［J］.酿酒科技，（2）：17-22.

［31］马元驹，杨琳，潘迪.2015.营业税金及附加对利润指标的影响及改进研究——以"贵州茅台"高额营业税金及附加现象为例［J］.中国注册会计师（11）：96-101.

［32］秦小丽.2017.贵州茅台股利分配及其影响因素剖析［J］.商业会计，（10）：79-84.

［33］钱津.2013.茅台酒涨价的市场机理［J］.经济与管理评论，（3）：25-29.

［34］任剑新，朱江.2014.对茅台和五粮液的反垄断判罚合理吗?——产能约束下转售价格维持的反垄断经济学分析［J］.中南财经政法大学学报，（4）：27-31，50.

［35］史利沙，陈红.2015.熵值法在上市公司财务业绩纵向评价中的应用——以贵州茅台为例［J］.财会通讯，（34）：23-25.

［36］宋林.2012.茅台酒直营店的营销策略研究［J］.消费导刊，（1）：52-54.

［37］汤玉龙.2016.多维度关联判断在盈利能力分析中的运用——以贵州茅台财务报表分析为例［J］.国际商务财会，（11）：29-33.

［38］唐建.2003.蜀枸酱与蒟酱考［J］.中华文化论坛，（3）：36-40.

［39］唐建德.1988.茅台酒与蒟酱辨［J］.贵州文史丛刊，（4）：42.

［40］唐明哲，刘丰波，林平.2015.价格检验在相关市场界定中的实证运用——对茅台、五粮液垄断案的再思考［J］.中国工业经济，（4）：135-148.

［41］陶菡，等.2014.酱香型白酒生产现状及趋势［J］.酿酒科技，（8）：76-79.

［42］田戊戌.2011.中国白酒品牌构成要素探索研究［J］.现代商贸工业，23（2）：99-101.

［43］田晓岫.1995.蒟酱小考［J］.中央民族大学学报，（5）：60-63.

［44］王玲.2014.中国高端白酒品牌文化建设策略——以茅台酒为例［J］.对外经贸，（4）：116-117.

［45］王璐，李婧.2009.浅析白酒市场中的潜意识营销［J］.山西高等学校社会科学学报，21（2）：67-69.

［46］王小龙.2016.习水县酱香型白酒产业发展研究［J］.酿酒科技，43（5）：26-29.

［47］王延才.2013.2012年中国酒业协会白酒分会理事会工作报告［J］.酿酒科技，（6）：1-7.

［48］卫军英.2006.整合营销传播中的观念变革［J］.浙江大学学报：人文社会科学版，（1）：150-157.

［49］魏巍.2011.茅台酒的销售现状及营销对策分析——以"飞天茅台"为例［J］.沈阳建筑大学学报：社会科学版，13（4）：438-443.

［50］伍应德.2013.对贵州茅台品牌的建设与保护的思考［J］.中国商贸，（19）：84-86.

［51］辛磊.2007.浅谈我国中小白酒企业发展的方向［J］.华东经济管理，21（1）：137-139.

［52］肖闻，刘肇军.2016.经济新常态下仁怀市白酒产业发展形势分析［J］.安顺学院学报，18（1）：105-108.

［53］熊静静.2016."贵州茅台"何去何从——基于2009—2013年财务报表的分析［J］.财会通讯，（11）：78-80.

［54］徐大佑，袁开福.2006.贵州白酒行业营销策略的特点及发展趋势［J］.贵州财经学院学报，（2）：77-81.

［55］徐会志.2013.限定转售最低价格纵向垄断协议之反垄断法规制——以茅台五粮液反价格垄断处罚一案为例［J］.经济研究参考，（58）：61-66.

［56］徐文仲.1981.茅台酒的由来［J］.贵州文史丛刊，（3）：156-159.

［57］徐文仲.1989.也谈茅台酒与蒟酱：答唐建德先生［J］.贵州文史丛刊，（4）：95-97.

［58］徐文仲.2000.清代诗人赞茅台［J］.贵州文史丛刊，（3）：85-87.

[59] 许远伟.2016.贵州茅台酒的文化意义与经济价值[J].港澳经济,(26):25-26.

[60] 严红.2013.四川县域特色优势产业发展研究——对加快绵竹白酒产业发展的思考[J].四川行政学院学报,(3):96-99.

[61] 严娜.2016.茅台供应链的优化问题探究——以经销商的角度[J].黑河学院学报,(5):64-66.

[62] 阎壶荣.2012.发达国家酒类管理制度的比较与借鉴[J].中国市场,(6):111-113.

[63] 杨波,郑中华,白如彬.2010.宜宾市白酒产业发展现状浅析[J].酿酒科技,(1):117-120.

[64] 杨登华.1945.茅台砾岩之时代问题[J].地质论评,10(5~6):311-313.

[65] 杨继福.2016.老字号品牌复兴、资产质量与资产估值的关系——以贵州茅台为例[J].工业工程,19(4):108-114.

[66] 杨柳.2015.产业政策限制约束下的川黔白酒发展研究[J].酿酒科技,(6):131-133.

[67] 杨柳,徐洁.2016.中国白酒产业转型升级的概念、目标和实施路径[J].酿酒科技,(12):17-23.

[68] 杨丽芳.2014.贵州赤水河流域白酒产业经济现况及可持续发展途径分析[J].酿酒科技,(8):136-138.

[69] 姚泓冰.2013."国酒茅台"商标注册的法律问题[J].上海政法学院学报,28(1):31-35.

[70] 乐扬,李雪婷,张宇池.2010.基于文化渊源分析中西方饮酒文化[J].酿酒科技,(6):99-100.

[71] 袁廷尧.1992.仁岸盐运述略.贵州省仁怀县政协仁怀县文史资料编辑部编印[C]//仁怀县文史资料(第9辑).贵阳:仁怀县政协文史资料.

[72] 张风光.2013.本身违法规则和合理规则在五粮液茅台案中的应用[J].长江大学学报:社会科学版,36(9):49-50.

[73] 张惠.2016.基于杜邦分析法对酒类企业的盈利能力分析——以贵州茅台为例[J].赤峰学院学报:自然科学版,32(11):106-108.

[74] 张云峰,郭旭.2015.论民国时期制约贵州茅台酒发展的因素[J].酿酒科技,(9):137-140.

[75] 赵树欣,邹海晏.2010.白酒香型对白酒发展的影响[J].酿酒科技,(4):

108-110.

［76］赵勇.2005.中小型白酒企业的品牌战略规划与整合营销［J］.华东经济管理，19（7）：116-118.

［77］郑蓉，孟兵.2016.高分红、高增长屡遭冷遇究竟为何——基于贵州茅台股利分配的案例［J］.财会月刊，（31）：94-97.

［78］钟方达.2009.酱香型白酒生产现状分析及思考［J］.酿酒科技，（11）：123-127.

［79］中国人民银行遵义市中心支行调研组.2008.金融支持茅台镇白酒产业集群式发展［J］.中国金融，（20）：75-76.

［80］周冰，王巧丽.2011.从"茅台涨价"谈我国高端酒企的营销之路［J］.烟台职业学院学报，17（4）：50-56.

［81］周清杰，孙珊.2015.酒类销售规制研究进展述评［J］.北京工商大学学报：社会科学版，30（1）：118-126.

［82］朱雪飞，董怡云.2015.贵州茅台战略分析［J］.中国商论，（29）：4-7.

［83］曾晶.2015.转售价格维持垄断行为的解释论分析——以茅台与五粮液案为具象［J］.湖南师范大学社会科学学报，（3）：100-108.

三、学位论文

［1］方美燕.2009.四川省白酒产业区际竞争力研究［D］.成都：西南财经大学.

［2］郭旭.2015.中国近代酒业发展与社会文化变迁研究［D］.无锡：江南大学.

［3］马显荣.2011.茅台镇白酒业发展战略研究［D］.上海：华东理工大学.

［4］王道鸿.2014.茅台镇白酒文化与旅游开发研究［D］.武汉：华中师范大学.

［5］周璇.2004.赤水河酒品牌定位战略研究［D］.北京：对外经济贸易大学.

四、报纸文章

［1］蔡邦国，等.2012.仁怀为白酒产业发展 提供政策保障［N］.贵州都市报，06-28（A22）.

［2］曹英，张琴琴.2012.酒都汾阳：引领清香型白酒复兴之路［N］.中国经济时报，04-06（8）.

［3］曹英，张琴琴.2016.深耕"杏花村"千年品牌 山西仍待发力［N］.中国经济时报，02-18（4）.

［4］董艳婷，潘树涛.2011.仁怀有机高粱种植基地通过国环认证［N］.贵州日报，

08-11（16）.

［5］关子辰，武媛媛.2016.《酒类流通管理办法》被废止［N］.北京商报，11-15（B04）.

［6］何世红.1959.茅台酒之乡［N］.人民日报，07-28（8）.

［7］王青.2015.白酒行业转型升级仍待政策创新［N］.中国经济时报，12-11（5）.

［8］魏琳.2012.宿迁16年：白酒产区革新的一个样本［N］.华夏酒报，12-18（B28）.

［9］严为远.2013.宜宾市着力打造名优白酒产业基地［N］.四川经济日报，12-13（3）.

［10］衣大鹏.2012.白酒国际化那点事儿［N］.华夏酒报，05-01（A01）.

五、其他

［1］"讲好茅台故事，扩大品牌优势，坚定不移拓展海外市场"——国酒茅台2016年海外经销商大会圆满结束［EB/OL］.（2016-11-04）［2017-05-18］.http：//www.moutaichina.com/xinwen/2016/1148.html.

［2］2013年白酒产业形势分析［EB/OL］.［2010-11-27］.http：//www.9998.tv/news/92621.html.

［3］亳州市人民政府办公室.亳州市白酒产业发展战略研究（2013—2020年）［EB/OL］.［2016-08-11］.http：//www.bzzwgk.gov.cn/openness/detail/content/548e3b707f8b9a8101e78e86.html.

［4］汾阳市经济（商务）局.汾阳市白酒产业发展情况［EB/OL］.（2010-06-29）［2015-07-15］.http：//cif.mofcom.gov.cn/site/html/fenyang/html/641544/2010/6/29/1277813324368.html.

［5］中央经济工作会议闭幕 首提经济新常态九大特征［EB/OL］.（2014-12-11）［2016-10-10］.http：//news.sohu.com/20141211/n406872393.shtml.

附录一 基于酒文化的中国酒都仁怀旅游发展策略

我国酿酒历史悠久，酒文化与中华文明同样源远流长且内涵深刻。酒文化与旅游的联姻由来已久，它们之间是一种"互容关系"，二者的紧密结合丰富了彼此的文化内涵。[1]具体言之，酒文化旅游具有体验功能、娱乐功能、审美功能及经济功能，可将地域资源优势转变为经济优势，推动区域经济发展。[2]酒文化旅游还可在形象提升、文化重塑、品牌再造、营销创新等方面助力行业企业健康持续发展。[3]从整体上看，我国酒文化旅游落后于法国、德国甚至澳大利亚等酒文化的新兴国家，国外先进的操作模式和丰富的经验，为我国开展酒文化旅游提供了有益的借鉴。[4]因为中西方酒文化的差异，在发展酒文化旅游业的具体策略上存在着巨大的差别。[5]近年来，国内逐渐开始重视酒文化旅游的研究和开发。[6]贵州省仁怀市是茅台酒的故乡，是中国酱香型白酒的核心产区，更是"中国酒都"。随着产业的发展和经济结构的转型，深入挖掘酒都仁怀的酒文化旅游资源，推动酒文化旅游向前发展，助推区域产业结构优化调整，促进区域经济转型和增长，实现经济社会可持续发展，具有重要的意义。

一、仁怀发展酒文化旅游的资源优势

酒文化旅游是围绕酒和酒文化这一核心主题，利用酒的历史文化价值、艺术价值、保健功能吸引旅游者，以休闲、娱乐、获取知识及生活体验为目的而展开的形式多样、内容丰富的一系列旅游活动，酒文化旅游产品休闲性极强，是集酿酒、饮酒礼仪习俗、节庆酒文化、酒歌、酒的品鉴等与酒有关的组合性体验产品。[7]仁怀作为西部百强县市之一，是中国酒都，发展酒文化旅游的资源优势得天独厚。

（一）仁怀酿酒历史悠久，酒文化遗存丰富

仁怀酿酒起于何时，因资料的缺乏，难以妄下断语。出土文物和历史资料记载相结合，还是能够得出仁怀酿酒历史悠久的结论。1994年4月，贵州考古研究所在仁怀城郊东门河云仙洞一处商周洞穴居室遗址，出土文物和标本40余件，多数为陶制酒器。遗址出土的商周时期专用酒具证明，仁怀早在商周时期就已有浓厚的酒习俗。1991年12月，仁怀合马镇西汉土坑墓群发掘出文物400多件，除生产生活用具外，瓮、罐、碗等与酿酒业有密切联系，出土的铺首衔环酒壶是专用酒具，证明仁怀境内至少在西汉时期便有规模性的酿酒生产能力。1989年，茅台镇交通乡袁家湾出土酒具9件，经鉴定为明朝时期酒具。该批酒具中的酒壶从执壶到单提梁壶，从单提梁壶到双提梁壶，从无支架到有支架，从斜腹过渡到鼓腹，具有很高审美价值。到清道光年间，茅台一地酿酒业颇为发达，"烧房不下二十家，所费山粮不下二万石"。[8]清末吴振棫云："茅台村隶仁怀县，滨河，土人善酿，名茅台春，极清冽。"[9]表明仁怀地区的酿酒业在清末取得了长足的发展，酿酒规模和出品质量均达到了较高的水平。仁怀内涵丰富、个性突出的酒文化元素为酒文化旅游的发展奠定了深厚的历史文化底蕴。

（二）仁怀酿酒技艺独具特色

仁怀是茅台酒的故乡，是中国酱香型白酒的发源地和核心产地。与其他白酒工艺相比，酱香型白酒的酿造除了适应当地环境、气候、原料外，又有其独特巧妙的工艺内涵。以茅台酒为例，其生产工艺分制曲、制酒、储存、勾兑、检验、包装6个环节。生产周期为1年，端午踩曲，重阳投料，酿造期间9次蒸煮，8次发酵，7次取酒，经分型储放，勾兑储放，5年后包装出厂。茅台酒的酿制有两次投料、固态发酵、高温制曲、高温堆积发酵、高温馏酒等特点，由此形成独特的酿造风格。茅台酒工艺三高三长、季节性生产的特点，是区别于中国其他名白酒工艺的地方，也是茅台酒工艺的巧妙之作。"三高"是指高温制曲、高温堆积发酵、高温馏酒；"三长"主要指基酒生产周期长、大曲储存时间长、基酒酒龄长。整个茅台酒的酿造流程可概括为两次投料、9次蒸煮、8次发酵、7次取酒，历经春、夏、秋、冬一年时间。因为其生产工艺的复杂性和在人类文化遗产传承上的重要意义，茅台酒酿制工艺被纳入国家级非物质文化遗产。独特的酿酒工艺为仁怀酒文化旅游开发提供了有利条件。

(三) 仁怀名酒众多，酒业发达

举世闻名的茅台酒就出产在仁怀市茅台镇，是仁怀乃至贵州以至中国的一张名片，是仁怀开展酒文化旅游的最丰厚的现实资源。贵州省人民政府评选的2011年"贵州十大名酒"中，国台酒、百年糊涂酒、酒中酒霸酒、茅台王子酒四大名酒在贵州仁怀。2014年年底，按实有窖池数等综合测算，全市白酒产能达47万千升，产量35万千升，仅茅台集团一家便实现408亿元的营业收入。仁怀市共有酒类企业1723家（含小作坊），窖池59265口，其中注册生产销售白酒企业1497家，销售型企业1169家，生产型企业328家；持有白酒工业生产许可证企业303家，占企业总数的17%，规模以上白酒企业88家，占企业总数的5%，占持证企业的29%。列入遵义市白酒行业"十星企业"培育对象5家、遵义市"一大十星五强"企业12家，包括国台、糊涂、酒中酒、云峰、国威、海航怀酒、国宝、怀庄、祥康、恒兴等企业在内。酿酒产业的发达，为酒文化旅游的发展创造了得天独厚的优势。

(四) 酒文化旅游有一定的基础

为进一步促进地方经济发展，仁怀市政府不惜重金打造酒都形象，构建起部分酒文化景观，成为较成熟的酒文化旅游资源，为进一步开发奠定了重要基础。仁怀有3个酒文化"大世界吉尼斯之最"，很有开发价值。其一，"国酒文化城"。中国酒文化城分中国酒源馆、中国酒技馆、中国酒韵馆、中国酒俗馆、中国酒器馆、国酒茅台馆、茅台体验馆、中国名酒馆、世界名酒馆、醉美茅台馆、规划展示馆，更多地采用数字化设备，多方面、多角度地展示中国各个历史时期酒业的发展及与酒有关的政治、经济、军事、文化、风俗和酒类生产的发展沿革、酿造工艺等。其二，具有视觉效果的茅台酒瓶实体广告。高31.25米，直径10.2米，体积1469.33立方米，能容纳500毫升装的茅台酒2938660瓶；其三，体积最大的摩崖石刻汉字——"美酒河"，位于赤水河畔吴公岩一座悬崖绝壁上。摩崖石刻总面积4800平方米，其中美字高41.2米，宽33.05米，酒字高31.62米，宽30.42米，河字高34.49米，宽32.57米。[10]这些酒文化景观，为仁怀进一步打造酒文化旅游准备了重要的现实基础。另外，"白酒旅游文化一条街"的建设，也成为展示仁怀酒文化、发展酒文化旅游的重要现实支撑。白酒旅游文化一条街位于茅台镇茅河窖酒厂生产车间至茅台酒厂新厂大门路段，在原茅台镇风貌街的基础上，按照统一的黔北民居风格进行装修，以白酒品牌展示为主，大型超市、医疗服务机构及公益性机构进行合理搭配打造。[11]

二、仁怀开展酒文化旅游的限制性因素

2011年，贵州省委省政府明确提出了"一看三打造"的战略目标，即"未来10年中国白酒看贵州"、把茅台酒打造成"世界蒸馏酒第一品牌"、把茅台镇打造成"中国国酒之心"、把仁怀市打造成"中国国酒文化之都"。在此发展战略的指引下，仁怀市人民政府将旅游产业提高到酒都文化建设战略的高度，全力打造以赤水河流域为核心的旅游产业，积极推进茅台示范镇旅游综合体建设，完成投资23亿元，茅台镇酒文化展示体验区建设快速进行，中国酒文化城成功创建为国家4A级旅游景区。2014年仁怀游客超过100万人，实现旅游综合收入43.8亿元，同比增长22.3%。但就目前仁怀的酒文化旅游发展而言，存在着较多的限制性因素。

（一）区域位置导致可进入性差

仁怀位于贵州省西北部的大山深处，地理位置决定了其区位优势不明显，基础设施差，特别是交通条件的限制最为明显。虽然遵义新舟国际机场已经建成运行，但航线较少，难以满足现实需求。仁怀机场也在建设过程中，但作为中小机场，恐难以肩负起根本改善仁怀交通条件的重任。遵赤高速通车后，仁怀公路交通条件得到改善，但山高路险，道路设施和相关服务都还有待提高。地理位置和交通条件的制约，导致游客抵达的经济成本和时间成本较高，成为仁怀酒文化旅游发展的一大限制因素。

（二）缺乏战略规划，未与其他旅游资源实现有机整合

根据学者研究，酒文化旅游资源可分为自然和人文两大类型，又可再细分为酿酒原料种植园、水体、生物、其他自然旅游资源、酒历史古迹、特色建筑、社会风情及其他人文旅游资源等亚类。[12]对照上述分类，仁怀酒文化旅游资源丰富，酒文化旅游也有了一定的发展。但还没有将酒文化旅游提高到战略的高度，有效整合酒文化旅游资源。与遵义红色旅游、黔东南地区的民族风情旅游等特色旅游相比，仁怀酒文化旅游要走的路还很长。另外，仁怀酒文化旅游与其他类型的旅游资源也缺乏有机整合，呈现出独立发展、碎片化发展的趋势。

(三) 酒文化内涵不够突出

酒都仁怀酒文化资源丰富，酿酒资源独特，民族众多，形成了独特的酒文化。但在目前酒都酒文化研究中，研究者较多关注的是茅台酒的历史和文化，对于其他酒业发展历史及其现状、独特的饮酒风习和仁怀世居少数民族酒文化缺乏研究与开发。酱香型白酒是我国命名较早的白酒香型，但目前对酱香型白酒的历史、文化、发展过程及特色均缺乏深入、系统的研究成果。研究的滞后，导致酒文化旅游的内容单薄，特色不够突出。

(四) 人才缺乏，宣传不到位

现代旅游业对专业人才的要求较高，特别是酒文化旅游产业的发展，需要相关人员不但具备旅游业基础知识，还要对酒文化有较深的了解。从整体上看，仁怀缺乏酒文化旅游的专业人才，制约了酒文化旅游的发展。同时，对仁怀酒文化旅游资源的宣传也不够。无论是与国外的法国葡萄酒酒庄旅游、德国慕尼黑啤酒节庆旅游，还是与国内的浙江绍兴黄酒旅游、四川宜宾白酒文化旅游、山东青岛啤酒节文化游相比，无论是宣传还是具体运作都还很不到位。仁怀的酒文化旅游除了茅台享有盛名外，其他酒文化旅游资源不为外界所知。

三、以酒文化为核心的仁怀旅游发展策略

(一) 以酒文化为核心，整合旅游资源

酒都仁怀旅游业的进一步发展，需要整合现有各种旅游资源，实现以酒文化旅游资源为核心，多旅游线路同步发展。第一是红色旅游，遵义是中国红色之都，是中国共产党和近代中国走向转折的重要之城。仁怀是红军四渡赤水的渡口，在中国革命的进程中扮演了非同凡响的角色。遵义会议会址、红军四渡赤水纪念塔等，至今都是人们回顾光辉革命历程的圣地。红军长征经过茅台，是茅台酒发展历史中的重大事件，也是茅台酒文化的重要组成部分。将红色旅游线路纳入整体规划，以酒文化旅游资源为中心，实现有机整合，可以起到相得益彰的作用。第二是自然风光旅游，仁怀境内的山有巍峨壮丽的避暑胜地芦竹山，山石怪诞云雾多的佛教圣地白云山，碧涛滚滚天际流的摩天岭、四仑山，以及钟鼓山、云崤山、吴公岩、黄瓜垭、大营山等。水有赤水河、桐梓河、五马河；有盐津湖、银水水库、青菜河水库、落水孔水库、八一水库、张白水库、后村水库、薛

家岩水库等荡舟垂钓休闲之所；有鱼跳瀑布、小根沟瀑布、斑鸠岩瀑布、标水岩瀑布等弃嚣尘于世外的好去处；有坛厂温泉、盐津河温泉、王家寨温泉、大湾温泉等水温适度、消解疲惫的"温柔故乡"。峡谷有"浪卷千堆雪，岩开一线天"的吴公岩大峡谷，"削壁悬草木，狂澜怒吟诗"的纳坡河峡谷，"三峡紧连多古道，一湖回旋望天难"的盐津河峡谷，还有东门河峡谷、桐梓河峡谷等。有仙人洞、三元洞、天生桥溶洞等长岗溶洞群，中有"黔北第一洞天"的怀阳洞群，城郊有油槽沟溶洞群，北有三合溶洞群，仁怀是知名的"国际洞穴探险基地"。[13]将自然风光旅游纳入以酒文化旅游为核心的发展体系，是必为之事。第三是古盐道旅游文化资源，仁怀是川盐入黔的重要口岸之一，有着丰富的盐运资源。千百年来，食盐都是人们最为重要的生活资源。由食盐的开采、运输、贩卖而形成的盐运文化，具有丰富的历史文化内涵。仁怀古盐道不但记录了人类文明的进程，更是当时人们艰辛生产生活的见证。盐运不但解决了人们生活中的食盐需求，还催生了酿酒产业的进一步发展。将现有盐运文化资源与酒文化资源整合，也是一条现实的道路。以酒文化为核心，特别是紧紧围绕茅台酒的独特地位[14]，整合现有旅游资源，是仁怀开展酒文化旅游的必经道路。

（二）深度挖掘酒都酒文化内涵，丰富酒文化旅游产品开发

第一是应该深度挖掘仁怀的酒文化内涵。在这方面，地方文化工作者做出了艰苦努力，取得了一定成效。特别值得一提的是，周山荣主持拍摄的"人文茅台"系列纪录片，同名书籍亦已出版。[15]虽以"茅台"为名，眼光却不仅限于茅台。而是将茅台酒历史文化的发展纳入更为深广的背景下，对酒都文化、酒都酒文化进行的深度解读。酒文化资源的挖掘和梳理，是开展酒文化旅游的基础性工作，期待着新的、更多的作品出现。第二是对地方酿酒资源的调查，仁怀酒业众多，工艺流程虽大致不差。但对于地方酒业发展状况，向来缺乏精确的统计和缜密的分析。对当地酿酒资源的调查研究，也是酒文化旅游开发中不可或缺的一环。第三是开发酒文化旅游产品，丰富酒都酒文化旅游的内涵。仁怀是多民族的聚居地，除汉族外，还有仡佬族、苗族、布依族、彝族等少数民族，不同的民族有着不同的酒俗。如仡佬族的"爬坡酒"，就是值得开发和研究的酒俗。爬坡酒是用玉米、高粱、稗子、稻谷等酿制而成，酿成后储于缸内，用紫灰拌黄泥密封缸口。密封时，将一弯、一直的两根空心细竹管插入缸内，外露一个口。饮用时，打开空心竹管塞轮流咂饮。第四是规范经营，将酒文化名街打造成酒都酱香型酒品饮和体验的重要街区，实现旅游、体验与产业的互动发展。

（三）开展生态旅游，将酿酒原料生产基地纳入旅游产业发展体系

酒都仁怀不但是茅台酒的产地，更是我国酱香型白酒的核心产区，区位优势明显。酱香型白酒之所以具有高品质的特征，是由于当地独特的地理环境和酿酒资源所决定的。在以酒文化为基础的旅游产业开发中，要将酿酒原材料及相关内容纳入旅游线路规划。如酿酒所需的高粱、小麦，主要产于当地，且茅台集团等大型酿酒企业，也建有专门的有机原料种植基地。将有机高粱种植基地纳入旅游线路，不但可以宣传"有机茅台"，从而提升酒都酱香型白酒的美誉度，也能起到丰富旅游线路的目的。又如神秘的赤水河流域，是有着植物活化石之称的桫椤王国，赤水河直接为酒都仁怀的酱香酒提供酿造用水。步入赤水河边的茅台小镇，酒香、曲香扑鼻而来，清澈的河水缓缓流动，两岸青山环绕，绿树满坡，无不构成了一幅宁静的画面，让久处喧嚣之地的人们得到心灵的涤荡，从而流连忘返。

（四）开展工业旅游，解密神秘的酱香型酒酿造

2005年，贵州茅台酒厂成为全国工业旅游示范点。经国家标准委评审，仁怀市白酒工业旅游服务标准化项目获得了2011年度国家级服务标准化试点，这使贵州乃至全国的白酒工业旅游服务标准有了依据和参考，对全国尤其是我省白酒工业旅游产生积极而深远的影响。仁怀市白酒工业旅游服务标准化试点项目力求通过建立白酒工业旅游服务标准化，向广大消费者宣传酱香型白酒的原生态酿造工艺，为白酒产业发展做贡献。2012年，在拥有30年以上酿酒历史的酒业中经过层层挑选，贵州中心酿酒集团有限公司、仁怀市茅台镇黔台酒厂、贵州酒中酒集团有限责任公司、贵州国台酒业有限公司脱颖而出，列为全省首批白酒工业旅游点。至此，除了茅台酒厂之外，民营酒业也加入白酒工业旅游的大军。现有工业旅游的开发，主要是以茅台镇国酒文化城为中心，以茅台红军四渡赤水纪念园景区及盐津温泉来展开的，进行一系列的开发设计，如酒城、酒瓶、酒河，都是以企业文化和产品文化为核心，属于产品文化型工业旅游资源。存在基础设施不健全、特色不鲜明、高层次旅游服务人员缺乏等问题。[16]除了针对上述问题进行改进外，还应该以白酒工业旅游为触点，构建酿酒工艺展示车间，将神秘的酿酒工艺解码，吸引游客前来。在人们普遍关注食品安全的背景下，贯穿产业链的工业旅游尤其重要。[17]

(五)将茅台镇打造为文化旅游名镇,实现酒都旅游新突破

2012年8月21日召开的全省小城镇建设发展大会提出,要将茅台镇打造为"贵州第一、全国一流、世界知名"文化旅游名镇。其后,茅台示范镇建设全面启动,围绕"产业壮大、环境整治、交通枢纽、旅游开发"四大工程展开,拟定项目64个,投资概算256.89亿元。示范镇建设启动后,仁怀市把茅台示范镇、茅台旅游综合体、茅台古镇文化产业园、茅台旅游景区和茅台酒工业园进行有机结合,推进产城融合。杨柳湾街和跃进街作为茅台示范镇的核心区,两街区东邻在建的巴拿马广场、茅台文化创意园区,西接国酒文化城、茅酒之源。两街区的建筑风貌改造已基本完成,供水、供电、排水、通信等配套设施改造即将完工。建设规划方案立足两街区现有条件,突出茅台酒文化,以"印象·茅台"为主题,融入酒文化、民俗文化,并引入世界酒文化元素,让游客全面体验茅台镇核心文化。建成后的杨柳湾街,将集旅游、商业、休闲等功能于一体,让前来旅游的客人感受不一样的茅台。[18]

(六)将重阳"祭水节"打造为酒文化旅游中的重要一环

2006年,中国食文化研究会授予仁怀市"中国酒都"称号。从次年开始,酒都仁怀就在每年重阳举行盛大的祭水仪式。"九月九,下河挑水煮新酒""重阳下沙,一定抱个金娃娃""重阳下沙芳满缸,重阳酿酒香满江"……这些仁怀长期流行的民间谚语,揭示了季节变换对茅台当地酿酒业的重要作用。每年端午至重阳,赤水河水呈赤红色,重阳后河水则清澈透明。每年重阳,酱香酒的酿造周期开始,蒸煮、下沙都需要大量用水,其时河水澄清碧绿,正是取水的好时节。在重阳举行祭水节,不但可以传承茅台祭祀文化、展示酒都文化内涵,倡导经济社会和生态建设和谐发展,保护赤水河的生态环境。更为重要的是,祭水节还能吸引各地游客前来参观,真切感受茅台酒文化的深刻内涵。因此,将茅台重阳"祭水节"打造成酒都旅游发展的重要一环,不但可以丰富酒都文化,更好的宣传酒都酒文化,更能丰富酒都仁怀的旅游资源,提升酒都仁怀的旅游品位。

(七)开展酒文化文物旅游,创新旅游发展模式

2013年,国务院印发了《关于核定并公布第七批全国重点文物保护单位的通知》(国发〔2013〕13号),核定公布了第七批全国重点文物保护单位。茅台集团公司申报的由原"成义"烧坊旧址、"荣和"烧坊旧址、"恒兴"烧坊旧址

和制曲一片区干曲仓、发酵仓，制曲二片区干曲仓、发酵仓、石磨房，以及下酒库第五、第八栋老酒库等10处遗产组成的"茅台酒酿酒工业遗产群"入选第七批"全国重点文物保护单位"。"茅台酒酿酒工业遗产群"入选"全国重点文物保护单位"，是茅台酒历史和文化的鲜活见证，具有不可估量的价值。如"荣和"烧坊干曲仓旧址，是茅台酒厂现存最老的生产厂房。始建于清光绪五年（1879年）。为全木结构的仓储式建筑，台梁式小青瓦顶，面积约200平方米，是专门存放酒曲的建筑。1935年红军长征途经茅台时曾在此驻留，见证了茅台酒业的发展和中国革命的进程。另外，在酒都各地，还分布着大量的酒文化文物群，如京华酒业老烤酒房，就入选"仁怀市文物保护单位"。对于这些丰富的文物保护单位，一方面应该加强对文物群的整体保护；另一方面，也可以加强开发，将文物保护单位融入酒文化旅游线路之中。展示酒都酿酒历史和文化的深刻内涵，提升酒都旅游的文化品位。

四、结语

作为中国酒都，仁怀发展酒文化旅游拥有得天独厚的资源优势。仁怀酿酒历史悠久、酒文化遗存丰富，酿酒工艺独具特色，酒业发达、名酒众多、茅台酒世界闻名，酒文化旅游景观建设也初具成效。在将资源优势转化为现实优势的过程中，还是存在着一些问题，诸如区域位置导致可进入性差，缺乏战略规划、各种旅游资源之间尚未能实现有机整合，酒文化内涵不够突出，人才缺乏、宣传不到位等。以酒文化为核心，整合各种旅游资源，多策略、多线路相结合，构筑仁怀酒文化旅游发展体系，对促进文化旅游产业的发展和仁怀产业转型升级、助推地方经济社会进步，具有重要的意义。

参考文献

[1] 唐康, 史宝华.2006.酒文化与旅游的关系漫谈[J].渤海大学学报：哲学社会科学版, 28（4）：67-70.

[2] 王仕佐, 邓咏梅, 黄平.2003.略论贵州酒文化及旅游功能[J].酿酒科技, （5）：84-87.

[3] 李关平.2013.重新审视酒文化旅游[N].华夏酒报, 12-24.

[4] 陈瑛瑛.2013.国外酒文化旅游模式分析及发展启示[J].中国酒, （6）：46-51.

[5] 余东华, 王仕佐.2014.中西方酒文化差异与现代旅游[J].酿酒科技, （12）：

117-118.

[6] 孟宝,等.2014.国内酒文化旅游研究现状分析及展望[J].酿酒科技,（11）：104-110.

[7] 康珺.2010.基于酒文化的四川省旅游经济发展战略[J].安徽农业科学,38（13）：6984-6986.

[8] 郑珍.1968.遵义府志[M].莫友芝,纂.台北：成文出版社：399.

[9] 吴振棫.1854.黔语[M].清咸丰四年刻本：24.

[10] 付强.2014.贵州仁怀白酒文化旅游体验性开发浅析[J].遵义师范学院学报,16（6）：14-17.

[11] 周山荣.2011.仁怀2000万元打造白酒旅游文化街[N].华夏酒报,05-13.

[12] 李林,洪雅文,罗仕伟.2015.酒文化旅游资源的分类研究[J].酿酒科技,（5）：115-120.

[13] 贵州省仁怀县地方志编纂委员会.1991.仁怀县志[M].贵阳：贵州人民出版社.

[14] 吴慧群,王仕佐.2007.利用"茅台酒"品牌优势 打造中国第一酒镇——关于茅台镇旅游业发展的思考[J].酿酒科技,（9）：115-119.

[15] 周山荣.2015.人文茅台[M].成都：四川文艺出版社.

[16] 刘姗,吴红梅.2013.白酒企业工业旅游开发研究——以贵州茅台酒厂为例[J].酿酒科技,（10）：109-113.

[17] 李艺,蔡君.2014.食品安全背景下食品工业旅游模式研究——以茅台酒厂为例[J].酿酒科技,（5）：119-122.

[18] 陈飞,赵进.2014.茅台示范镇快速变身文化旅游名镇[N].贵州日报,11-24：11.

（本文原载《酿酒科技》2016年第4期第106-110页,署名郭旭、周山荣、黄永光）

附录二 "茅台祭水节"的观察与思考

从 2004 年开始,"茅台祭水节"成为中国酒都仁怀市的一张重要文化名片。从其诞生至今,已经走过了 13 个年头。作为仁怀酒文化的一项重要表征,"茅台祭水节"承载着重要的文化意义。但由于宣传不足、区域位置远离经济文化中心、参与程度较低等方面的原因,较少为外界所知。在经过多次观摩、参与之后,我们对这一酒文化现象进行了深刻的思考,以期为"茅台祭水节"的可持续发展提供一些借鉴,能为酒文化的繁荣提出相应的思考,促进传统文化的复兴和酿酒产业与文化的协同发展。

一、水与人类文明历程

水与人类的关系之重要,是不言自明的。当人类在追寻外太空的空间结构与物质构造时,一个重要的参考,便是是否有水分子的存在,以此为探寻太空生命存在与否的关键信息。从某种意义上说,水可谓万物之源。从人类发展的历史及经验来看,水之于人类文明的起源和发展,亦是一至关重要的问题。号称四大文明的古巴比伦文明(幼发拉底河、底格里斯河)、古印度文明(印度河、恒河)、古埃及文明(尼罗河)、中华文明(黄河、长江),都起源于大河流域。当然,学术界自有其独特的看法。比如已故国学大师钱穆,就认为中国古人是居住于高处的山地。[1]钱穆所言,或许有其依据。但若放宽观察的视野,中国文明之主要发源于大河流域,亦是不易之论。

在水与人类的关系中,确实也存在着"不和谐"因素。在中西各国广泛流传的洪水神话,表达的便是人类早期对水之为害的深刻记忆。[2]在中国,除了有对"洪水猛兽"的担忧与恐惧之外,更多的是对水之哲学化的表达。如在孔子的言说中,便有"子在川上曰:逝者如斯夫,不舍昼夜"之句,思考的却是时间的单向性这一宇宙哲学命题。在老子的言说中,更有"上善若水。水善利万物而不争,处众人之所恶,故几于道",将水与其最高哲学范畴"道"联系起来,构筑出其最理想的人格典型。而"天下莫柔弱于水。而攻坚强者，莫之能胜"，则又是辩证法的原初表达。[3]因是，无论是在人们的日常生活中，还是在进行哲学思辨的时候，水都作为一种十分重要的参照物。

传统水文化与当代社会生活的影响也随处可见。一方面，人类文明的发祥，离不开大江大河的哺育。为了回报大自然的馈赠，在早期人类文明发展史上，祭祀神祇便是一项重要的活动，如古埃及人对于尼罗河神的尊崇。另一方面，流传于世界各民族中的洪水神话，也从一个侧面揭示了水给人类带来的困扰。为了感恩上苍，为了安抚神灵，各民族文化中都有尊崇水、祭祀水的传统。科学的发展，已经拨开了此中种种迷信之雾。但作为一种文化和传统，祭水却彰显了人与自然之间复杂的关系。近年来，随着传统文化和民族文化的复兴，祭水活动在全国各地广泛开展。其内涵丰富多彩，活动形式五花八门，但都表达了我们对自然、对生活的真切态度。2016年4月9日，四川宜宾在真武山南天门广场举办"拜水长江 养心宜宾"祭水活动；6月8日，五大连池火山圣水节开幕式举行；6月15日，四川九寨沟景区举办了主题为"山水有灵、心存感恩、敬山祭水"的"日桑"文化节；8月9日，海南保亭举行黎族苗族嬉水节；8月9日，广西巴马瑶族自治县那桃乡长绿山举行七夕祭水节。

对一些地方而言，水更具有无可置疑的作用。大者如世界各大河水系之于世界文明，小者如我们将要讨论的茅台一地。茅台从一个地图上都不会标示的小村，发展成为举世瞩目的城镇，自然经历了数百上千年的发展历史。但若论其最为关键的因素，则毫无疑义的当推赤水河。可以这么说，如果没有赤水河的哺育，茅台至今仍可能只是中国万千山村中最为普通的一个，一样的处于被人漠视，不为人知的境地。

作为地名的茅台，之所以为人所知，更多的是因其同名的一种商品——茅台酒。茅台酒是茅台的代表，是仁怀的代表，是贵州的代表，在某种程度上也是中国的代表（贵州茅台酒就是国家名片之一）。茅台酒的发展，除了有历届政府部门的推动，有良好微生态的护佑，有勠力同心的酿酒人、卖酒人的付出，有千百年的时间积累外，更有一条奔腾的赤水河，带来了不可多得的优质水源。在民国时期，当留洋博士张肖梅亲临考察尚处于作坊式生产的茅台时，惊异于茅台的品质。她意图追寻其中的科学原因，带去了采自茅台各地的水源样品，有井水，有泉水，还有赤水河各河段的河水。而在遵义的浙江大学，也有专人前去考察和取样。连当时国家级的最高科学研究机构——"中央工业试验所"，也派出研究人员亲自到茅台镇取样。但随着历史的变迁，很多事物消失在了漫漫时间长河中。

至今所能见到的民国时期茅台酒相关的研究文献,只有沈治平的一篇《十种茅台酒曲中丝状菌之初步分离与试验》,发表在当时顶级的学术杂志《工业中心》1939年第7卷第3、4期合刊上。

今天的茅台酒,成为科技界、学术界研究的对象,也成为文人学士作品的主要内容,更延伸到了影视、歌曲、戏剧、设计、美术等各个领域。就是茅台赖以生存和发展的生命之河——赤水河,也涌现出了很多相关作品,成为人们了解茅台、了解赤水河的重要文化载体,也是呈现区域历史和价值的一大文化景观。而在所有相关的表达中,最让人印象深刻、回味隽永的,要数一年一度的"茅台祭水节"了。

二、"茅台祭水节"的多维透视

2004年,仁怀市获得中国食文化研究会依据《中国酒都认定标准》认定的"中国酒都"称号。中国食文化研究会认为,仁怀不但是茅台酒的故乡,在1788平方千米的土地上,有506家酒厂,平均每3.5平方千米就有一家酒厂,酿酒业总产值占地方工业总产值的75.9%,占地方GDP总值的60%以上,酒业收入占地方财政收入比例达88.7%,酿酒业税收占国税收入74.3%,占地税收入89.4%,酿酒业的从业人口占全市人口的41%,各项指标均符合"中国酒都"认定标准。[4]以获得"中国酒都"称号为标志,仁怀市的酿酒产业和酒文化建设,也步入了发展的快车道。当年重阳节,在茅台举行了第一届"茅台祭水节"。

在那次祭水节上,时任仁怀市文联副主席的穆升凡先生在"中国酒都甲申重阳祭水文"中写道:"秋高气爽,时正重阳,酒都人民,设祭台于河滨,司典雅之祭仪,临水凭祭。母亲河,英雄河,美酒河。虔心祷告,风调雨顺,五谷丰登,民安国泰。"道出了祭水节的深层次文化内涵。正如祭水节活动后一位作者所说:"在宋家沱隆重举行的茅台祭水活动,是酒都人民承传先哲辉煌,展望未来腾飞的独有祭礼。祭祀是一种寄托,祭祀是一种展示,祭祀是一种升华。"首次举办祭水节,就得到了社会各界的广泛关注。

如今,"茅台祭水节"已经走过了超过13个年头,祭祀礼仪和活动组织形式更为完善,祭水节与其他活动的联动更为贴切,祭水节的主题也得到了更好的彰显。2016年的"茅台祭水节",分前奏/报时、取水、祭酒、开酿、尾声/分享的几个阶段,其主要过程及仪式见附表1。

附表1　2016年"茅台祭水节"仪式流程

阶段	时间	程式	主要内容
前奏	9：00	报时	倒计时牌前,礼官诵"丙申之年,××之时,赤水河清……"表明赤水河水由浊变清,吉时已到
	9：05	童谣	舞台上,18个古装装扮的童子,唱着童谣:"九月九,下河挑水煮新酒……"
取水	9：09	开始	司礼宣布茅台镇祭酒仪式开始。鼓乐齐鸣,击鼓九通,鸣金九响
	9：12	取水	一艘小船载着一对古装装扮的童男童女来到河中心,持壶取水
	9：25	挑水	取水仪轨之后,由9组挑夫到河边挑水,9组挑夫抬着9桶水,由童男童女领走,九步一歌,鸣磬一响,九九八十一步之后到达祭台,将水注入祭台前的9口大缸中
祭酒	9：28	登坛	9对女官装扮的女子,持爵、角、觚、尊、壶、觥、罍、缶、斗9组酒器组成的礼器,盛放高粱、小麦、窖泥等物,分列祭坛两侧,丝竹之音起。主祭登上祭坛,陪祭人员肃立两侧
	9：30	献祭	主祭从童男童女手中接过水壶,将水倒入祭坛中;陪祭人员依次接过女官手中礼器,将祭品传递到主祭手中,由主祭放在祭坛前
	9：33	进香	主祭向祭坛进香,率众人行三稽首礼
	9：36	敬酒	主祭以当年酿制的新酒,敬天地酒神
	9：40	诵祭	赞者诵读祭文
开酿	9：49	开酿	司礼宣布2016年茅台镇酱香酒开酿
	9：50	酒歌	鼓乐声声,丝竹齐鸣。选择代表茅台镇酒文化的"茅台酒歌",舞者跳起酿酒的舞蹈,表达对酒神的礼赞
	9：50	酒旗	广场上,多面写着茅台镇各酒坊牌号的酒旗同时升起
尾声	9：55	分水	茅台镇酒坊的代表拿着特制宝瓶,依次从9口大缸中分水,寓意赤水河庇佑美酒开酿。装水后的宝瓶和装有高粱和曲块、标有各酒坊牌号的锦盒一起,集中陈列祭坛两侧
	10：00	祭礼	到场来宾,均有一个装有3个空瓶的锦盒,可以用来装祭台前放置的高粱、曲块、河水等祭祀之物

从重要仪轨及仪式流程来看,"茅台祭水节"基本是传统祭祀仪式的程式化表达,只是融合了仁怀一地独特的酿酒习俗。祭水节所要表达的是,在现代化强势推进的当下,如何借助传统文化的力量,助推仁怀酿酒产业遵循传统文化和传统酿制方法。在祭水节的程式化表达中,诵读祭文是一重要的文化事项。在2004年的第一次祭水节上,祭文约达千字。而2016年,缩减为400字左右,其篇幅与传统祭文基本相合。由本文作者之一周山荣创作的《丙申岁茅台镇祭水文》云:"时维公元二零一六年十月九日,岁次丙申九月初九,值重阳佳期之节,

酿酒取水下沙之时，茅台万民祭礼于赤水河之滨，濒水俯伏叩拜，焚烛拟文祭奠，恭祭曰：'上苍造化，人为精灵。大地厚德，水如母亲。宇宙之内，人伦为要。本草之中，茅草为尊。地似瑶台，山秀石润。水乃圣水，源洁流清。万马朝归，紫气蒸腾。赤水环绕，酱香独运。九九佳期，人虔酒醇。告慰神祖，在天之灵。茅台人祖，顺境应运。依山而居，喜水为邻。水赐灵慧，巧成美酒。水作命脉，产玉生金。先民善酿，技贯古今。工匠品格，灿古昭今。善良赤诚，义长情真。水柔襟怀，德仁如春。水之养育，铭记于心。水之至爱，长传子孙。茅台子民，以水为尊。一溪一流，视如家珍。水之有魂，长作胜景。水之有灵，而生福荫。祭水佳节，盛世创为：远迎嘉宾，近聚人气，以兴乡梓，康乐子孙。敬告为祭，祭之为心。情之切切，意之殷殷。水美家园，长此荣欣！'伏惟尚飨，大礼告成！"从内容上分析，祭文也体现了传统文化与仁怀一地酿酒特色的较好融合。这是以水和酒为核心表达的专业祭祀仪式，是酒文化中的一项重要内容。

当然，"茅台祭水节"也不单纯是一项传统文化的当代表演，而是与现代商业和文化紧密结合的。以 2016 年度的祭水节为例，就分两大板块举行。一是"神秘茅台镇·重阳祭水神"即茅台酒镇重阳祭水大典活动，于 10 月 8 日至 9 日在 1915 广场举行传统祭水大典（其仪式规程如前所述），活动主题为茅台人表达对自然、对神灵、对赤水河之水、对先祖的感恩和崇拜传统习俗，企盼祭祀活动带来国运安康、黎民幸福和酒业兴旺，体现"天人合一·道法自然"的茅台酒镇祭祀活动神秘境界。在 1915 广场举行传统祭水大典，1915 广场、杨柳湾街区、吊桥桥头举办重阳狂欢夜（国际乐队演艺），在中丝园环形广场举办篝火晚会。一是"音乐狂欢周·嗨醉茅台镇"即 2016 茅台酒镇第一届国际音乐周狂欢活动，于 10 月 1 日至 7 日在杨柳湾、河滨、长征路等旅游核心街区设置场点，邀请 Deniza&BB、V98 乐队、LifeSwaits 乐队等 18 支国际国内摇滚乐队，地方花灯戏、流浪歌手、音乐手鼓 3 个说唱团体，酒神互动、国泰祈福、盐运老茶馆、婚嫁抛绣球、盐号镖局、风情清馆 6 类文态演艺，美食长街宴、花式饮酒、诗酒猜谜、酒吧风情、酱香酒品鉴、酱香酒知识有奖问答 6 类赛事，企业产品推介、酱香酒赠送、企业参观考察、景区景点游览 4 个游客互动主题活动，分布在茅台酒镇杨柳湾、河滨、长征路等旅游核心街区 18 个场点，助推和丰富 10 月 1 日至 7 日的 2016 茅台酒镇第一届国际音乐周狂欢活动。活动内容丰富，精彩纷呈，为当地居民和外地游客带来了全新的体验，为茅台酒文化的发展汇入了鲜活的气息。

从活动组织来看，具有强烈的政府主导色彩，当然也有诸多酒类企业的参与。以 2016 年祭水节为例，由仁怀茅台古镇文化产业园区管理委员会主办，承办单位有仁怀市旅游局、仁怀市文体广新闻出版局、仁怀市茅台镇文化旅游开发建设投资有限公司、仁怀市酒业协会、仁怀市茅台镇商会。活动组委会由多位仁怀市级领导组成,包括党委、政府、公安、旅游、水务、供电、文广及茅台镇、茅台古镇文化产业园区主要领导,下设办公室、外联工作组、音乐演出组、祭祀演出组、新闻宣传组、环境整治组、安全保卫组、企业展示组、后勤保障组、供水供电组等 11 个工作部门,负责活动筹备及开展工作。每日均有轮值企业,由茅台镇较为知名的企业担任轮值任务,组织相应的活动。参与祭水节相关活动的企业数百家,囊括了茅台镇最优秀和最具有代表性的酒企。

三、进一步发展"茅台祭水节"的思考

对于"茅台祭水节",还有一些值得思考的地方。例如,如何理解在 21 世纪的当下进行的祭祀活动,如何将祭水节活动纳入更为宽广的文化背景下加以考察,如何将其进行规制与传承,如何将祭水节活动与其他活动联动发展,如何提升企业及民众乃至游客在祭水节活动中的参与度,如何提升祭水节活动的知名度,如何凝练其文化内涵,如何借鉴国外"新民俗"活动的打造经验,如何将祭祀礼仪活动与商业利益相结合……诸如此类的问题,估计都需要我们每一个参与者、观察者、研究者进行认真的思考。

祭祀乃至祭水的活动,起源甚早。战国时期西门豹治邺的故事中,就有"祭祀河伯"一节。虽然西门豹认为是巫婆与地方官吏勾结,然若拨开历史的迷雾,或表明在此之前很长的历史时期内,人们由对河流心生敬畏,便有了各种各样的祭祀活动。"为河伯娶妇"一节,便是一种独特的祭祀形态。而"茅台祭水节",有组织的明确起源,是在 2004 年,至今 10 多年。可以说,对于茅台一地来讲,这是一种全新的民俗活动。或许在历史上曾经存在过,但经过历时的变迁消逝在了人们的记忆中。而近年经过陶冶,又重新出现在人们视野中的新民俗活动。中国民间文艺家协会秘书长向云驹先生在一次采访中谈道:"民俗是一个民族集体有意识和无意识的文化行动,是一个民族的社会文化生活基因,具有全民性。作为民俗,它应该是经过了相当长时间的历史考验后积累与传承下来的,是一种人们约定俗成的文化行为或文化现象;而短时期内新形成的一些生活方式和文化现象尚且不能称为新民俗。"[5] 但若是经过了历史的考验,将来得以传承下去,则会演变为一种实实在在的"新民俗"。"新民俗"的产生,一是由于新的生产生活方式的形成,一些新的生产生活方式经过长时间的积累后,转变为传统的民俗;一是时尚性很强的东西,也能够成为民俗。从这个意义上说,"茅台祭水节"

的定位，应该是一种独特的民俗，促使其由一种"新民俗"向传统民俗过渡，最终成为与茅台当地人民生产生活紧密相连的一种民俗活动。

作为"新民俗"的"茅台祭水节"，其产生也有着深刻的文化背景。第一，由于近年来传统文化的强力复兴。中华民族的伟大复兴，离不开中国传统文化的复兴。若是抛开文化而谈中华民族的复兴，是难以实现的，也是不切实际的。在历史上中华民族最为繁荣昌盛的时期，亦正是中华文化和传统文化影响力最大的时期。故无论是国家战略层面还是具体的各个层面，优秀传统文化因子的复兴成为一种社会潮流。第二，"茅台祭水节"也是仁怀人民生产生活的真实写照和最高表达。正如中国食文化研究会在认定"中国酒都"时所看到的，仁怀绝大多数人的生产生活都与酒有关，绝大多数仁怀人在原料种植、劳动力提供、管理与销售，乃至其他上下游服务产业等方面，投入了巨大的精力。特别是21世纪以来，酿酒产业成为仁怀的最大名片，也是仁怀市实现长期繁荣发展的坚实基础。"茅台祭水节"的出现，正是因应了这样一种生产生活方式的变化。第三，仁怀人民主动参与酒文化创造、丰富文化生活的具体体现。就目前而言，虽则祭水节全民参与程度仍有待提高，但在酒都酒文化发展和酒都人民的文化生活方面，其意义却不可低估。只有在更为宽广的文化背景下，才能更深刻的理解和更广泛的传扬"茅台祭水节"的意义。

"茅台祭水节"，从其名称之中，就能够读出浓厚的传统祭祀文化氛围。在古代中国，祭祀是国家最重大的活动之一。传世史书《左传》就有"国之大事，在祀与戎"的说法，表明祭祀活动之不可小觑。正因如此，祭祀活动都有系统的规程与传承机制。在中国传统祭祀礼仪中，从祭祀的地点，主祭之人的要求，祭祀时候的心境神态，祭祀物品的选择，祭祀时间与节奏的把握，祭礼参与者的选择等方面，都有着细致的要求。如在祭祀物品的选择方面，就十分讲究。一般而言，用于祭祀的物品，主要有食物、玉帛、牺牲等。其祭祀需用器物，历年传承使用，并非需用之时才去市场采购。如作为牺牲的牛、羊、猪之类，都要有专人负责喂养，以区别于普通食用之物。祭祀之地，也是非一般情况不容变更，数十年如一日。在祭祀之时，讲究的是"敬享""贵诚"。一如孔子之所言"祭如在，祭神如神在"，亦是提醒人们在祭祀之时要注意保持心灵诚敬。[6] 就"茅台祭水节"而言，亦需要选择专门的祭祀地点。如有可能，可于茅台河边银滩等地，选择一处在堪舆学上有讲究的地方，建立一座建筑，专门供祭祀之用，并存放锣鼓、旌旗、水桶、扁担、舟车等祭祀需用之物。正如学者所言，离开了特定空间场所，事件留给人们的印象总会有所欠缺。而且祭水节举行了10余年，而每年所用之器物（如取水之物、服饰装饰等），从外观上看几乎都是崭新的，这与想要彰显和传达的"传统"相去甚远。在此，并非要提倡一切恢复到原初形态，而是要营造一种自然而然的、源于传统的视听氛围，而不仅仅是一种与生活无关的"表演"。

近年的"茅台祭水节"，已经在祭祀活动与其他项目的联动上，迈出了可喜的一步。如果单纯是一种祭祀活动，其所能够涵括的内容，必定显得单薄，更何况是在缺少传统文化涵养的当下。只有将祭祀活动与其他活动相互融合，才能推动祭水节的持续发展。在古代，祭祀后分食猪肉之类，都是人们十分看重的仪轨。在物质丰富的当下，这样的一种精神奖励性质的物质分配，显然已经让人们失去了兴趣。但若能在某种程度上实现复兴，亦未尝不可。至少，这也可以作为祭水节的一项重要活动内容。而在祭水节之外，更可考虑引入一些其他活动项目，将一些与时节契合的项目和活动，也纳入祭水节中，打造成一个真正的"节日"，而不仅仅是一场祭祀活动而已。如城隍本是汉族社会的一种普遍信仰，每年祭祀城隍之时，都是一地文化、商业最为繁荣的时期。[7]可以借助古代城隍信仰及相关民俗事项，有意识地打造全新的"茅台祭水节"。2016年的音乐周、狂欢夜等，都可在以后的祭水节中进行传承，将祭祀与文化、商业项目相结合，使"茅台祭水节"成为酒都的独特文化坐标。

然而，从某种程度上言，人们对"茅台祭水节"的参与程度，略显不足。从参与的广度上言，参加祭水节活动的，多数是商家有组织的活动，且有"政府倡导、协会牵头，酒业唱戏、旅游落地"的说法。而对于当地居民而言，颇有一种"旁观者"的感觉。某种风情，想要成为一地流传久远的民俗，没有当地民众的广泛参与，是难以成功的。大部分仁怀人的日常生活，都与酒有着密切的关联。从这个角度言，仁怀人特别是茅台人有着参与祭水节相关活动的内在需求。只是在活动组织与举办的过程中，需要更大的调动地方居民参与的积极性。让祭水节活动真正成为地方上的一大文化活动，一大民俗活动，让所有当地居民都广泛的参与进来。而对于游客而言，"茅台祭水节"尚需要找到更贴近市场需求的引爆点，吸引各地感兴趣的游客前来，从而形成传播效应，更好地传播"茅台祭水节"及相关活动，让祭水节成为酒都旅游业中的重要一环。而从参与的深度方面言，不但需要当地居民和游客的广泛参与，还需要将居民与游客，作为活动的主体，让他们参与到整个活动中来。这与体验经济或言体验式营销的发展，是相契合的。

据统计，2016年的祭水节及相关互动，吸引游客约36.9万人，杨柳湾街、1915广场等核心区域观看演出者累计达17.8万人次，镇区累计进出车辆达7万多辆。但作为旅游业主体的旅行社和导游等，并未实质性参与进来。活动缺乏足够的吸引力，毗邻县市及贵阳、重庆、遵义等地对祭水节知晓者并不多，前来旅游的有效游客数量十分有限。出现这样的情形，虽然有着旅游市场供需变化的因素，诸如需求更趋分散、多元，供给过于旺盛等原因。但若进行自我审视，还是能够发现一些可以避免或是克服的问题，其中最值得注意的一点便是，前期传播力度的欠缺。在祭水节前期，组织方也进行了广泛的传播，但仍未能实现在市场上的引爆。当然，即便是旅游产业发展大会这样的高端节庆，也未能即刻引爆市场，形成产业效益。但就祭水节而言，前期的传播非常重要。首先，要形成口碑传播效应。一切活动，都要归结到口碑传播这种人类最古老、最传统，却又是最为有效的传播方式。如果参与者在参加过一次之后，便觉毫无意思，则无论如何都很难再吸引其前来，甚而形成传播的负效应。其次，传播内容要"精审"。对内容的选择十分重要，主要要求做到"精审"，也就是不但要精，还是审慎，以便于传播。再次，传播手段要多元。无论是采用传统媒体，还是采用新媒体，其所要达成的一个目标都是要形成良好的口碑，也就是有较好的传播效应。最后，传播对象的选择。一方面，要向潜在游客进行传播，让其了解祭水节及其相关活动的利益点；另一方面，也要向当地居民传播，让当地居民广泛、深入的参与进来，从而营造出一种全民参与的氛围，提升祭水节活动与当地之间的文化关联。

而在传播的过程中，对祭水节及其相关活动文化内涵的凝练，显得至关重要。前面我们提到，以"祭祀文化"为主要诉求的"茅台祭水节"，要坚持传统（或言打造新的传统），在祭礼规程和选用器具、主祭者等方面，尽量体现传统的一面。但我们并不排斥，甚至十分欢迎在活动组织过程中的创新。要提炼出祭水节的文化内涵，首先要对祭水节究竟想要表达一种什么样的信息（或说意义）进行明确。如果是作为一种与酒、酿酒相关的民俗互动，则当以祭祀为主。而若是想要将此打造为一个交流的平台，一个文化搭台、经济唱戏的舞台，则当考虑其他的因素。在目前的形势下，单纯追求文化意义或是单纯追求商业利益，都是有失偏颇的，也是难以满足现实参与各方需求的。也就是说，在祭水节活动的组织过程中，既要考虑到其文化上的伟大意义，也要考虑其商业效益，后者正是现代社会经济运行最简单的一个道理——投入/产出问题。但在具体某项活动组织的过程中，却需要考虑，在此项具体活动中，究竟是关注文化意义，还是更为关注其商业利益。虽然，所谓文化上的意义，最终也会如社会学家所言的那样，掌握了文化资本和社会资本，最后也能够顺利地转化为传统意义上所言的资本，也就是经济资本。

在人类社会发展的历史中，每一项文化活动的产生、发展，都有其一定的时空背景和漫长历程。"茅台祭水节"作为一项文化上的新生事物，尚处于发展的早期阶段，故借鉴其他民俗活动的打造就显得更为重要。有意识的民间节日打造，近代中国也不乏成功的案例，但多与政治性节日有关。改革开放后，特别是近年来，民间节日打造方正式登上历史舞台。然在国外，却有着很多成功的案例。1810年10月12日，巴伐利亚王储路德维希与萨克森王国的公主举行婚礼，王储的父亲决定为此举行为期两天的庆祝活动。为了表示国王对其臣民的恩典，在活动中慕尼黑有4个地方向全体平民免费供应饭菜和饮料。其后，逐渐演变为一年一度的盛大节日。到1880年，政府给予节日啤酒销售的许可，啤酒成为历次节日盛典的主要消费品，亦被正式命名为"慕尼黑啤酒节"。啤酒厂商组织的游行、游乐场里的大转轮等传统娱乐、特色餐饮美食、目不暇接的啤酒品牌，都成为啤酒节狂欢的一幕。时至今日，"慕尼黑啤酒节"已经成为德国规模最大的民俗节日，也是世界上最著名的啤酒节之一。[8] 2016年的"慕尼黑啤酒节"，虽受恐怖袭击阴影的影响，仍然吸引了超过560万游客参与。其成功的经验，值得研究，也值得"茅台祭水节"观摩、学习。

根据学者对"青岛啤酒节"和"慕尼黑啤酒节"的研究，啤酒节对于举办城市在带动经济发展、提升城市形象、强化城市综合竞争力方面有积极影响；但啤酒节的举办对居民社会生活存在消极影响，并对举办城市产生挤出效应与低谷效应；然而经过权衡对比，啤酒节对主办城市的积极影响更加显著。[9] 之所以要提出"慕尼黑啤酒节"，并将其作为打造"茅台祭水节"的重要参考，是因为"慕尼黑啤酒节"不但是一种民俗文化活动，即便从短期的经济利益上看，也成效巨大。数百万游客的参与，直接消费啤酒数百万升，为百余万人口的慕尼黑带来了巨大的经济收益。而从长远来看，啤酒节成为全球啤酒爱好者的狂欢节日，这对于啤酒文化的传播和啤酒消费的促进，都有着积极的作用。

四、结论

"茅台祭水节"是中国传统水文化和祭祀文化的当代表达，在丰富酒都人民生活和仁怀酒文化活动方面具有重要意义。酒文化与旅游的关系十分密切，作为中国酒都的仁怀市已经在酒文化旅游方面做出了值得肯定的成绩。[10] 通过"茅台祭水节"及相关活动的开展，能够加强茅台酒镇旅游资源宣传推介工作，展示茅台酒镇"贵州第一、全国一流、世界知名"旅游名镇容貌，进一步提高茅台酒镇在国内国际的知名度和影响力，带动全市旅游业蓬勃发展，推动和实现"酒+旅游"

产业转型升级目标，搭建"酒+音乐""酒+旅游"的融合互动平台，吸引国际国内游客认识茅台、感知茅台、畅游茅台。但在"茅台祭水节"的发展过程中，还需要在一些方面做出更大的努力，将其纳入更为宽广的文化背景下加以考察，对其进行规制和传承，提升企业、居民和游客的参与度，借鉴酒文化节和其他"新民俗"打造的成功经验，将传统水文化、祭祀文化、酒文化和酿酒产业、旅游产业有机融合，共同推动产业和文化的协调发展。我们相信，在政府的领导和政策支持下，在酒业协会和各商家的积极组织下，在仁怀居民的广泛、深入的参与下，在各界人士的关爱下，"茅台祭水节"必将越来越能够释放出其吸引力，为酿酒产业的繁荣和地方文化的发展、提升，贡献更大的力量，起到更大的促进作用。

参考文献

[1] 钱穆讲述，叶龙整理记录.2016.中国社会经济史讲稿[M].北京：北京联合出版公司.

[2] 全群艳.2010.比较视野中的中国洪水神话[J].社会科学家，（5）：137-140.

[3] 沈明明.2010."水德"：老子哲学思想的灵魂[J].福建论坛：人文社会科学版，（3）：51-55.

[4] 郭建宇.2004.国酒茅台的故乡仁怀被誉名认定为中国酒都[J].中国食品，（15）：8.

[5] 刘晴.2007."新民俗"正在兴起？[N].工人日报，01-12.

[6] 曹建墩.2014.先秦儒家对祭礼的理论阐释及其现代意义[J].浙江学刊，（1）：5-10.

[7] 滨岛敦俊，沈中琦.1991.明清江南城隍考——商品经济的发达与农民信仰[J].中国社会经济史研究，（1）：39-48.

[8] 任玲.2011.浅谈慕尼黑啤酒节[J].辽宁经济管理干部学院学报，（5）：47-48.

[9] 宗刚，赵晓东.2013.啤酒节对主办城市的影响效益分析——慕尼黑啤酒节与青岛啤酒节的比较[J].旅游学刊，28（5）：72-79.

[10] 郭旭，周山荣，黄永光.2016.基于酒文化的中国酒都仁怀旅游发展策略[J].酿酒科技，（4）：106-110.

（本文原载《酿酒科技》2017年第3期第109-114页，署名郭旭、周山荣、黄永光）

后 记

2015年4月,遵义市人民政府印发了《2015年度市政府重大课题调研工作计划》,将"仁怀酱香白酒产业发展战略研究"列为第一项,由仁怀市人民政府承办落实。这一调研课题主要总结"十二五"以来仁怀市酱香白酒产业发展情况,梳理存在的困难和问题,探析成因,提出未来发展思路,为仁怀市酱香白酒产业发展提供参考。由黄永光、郭旭和周山荣组成项目组展开相关工作。可惜在工作开展过程中,受着种种因素的影响,并未能按期完成最终调研报告。2016年后,才将前期积累的资料和数据整理成《仁怀市酱香型白酒产业发展路径研究》。可以说本书是这一调研项目的最终成果。

从2015年至今,以茅台等品牌为代表的高端白酒市场较前稍有起色,仁怀市酱香型白酒产业发展所面临的环境也出现了一些新的变化。中国知名的白酒产区贵州省仁怀市,其酱香型白酒产业的发展尤其值得研究。但即便是在白酒产业复苏的整体背景下,其发展也仍然是步履维艰。相信本书对这一问题的分析,能为区域优势特色产业的发展,提供一个独特的视角。

本书出版之际,感谢贵州商学院经济学院,宽松的工作环境是研究开展所不可或缺的。感谢经济学院院长孙龙建教授在修改过程中的帮助与支持,尤其感谢孙院长提供的出版经费支持。感谢仁怀市人民政府在调研和写作过程中提供的便利,也感谢接受调研的相关企业。感谢贵州大学黄永光教授,感谢他在调研开展早期阶段的参与指导和本书框架设计方面提供的帮助。

感谢知识产权出版社和本书的责任编辑王辉老师,本书顺利出版与王编辑的辛勤努力是分不开的。

限于作者学识和水平,书中恐会存在种种遗漏或缺陷,敬请读者和专家学者见谅。

作 者